波波贈予。

Chara Tseng

2001'10'20

from Hess.

自我認同的建構者

艾瑞克森

Identity's Architect

A biography of Erik H. Erikson

羅倫斯・佛萊德曼
Lawrence J. Friedman ◎著
廣梅芳◎譯

目錄

序一 成為自己的來源 丁興祥 5
序二 心理學界的藝術師 羅伯．寇 9
導讀 自我認同的建構者 林美珍 12
引言 艾瑞克森的喜樂與悲哀 羅倫斯．佛萊德曼 19
第一章 一個全新的開始 27
第二章 維也納的歲月 54
第三章 成為美國人 91
第四章 跨文化的馬賽克 128
第五章 生命週期 164
第六章 聲音與真實 200
第七章 教授和名學者 247

第八章　世界預言者　288
第九章　老年公開和私人問題　324
第十章　不再活在這個世界上的陰影　348
後　記　365

序文(一)——成為自己的來源

丁興祥

傳記是敘說一個人的生命故事，心理傳記學是運用心理學的理論及知識進行傳記研究。如果心理學的目的是了解人的內在心理歷程及外顯行為，而心理傳記學的目的也是理解個人生命的內在歷程及外顯行為，那麼心理傳記不只是一種進行傳記研究的方法，也是一種研究心理學方法。易言之，心理傳記便是一種心理學。心理傳記學的焦點不僅著重探究個體內心世界，更關心其心理世界與外在環境的互動關聯。對艾瑞克森（Erikson）而言，心理傳記式研究不僅能刻劃出個人的心靈軌跡，更能呈現出世代集體性掙扎的醒思。本書對艾瑞克森的圖繪並不只停留在詳細資料收集和求證，還精確地捕捉艾瑞克森身上多重邊緣性、不穩定性和其所處的社會歷史氛圍。這顯然較接近艾瑞克森本人在從事傳記工作時所抱持的態度。

這本傳記，是以「艾瑞克森理論」來理解他的生命，可以說是一本關於艾瑞克森的心理傳記，不僅讓我們了解他精采的一生與他的心理學學術源頭，更是了解心理傳記學及生命史這個學術領域的入口。

艾瑞克森最被熟知且對大眾影響廣泛的，就是他「自我認同」（self-identity）的概念。

簡單而言，艾瑞克森認為人生是一個不斷追尋自我完成的歷程。隨著歲月年紀增長，有不同的重要人生課題要面對；也隨著對自己認識的深化和對生命的理解，人得以接棒生命源頭，安身立命。然而，人在青年期卻處於童年遙遠記憶及未知未定的成年世界的模糊交界處，急切想有個自己參與這個世界的位置而心生焦慮。對艾瑞克森而言，這麼一個青年期的現象似不可避免，且有其積極性的意義，需要給予溫柔的等待與理解的陪伴。不同於以前嚴苛地對待青年的茫然反抗，這樣耐心的態度似乎也成為現代師長父母對待青年風暴期的態度指引。如此變革性的廣泛影響，起點卻是艾瑞克森真誠而勇敢地面對自己個人的認同混亂。

艾瑞克森一生面對多重的認同問題。他的生父成謎，而且他在長大後才知道口中的「父親」其實是繼父。不僅歐洲化的外貌不像他猶太血統的繼父，也不像他猶太背景的母親，這樣的外貌、血統背景一直困擾著他，易言之，血緣種族的認同混淆很早就出現在他的生命中。而青年時期艾瑞克森一直不能決定自己該從事何種工作，且東飄西盪地到處追尋。早年他人生志向興趣，是想成為「藝術家」，然而身為醫生的繼父卻希望他成為醫生，以他為傲。艾瑞克森嘗試過多種工作和知識領域的整合，最後結合醫學專業角色和兒童遊戲的藝術性，才將自己的專業定位為「兒童心理分析師」。

一九九三年移民美國，艾瑞克森改姓氏。他從歐洲移民到美國，身分的轉變對他的認同具有重大意義。移民美國，使他成為自己的父親，掌握自己的生命。而在專業方面，由於對跨學科的興趣與涉足（心理分析、文化人類、歷史文化及社會評論等），使他並不自限於學科劃分的領域認同，而能發展出更高層次的整合性認同，把知識還原到「人」的本身，而非人為劃分的專業知識。對藝術的熱愛，也讓他在工作中奇妙地綜合著嚴謹的科學態度和藝術性的直覺。

從艾瑞克森的生命發展，可以顯示他的生命體驗與理論之間的關聯，及相互影響。一個人的「理論」可以視為其「生命故事」的展現。艾瑞克森以其自身複雜深刻的「體驗」，交織構成了「認同」的理論。用他一生的生命體驗，敘述著「艾瑞克森生命週期理論」。從這本傳記中，我們可以了解到什麼叫做「認同危機」（identity crisis）。艾瑞克森不僅從社會歷史的世代氛圍中去粹鍊出自己心理迷惘的精義，也粹鍊出其他人類樣本的心靈圖像，讓同處於世代迷惘狀態的青年從中得到自身的理解與定位。與其說艾瑞克森的理論是他生命發展的註解，倒不如說，艾瑞克森的生命故事在在訴說著「追尋一種如何去理解生命的方式與所抱持的生命熱情」，而發展出那樣如其所是的理論。從事心理傳記研究，就是在培養述說及理解生命故事的能力，並從中得到再繼續的生命感動。艾瑞克森一生簡直是心理傳記研究者的教本。

當代心理學學者多數被訓練成關注人的短時間反應或是部分的行為，而不去看「整個人」或「生命」。心理學多半被「化約主義」影響，忙於將人的思維及情緒的複雜性，化約為簡單的認知及神經生理反應。相反的，從事「心理傳記學」的心理學家，一如「傳記學家」，是在敘述人的生命故事，面對的是以整體性觀點和長時間生命為研究單位的跨領域工作。這使得從事心理傳記學潛沉了另一莫名的焦慮：專業認同界限模糊的不安焦慮。其實不僅心理學界有這樣的壓力，整個學術界長期也存在著專業認同的壓力，害怕專家身分被模糊而沒有勇氣跨出既定的學術領域界線，長期如此累積，便會成為有如物種中心般的自我學術中心，並以這點為基礎建立專家權威，如此便沒有機會發展更高一層的整合性學術專業認同。

除了學術人物的專業認同問題，台灣島中的廣大民眾一如半世紀前的艾瑞克森一樣，面對著種族、血緣、歷史、政治的多重認同危機，為自己的生命挪動，尋找到恰如其是的位置，成了島民共同的課題。不管心理傳記研究有無學術定論，廣大的讀者總在期待，且正在閱讀一本本的生命故事，並且嘗試從中得到生命的共鳴及振動。本書中譯本的出版揭示了心理傳記另一個更核心的任務：開啟廣大讀者的生命與人類「樣本人物」的生命之間對話的可能，並進而使讀者理解自身的生命與處境。艾瑞克森一路追問著傑佛遜、甘地、路德不同的生命真理，其實就是在敘說著他自己的真理。移民美國，艾瑞克森改姓氏，他說：「我將自己姓氏命名為Erikson，成為自己的來源。」本傳記真正的意含可能不在介紹艾瑞克森的真理為滿足，它還要反問讀者，讓讀者多一層省思：「你自己的生命故事中，所追尋的真理是什麼？如何能成為自己的來源？」

本文作者現任輔仁大學心理學系教授。專長為社會學與人格心理學、心理傳記學與生命史。

序文㈡——心理學界的藝術師

羅伯・寇（Robert Cloes）

艾瑞克森具備了以下的所有特色：在二十世紀幫助我們在心理上和實質上了解自己，將心理分析和社會科學（人類學，社會學，歷史）連結在一起，以高雅洗鍊的字句寫出他複雜的思想，並以真誠圓融的態度為一些可貴的生命做傳記（路德，甘地），而現在他自己將成為這本傳記的主角。更甚者，艾瑞克森的一生非常符合傳記的需求，先不論他的成就如何，他本身的故事已經非常感人及出色。讀者很快就會發現，這位心理分析學家，不只建構了解釋人類生命的理論，而且從他自己神祕和困擾的過去，釐出一個統整的認同。

「認同」這個名詞已經成為艾瑞克森的同義字。其他的心理分析學家也使用這個名詞（愛倫威利在《認同的追求》〔Allen Wheelis, The Quest for Identity〕中以很特別的方式引用），不過它已經成為他個人概念上的一個特徵。小男孩艾瑞克，在不知道他生父的情形下，跟著他媽媽成為一位小兒科醫生的養子，媽媽是猶太人，生父是丹麥籍，而他的養父也是猶太人。年輕的艾瑞克・漢寶曾經是一位徬徨的藝術家，差點走入佛洛伊德的圈子裡在年輕精彩歲月時接受心理分析——然後再慢慢融入這個社會（事實上，他曾經是佛洛伊德女兒安娜的病人）。很快的，這位操德語的年輕人成為一名兒童心理分析師（他從來没念過大學，更別提醫學院），並在美國與一位加拿大裔，學社會學的舞者談戀愛。

當時德國和奧地利正為了種族、宗教和國家的議題鬧得不可開交。這對夫妻帶著他們的小孩移民到美國，就好像其他成千上萬的人一樣，尋找一個全新的開始——所以艾瑞克・翰寶改名為艾瑞克・漢寶・艾瑞克森。他的《童年與社會》在一九五〇年出版，帶給他的新祖國巨大影響，這本書更間接的告訴我們作為一個美國人的意義（一個人的心理是如何受到生活環境的影響，包括了社會、文化和經濟環境等）。艾瑞克把他的美國經驗轉化為嚴謹而持續的研究。他把他的所見所聞（就像佛洛伊德把他的夢境、回憶和幻想）作為研究題材，成就一系列的思想、文章和著作。這也就是心理分析的意義：透過檢視個體來研究心理分析者本身、他的病人或是分析的對象。像艾瑞克森這樣一位藝術家，早就把他的天賦直覺應用到他的專業領域當中了。

艾瑞克森的私人和專業背景並不能解釋他所有的興趣及成就。許多歐洲心理分析家為了逃離希特勒和納粹的統治，從一個國家逃到另一個國家。（艾瑞克森很有先見之明，在一九三三年法西斯政權開始的時候，就離開了維也納。）這些移民心理分析家因為顛沛流離的過去，激發他們寫作和研究的靈感，但這些靈感模糊不清，就好像佛洛伊德在他著名的杜斯妥也夫司基論文中提到的。這也是艾瑞克森一個獨特之處，他拒絕用固定性、解釋性的語句來束縛住人類理性和感性生活中曖昧不明的部分。他不願意用界定和規範的方式來解釋以及暗示，而用原則來定義——這是一種對待事情的方式，他提供開放的方式，鼓勵自然的反應。

他曾經是藝術家，在陰影當中散發光芒，試圖擺脫既定的知識，真實是存在於每個人對於他自身環境的個別反應中。

我記得艾瑞克森回答一個學生對於他一本書的答案：「看，你發掘的就是屬於你自己的——它可能會跟其他人所重視的不同，包括我。」沒有任何作家、學者、社會學家或心理學家會用這麼輕鬆的態度應答，他甚至引用尼采的格言「二才能成為真理」，而這句格言非常適合形容這本書。一位稱職的歷史學家、花費了好幾年去研究這位傑出的心理分析家兼老師和作家，且同時研究他那獨特、智慧及出名的太太，瓊·艾瑞克森（這就是「二才能成為真理」的明證）。這本傳記將引領我們了解為什麼艾瑞克森的成就是如此無價。我可以想像到艾瑞克森和瓊臉上的那種堅定而熱誠的笑容——艾瑞克森夫婦在晚年傾訴一生故事的對象，羅倫斯·佛萊德曼，做得好！

本文作者為艾瑞克森任教哈佛時的門生

導讀——自我認同的建構者

林美珍

發展一詞係指個體在生命期間，因年齡與經驗的增加，所產生有規律、有層次的行為變化歷程，而發展心理學則是研究行為發展歷程的科學，在發展心理學的教科書中通常都有一章談發展理論。所謂理論是告訴我們如何去組織事實，並解釋它們的意義；例如世界各國的兒童，大約在兩到四歲會獲得他們母語的基本文法，這是大家熟知的事實，且無爭議，但如何解釋就不一樣了，有些理論者同意生理的成熟控制語言的獲得，其他認為語言獲得是學習的結果；語言獲得的事實是很少辯論的，它在理論的解釋方面被熱烈地爭論著，因此同樣的行為現象（事實），不同的理論就作不同的解釋了。

就以人格發展來說，同是心理分析學派的理論學者就作不同的解釋。當我們在學習發展心理學談到發展理論，問到佛洛伊德的人格發展論，人們直覺想到的是他的人格發展分為口腔、肛門、性器、潛伏以及兩性等五個時期，而且也知道約略的年齡範圍。當問到艾瑞克森的人格發展論，人們也毫不猶豫的回答他的人生八階段的心理社會發展論，並且如同回答佛洛伊德理論時一樣的把八階段一字不漏的說出來，至於他為什麼對人格發展作這樣解釋的背景、假設、所談的主要問題、研究方法等就不重要了。

事實上這種見樹不見林的情況，在研究行為上是很膚淺與無效的；前面說過事實就是展現的現象，這是無爭議的，如果對解釋行為的理論能夠徹底的瞭解，那麼對行為的養成（期望的）與改變（不期望的）就能隨時監控、調整、達到目的，而不是依樣畫蘆、人云亦云了。

為了對發展理論徹底瞭解，閱讀理論者的傳記是最佳的途徑，因此先將艾瑞克森的生平作一簡單的概述。

艾瑞克森於一九〇二年出生於德國法蘭克福，在他出生後，他的母親嫁給漢寶醫生，在他童年時，母親與繼父堅守他的生父棄他的秘密，事實上艾瑞克森深受他的猶太家人之苦，因他的母親與繼父都是猶太人，年輕的艾瑞克森看起來卻像典型的丹麥人。

高中畢業後他並沒有念大學，開始到歐洲流浪，想要學習藝術，剛巧有一個在維也納美國學校（那是為美國人赴維也納學習心理分析之子女而設的）教小孩的工作，艾瑞克森前往赴職，在那裡他遇到安娜．佛洛伊德（佛洛伊德之女），在她的影響下，他開始學習心理分析理論，並且接受安娜的分析，那種經驗使艾瑞克森瞭解他的童年經驗以及青少年的流浪，後來他進入維也納心理分析學校就讀，受業於佛洛伊德，並於一九三三年畢業，正好是希特勒在德國掌權之時。

艾瑞克森在跟佛洛伊德與安娜學習時，被心理分析理論所困住的事實有三：1.深入潛意識世界去探究，2.回溯到心理疾病的源頭，3.推進到控制人們思想的本能能量活動；然而艾瑞克森相信我們所需的是以人道的眼光向外，從過去成為奴役的因素中解放，從自己到他人、愛與公衆，同時從潛意識的衝動向上去深思意識的神秘，這種推理是艾瑞克森以後工作的指導原則。

在二十七歲時與瓊・瑟森結婚，因恐懼納粹，艾瑞克森於一九三三年到美國波士頓，他成為該城市第一位兒童心理分析師，並進入哈佛心理研究所就讀，但没有完成。他於一九三九年成為美國公民，同年希特勒進軍波蘭。

在波士頓三年，艾瑞克森也在耶魯擔任榮譽職位兩年，然後到南達科他州印第安保護區，在那裡他經歷了蘇族文化，之後成為加州大學柏克萊校區的教授，雖然他從未獲得學位。並在那裡從事心理分析工作，以及參與舊金山灣區正常兒童的縱貫研究，同時他也與一些有名的人類學家如瑪格利特・米德共同研究，她影響艾瑞克森從兒童的主流價值與人際互動文化中去看兒童社會化。

在麥考錫時代，艾瑞克森自己的道德原則使他與加州大學發生直接的衝突，因為加州大學突然要求教授們簽署一份忠誠的誓言，艾瑞克森認為違反個人與學術自由而拒絕簽署，因此又回到麻州，並在麻州斯達克布爾基的理格中心重拾臨床心理分析工作，同時在哈佛擔任教職。

從首席心理分析師到名譽教授，這些多樣化的經驗與背景下，艾瑞克森的興趣是多方面的。他研究二次大戰美國士兵的戰鬥危機，蘇族與約克族的兒童養育方式，困擾與正常兒童的遊戲，與處理認同危機的青少年對話，以及印度的社會行為，這些觀察形成他的想法，並且表現在他的重要著作上。這些著作最重要者為《童年與社會》，在這本書中他以圖呈現他的人生八大階段，並說明這些階段在不同文化的發展情形，其他兩本高度影響的書分別為《年輕人路德》以及《甘地的真理》，則是將心理分析的頓悟與歷史資料搭起架橋。

他持續關心美國的快速社會改變，並發表有關這方面議題的文章，諸如代溝、種族緊張、少年犯罪、改變的性別角色，以及核武的危險。因其聲名成為一些著名演講的主講人，也因內容而引起一些爭議。艾瑞克森後因健康狀況而退休，其實是部分引退，他仍來往於美國東西部，進行研究計畫，並於一九八六年出版《活躍的老年》，中譯名為《Erikson老年研究報告》即早期參與舊金山灣區正常兒童的縱貫研究報告，此後仍不停寫作，直到一九九四年終因健康惡化而不治。

這樣的簡單描述，如能閱讀本書，將可獲得更深入的體會。

有關艾瑞克森理論研究的重要生命主題是要求認同，認同指的是個體認同意識……為了個體特性的連續性所做的一種潛意識的掙扎……以自我各方面的綜合為標準……維持一種與團體理想的內在一致性，換言之，認同即瞭解與接受自己與所處的社會，一生中，我們會問「我是誰？」在不同的人生階段，會形成不同的答案，如果進展得好，在每一階段末了，個體的認同意識會進入一新的層次，雖然在青少年期認同的發展達到一個危機，事實上，艾瑞克森認為它開始於當一個嬰兒第一次認知他的母親，以及第一次感覺到被他母親認知到，也就是當她（母親）的聲音告訴他，他是某人，有一個名字，他是好孩子時；因此認同是從一個階段到另一階段的。

艾瑞克森一直找尋生父，經歷年輕時的流浪，以及美國的移民，需要建立一個認同，在美國他特別敏感於少數種族試圖形成認同的問題，他開始用認同危機來描述失去認同的二次世界大戰士兵，他也看到相同的問題在為他們的社會而戰的青少年身上出現，艾瑞克森瞭解到認同問題的出現是普遍性的。

這種要求認同是來自人格中的自我，艾瑞克森理論假設自我在出生時即已存在，而佛洛伊德認為出生時只有本我，自我是出自本我，隨著發展而有超我出現，而本我與超我的衝突有賴自我處理，但艾瑞克森的理論假設自我是獨立的，免於內在的衝突，但並不意謂自我沒有衝突，而其衝突來自於個體與社會之間，因此艾瑞克森強調早期發展的人際關係的性質，這反映了社會互動的文化情境。

這可從前述艾瑞克森在跟佛洛伊德與安娜學習時，被心理分析理論所困住的事實，以及書中「艾瑞克森發展出和他在維也納學習的心理分析不同的臨床觀點。他發展了他自己的水平面社會因素之自我心理面向（不是垂直面向的內在動機），建立自我認同和人格運作結構。」獲得瞭解。

自我與文化環境是持續轉變的，因而自我發展就成為艾瑞克森理論的中心，心理分析並沒有提供一個自我發展理論，而且他認為佛洛伊德曾經低估個體社會環境的角色，為了補充這部分，艾瑞克森提供了一個在文化與歷史情境中廣闊且特殊的自我發展，主要在瞭解自我與社會的關係，這種關係是持續轉變的，艾瑞克森認為這種轉變的動力特質似一系列的危機，個體在其生命週期從一種社會角色到另一種社會角色，促使其必須解決此危機。

艾瑞克森在研究發展的方法可歸為三方面：直接觀察兒童、跨文化比較，以及心理傳記。

他早期與兒童的經驗以及與安娜·佛洛伊德的接觸，發展了兒童觀察與遊戲治療，可以說是從心理分析室的沙發搬遷到遊戲室，因此他主張我們必須研究人的活動，而不僅是人對現實的反應。

艾瑞克森的著作也是跨文化的，他涉入文化人類學，著迷於文化與文化間如何解決發展階段危機的差異。這可從書中獲得瞭解。「蘇族和約克族：最初的美國人……主要是描寫政府組織如何提供和蘇族傳統價值相反的兒童教育，因為聯邦印第安機構錯估他們，以至於教育方式無法讓他們維持蘇族的認同，這些兒童產生失去方向和冷漠的情形。這些機構應該去學習如何維持蘇族原有的完整和整合性。他提到如果這些機構可以去學習美國早期的這些傳統和價值，他們也許可以給現代美國重要的新觀點。」事實上，艾瑞克森理論的重要主題是要求認同的觀點，似乎提供我們政府對原住民政策的另一思考。

艾瑞克森最有趣的著作是基於心理傳記這個研究方法而成的，即根據名人的著述，以及他人報導的名人談話與行為，分析有名的人的心理社會發展。艾瑞克森認為希特勒的崛起表示個體認同的特殊需要，以及國家需要一個較為明確的認同；在《年輕人路德》中，艾瑞克森描寫一個困惑的年輕人反抗要他讀法律的嚴厲父親，反抗教會的權威，然後自行追尋一個信念，以得到真實的認同感；艾瑞克森還寫了《甘地的真理》，這本傳記曾獲普立茲獎以及哲學與宗教類的國家圖書獎。書中也提到「……他每週開車去那裡，去主持研究生的課程，這個課程也開放給其他學者。他們以年輕人路德為範本，每一位針對一個革命性歷史人物研究一生歷史。他很高興看到這些年輕學者不受傳統心理學限制，像他一般，以生物學、心理傳記分析角度做廣泛跨學科的研究。」顯然艾瑞克森也把心理傳記的研究方法運用在教學上。

先對以上艾瑞克森理論的主要概念：要求認同、自我、自我發展，以及研究方法有所瞭解，再閱讀本書，會覺得有意義得多，或是你也可以閱讀本書後再來看這篇導讀，以得到茅塞頓開的感覺。不論哪種情形，都是希望對艾瑞克森理論有清楚的瞭解。人格是行為研究不可或缺的部分，解釋人格及其發展的理論益加重要。由於人類壽命延長，進而對全人生發展感興趣，艾瑞克森的人格發展普獲重視，希望本書有助於大家獲得這方面的知識。

引言——艾瑞克森的喜樂與悲哀

羅倫斯．佛萊德曼

一九九三年的六月，艾瑞克．艾瑞克森九十一歲生日前夕，我送給他一份特別的生日禮物：他父親的資料。我為了探索他們家族的歷史資料，曾到過哥本哈根見過他的親戚，芬和瑪莎．阿伯翰墨森。我帶回來他們家從十八世紀開始的族譜，他母親年輕時的照片，以及兩位可能是他生父的人的資料（兩位都是丹麥籍攝影師）。

他靜靜的坐在書房的輪椅上，那是一棟古老的木造大房子，在劍橋區拉丁學院對面，離哈佛大學幾條街遠。他瞥一眼那些資料，族譜引不起他太大的興趣，同樣的，那些可能是他父親的資料（兩位都叫做艾瑞克）也吸引不了眼前這位艾瑞克的目光，他在年輕時，就把自己的姓改為艾瑞克森。直到這一刻我才明白，他這一輩子都沒辦法滿足自己內心尋找父親認同的渴望。

但這一切並沒有完全白費，艾瑞克森拿起他母親，卡拉阿伯翰墨森的照片端詳了好一會兒。「真是一個美人。」他說。雖然他身體虛弱而且行動不便，但是他的眼睛頓時活了起來，一抹微笑滑過他的臉頰，他已經沉浸在對母親的回憶中。他看看壁爐上那個小小的丹麥國旗，又回過頭來看看照片。幾分鐘之後，他已經快要睡著了，即使在人生的最後一段時光，當身心都要棄守的時候，人還是可以擁有歡喜、探索甚至是玩耍的心。

艾瑞克森在他同時期的知識分子及移民學者中是與眾不同的。在大時代的陰影下，例如集中營、史達林大屠殺、毛澤東、廣島原子彈、麥考錫白色恐怖等，當代的學者多半形容人類正處於一個憂鬱、絕望而墮落的官僚武力社會。阿多諾（Theodor Adorno）和他的同事們研究權威性格，大衛・瑞斯曼（David Riesman）提倡「異方向」，馬卡斯（Herbert Marcuse）解釋「單一面向人格」的發生，漢那・艾頓（Hannah Arendt）分析「階級進入群眾的演化」和「自我興趣的本質失落」，而羅夫・艾力森（Ralph Ellison）定義人格的隱藏性。

艾瑞克森不一樣。他的文字以及他的出現代表了一種希望，也代表了走出人類浩劫的可能性。他那個時代的某些人（有時稱之為戰後自由都會知識分子）同意他的論點，比如說人類之中的特例情況，他所堅持的個人認同和尊嚴，尊重分歧，和互惠行為的重要性；然而其他的知識分子則認為這些想法是混亂不清的，是在清明中包含著野蠻。艾瑞克森也接受這不是一步可及的，是現在和將來都將要重視和完成的課題。

一九三三年他抵達美國，一段熱烈的戀愛就發生在這位維也納兒童心理分析家和「美國人」之間。一位波士頓聯邦移民官的溫暖笑容，燃燒了這位三十二歲政治難民的心。他吹著口哨，唱著「洋基」離開移民局，這股熱情一直持續了六年之久。對他而言，羅斯福的國家是一個抵抗瘋狂法西斯政權的堡壘。美國以人道的精神，維持了人類基本的經濟、社會和心理尊嚴。美國也代表了一個在社會中建立人類認同的希望。他在美國的前幾年中，持續研究認同和認同危機。

在他移民的十二年半以後，麥考錫主義讓他冷卻下來。他擔心「恐共」會破壞信任、合作和容忍這些價值觀——這些價值塑造了美國。他也開始反省美國轟炸廣島和長崎的動機，這些都是他在一九四五年八月前所沒想過的。

在一九六〇年代末期和一九七〇年代初期，美國在越南等地的暴行，使艾瑞克森開始厭惡美國的外交政策。雖然他當時已經是個老人，但並沒有失去希望。他把精力從美國轉移到對甘地的研究（一九一八年的亞美德巴德），以及在加利利的耶穌。甘地和耶穌成為他的力量、快樂和希望的試金石。艾瑞克森和戰後美國的政治與文化有密不可分的關係，更是知識分子希望的代表。他以教授的身分引領他的學生，例如小愛柏特．高爾，卡羅．吉利根和賀爾哥頓等，以個人和社會認同自豪，並且為人性化的社會努力。身為臨床醫師，他帶給他的病人希望。即使他的同僚認為病人的情緒問題會影響心理健康，艾瑞克森都為他的病人背書——他們可以擺除外在傷害和侮辱，依然保留自我。他的成就是俯拾皆是的。

艾瑞克森的一生——無論是個人或專業方面、理論或文化方面——總是橫越在傳統的邊緣界限上。這包括了他的原則、職業道德、理論結構、宗教觀、國家觀念、他「真正」使用的語言和母語，甚至包括了他口中的「父親」。總而言之，他生命中的地域、社會、原則、個人和智識脈絡都一直在變動中。

如同他提出的「認同危機」，艾瑞克森的變動狀態使得他不停的檢視自己。多半時間他很快樂的重新界定自己的想法、性情和經驗，因此他在許多不同的理論和環境中漫遊。他提出「凡事皆相關」的概念。他是一個快樂製圖師，勾勒出社會水平面（社會性的表面）。他和佛洛伊德相反，後者致力於挖掘出個人心中垂直深層的心理意識。雖然艾瑞克森自稱為佛洛伊德學派、深層心理分析學家，其實他喜歡思索事物多采多姿的形態。

這本書將會專注在他生命中層層疊疊、複雜不清的部分。多數艾瑞克森學派的人只是虛偽的把他形容為迷人有趣，而我認識的艾瑞克森很難單從他在教室中的表現，或是著作中發現全貌。

在寫這本傳記的過程中，我經歷到兩次重大的衝擊。從我八年級的老師羅伯特・威廉把我桌上的《每週文摘》換成《國家》，到我的研究所導師唐那梅爾介紹我艾瑞克森的著作，我一直被訓練要清楚明白和精準。「如果你不說清楚，沒有人會了解你。」卡爾曼寧格曾對我說：「你根本不知所云。」因為這些老師的教育和我父親對於理性辯論的重視，我一直以精確和技巧的邏輯為榮。但這有一個問題，就是當我為人寫傳記的時候，我發現這些態度造成了一種簡化狀態。而當艾瑞克森為馬丁路德、甘地、傑佛遜做傳時，他很清楚這種問題。

因此我開始使用艾瑞克森的方法，就是用「紀律的主觀性」（disciplined subjectivity）來研究模糊不清的部分。他脫離了傳統笛卡兒的主客相對論，就是研究者必須獨立於研究對象的心理意識之外。他認為調查者或研究者本身也是主動的參與者，一起塑造了這個世界。更進一步的意思，就是把邏輯與感性融入在一起，但必須保持一個平衡。這兩個主體——研究者和被研究的對象，在「紀律的了解」中聚散離合。艾瑞克森認為，把研究者的理性與感性合而為一，可以作為一個理想目標，這種平衡的好處不勝枚舉。

一九九二年的一個冬夜，在我開始寫這本傳記的幾年後，我遇到了劇作家——威廉・吉伯遜。我們在麻州柏靈頓的一個冷清的餐廳吃晚飯。我以為可以從艾瑞克森這位多年的好友那裡聽到很多關於他的事情。我們很安靜的吃著味道普通的食物，而他一點要提的意思都沒有。我開玩笑的説，他的態度讓我沒有動機請他吃這頓飯。他笑了，叫了一杯咖啡，開始告訴我鮮為人知的故事，有關尼爾——瓊和艾瑞克森的第四個小孩。尼爾患有唐氏症，他一直住在公立醫院裡，而他的父母認為他長壞了，希望他從來就没被生出來。吉伯遜認為尼爾的出現，對於艾瑞克的人類發展八階段理論有很大的關係——雖然這些是尼爾從來没經歷過的人類正常發展經歷。這些話讓我很震驚，他跟我所認知的艾瑞克森完全不同。

吉伯遜的話給這本書一個很大的啟示：那就是艾瑞克森私生活和他帶給這個世界的理論之間的關連。從那夜之後，我試著透過他的生活，重新看待他的著作。我也試著由他的作品了解他的一生。

艾瑞克森的作品並不好讀。它們很複雜、有層次並且很不定，他的一生就更複雜了。他除了工作之外，鮮少有嗜好和熱情。他喜歡散步，游泳，甜食，看好電影，逛美術館，大自然，和美女聊天，開玩笑等。但除了工作之外，他對其他的都没有熱情。身為世界知名的兒童心理分析家，他從没有做過體貼的父親或是祖父。雖然他在意人格養成過程中的時間、地點問題，他在寫信的時候，卻很少寫到時間、地點，頂多提到社會狀態。

四十多歲時，他把全部的精力都用在寫作出版。他的所思、所想、所說、所作都和寫作合在一起。瓊試著紓解他的注意力，希望他感覺舒服點，甚至不要為社會情況擔憂。她要他去跳舞，唱歌看戲，接觸社交生活，但她必須注意他的行蹤，這位頌揚社會性的學者，很可能會從一個他覺得無聊的晚宴中溜走。通常他都會跑回去做研究，撰寫他那些永無止盡的論文，直到瓊找到他為止。

他從中年開始，就專心致力於寫作中。這位具有廣度、豐富面向的男人已經超過瓊的想像。他的寫作開始走向深度，但他的生活並沒有失去多變的面向，他的熱情並沒有為自己設限。他喚起了豐富的情感、慾望、眼界和想法，遠超過他曾經驗過的。他發現當他去潤飾一個章節的時候，那種感覺強過待在鱈魚角的午後，或是徜徉在舊金山海邊的感覺。他的人生變得更有挑戰性，這帶給他無可限量的結果。如果不是他對於筆尖的這股熱情，他將只是一位成功的心理醫生，而不是認同的建構者，戰後浩劫中的希望之聲。

我在一九六〇年代末到一九七〇年代當教授的時候，接觸到艾瑞克森的著作及思想。我成為艾瑞克森學派，接受他的觀念，關注個人內在情緒與外在社會環境的交互作用（艾瑞克森稱之為心理社會）。身為年輕的歷史學家，我很崇拜他為人做傳的方式，例如為一位約克族女巫醫、希特勒、馬丁路德、傑佛遜和其他的人做傳，在豐富的歷史材料中，還能保有個體的特殊之處。我曾參加過「心理歷史」運動，但是發現很多參與者都在歷史評斷和美學感性方面失敗了；然而艾瑞克森的「心理社會」卻在我的心裡日漸茁壯。在一九九〇年初期，當我的朋友查爾斯・陀茲和羅伯・傑・立夫頓，建議我為艾瑞克森做傳時，我毫不考慮的答應他們，因為我景仰他的著作已久，而為他寫傳正提供我一個發掘他引人之處的機會。

六年之後我經歷了人生的一大悲劇，而這也影響到我寫這本書的態度。一位在三十年來，對我非常重要的人住院，而且在生死間徘徊了好幾個月才甦醒，我的春天一下子進入寒冷的冬天，我每天每天都在祈禱他的清醒。花費了無數的精力，覺得自己沒有辦法承受任何可能不好的結果。

在這幾個月當中，我不停的撰寫和重寫，幾分鐘寫這裡，下一個小時寫那裡。起碼要求自己一天看幾頁。而它在這個絕望的時刻對我起了鎮定的效果。幾個星期後，我發現這本書的重點開始改變。我的初衷沒變——解釋艾瑞克森的一生和他的思想。但我同時也試著挖掘人生的喜樂與悲哀——艾瑞克森的、我朋友的和我自己的。我成為一個喜悅的浪漫者，傾訴著人生的放肆、優雅、強健、幽默、愉快和情慾。這一切代表了再生，是與神祕、悲傷、傷害和死寂對照的。當我小時候，母親告訴我「快樂與友情」的重要，而這些正是艾瑞克森思想的重點，他是如此重視這些特質（雖然他自己有時無法適用），我們必須永記在心。

第一章　一個全新的開始：

嬰兒，孩童，青少年

一九六〇年代末期到一九七〇年代初期，艾瑞克森的聲望到達了巔峰。優雅的花呢格子外套，藍襯衫，白靴子，花白的頭髮和樂觀的態度，他成為迷人和天賦的綜合體。他以生命週期和認同危機建構者的身分，出現在各報章雜誌封面。邀請、殊榮和榮譽學位更是多的不勝枚舉。他在哈佛的學生和研究生中，是一位具有啟發性且值得尊敬的導師、大學問家。他不只在學術界受到尊敬，同時也得到政壇的重視，例如紐約市長約翰．林西、甘迺迪家族、尼克森時代的丹尼爾．派翠克．模翰等。艾瑞克森以《甘地的真理》獲得了普立茲獎和國家書籍獎，這本書為當時美國對越南的暴行和核戰邊緣中，帶來一種政治倫理。

這位一向安静低調的人受到這些榮譽的影響，他扮演了類似先知的角色。當他和一位年輕的仰慕者說話時，他們兩個人都視此為一種虔誠而敬畏的儀式。羅伯阿布格，一位年輕的丹佛研究者，他永遠無法忘記自己參加北加州的一個會議，聽艾瑞克森演講柏格曼（Ingmar Bergman）的經典電影「野草莓」時，他在會後的海邊看到艾瑞克森在散步，他跑去告訴艾瑞克森自己的見解，艾瑞克森没提到的部分，是有關裡面的主角從來没辦法和他親生父母聯繫的這個部分。之後會議中，艾瑞克森走近他，輕拍他的肩膀，看著他的眼睛，說他的發現是對的。對他們兩個而言，這都是一個特殊的時刻。這個年輕人覺得他得到了這位先知的尊重和祝福，他得到了證明，而艾瑞克森覺得他得到了年輕一代的尊崇。

艾瑞克森晚年的自信與力量很難從他的早年歲月中看出端倪，他似乎一直很需要一位精神導師，就像之後的他自己那樣。他是非婚生子，之後被媽媽的第二任丈夫領養，他從不知自己的父親是誰，母親和養父以愛為出發點欺瞞他很多年。他童年的玩伴彼得・布羅斯（Peter Blos）說「領養這件事對他影響很大」，「他總是提起這件事」。他晚年的自傳中寫道：「養子的負面認知代表了一種可憐，和一種無依感。」這樣的人「可能會用他的能力去避免任何一種歸屬……」，然而艾瑞克森並不覺得他的童年完全是負面的。「不同的背景」反而提供他特別的環境使他接受「生命的真實」，「這些異於常人之處，甚至這些欺瞞使我發展了天賦能力，並選擇了自己的人生方向」。

早年的環境塑造了年輕時的艾瑞克，並啟發和鼓勵他日後的發展。儘管他那廣為人知的人生八階段，其中前五個階段包含在二十歲之前，他認為自己從出生到成年前期都只是同一個時期。在自傳中，他描寫這個階段是壓縮而充滿力量的，處於一種平衡之中。

從他的自傳和其他晚期的反思中顯示，他把他的嬰兒、孩童、青少年、青年期視為整體發展階段的一部分是很重要的。孩童時期的感受和經驗，那些內在的衝擊對成年有極大的影響。雖然我們找到一些相反的證據，但是他對於他早年經驗的研究還是值得我們的重視。

有關父母親的事蹟

艾瑞克森的媽媽，卡拉．阿伯翰墨森，來自於哥本哈根一個猶太望族，家族歷史可溯源到十七世紀的德國，世代是做買賣貿易。家族中出過猶太牧師、教會歷史學家，甚至一位路德教牧師。他們家的婦女除了養育孩子之外，承襲了刺繡和瓷器繪畫的傳統，她們全部是「淑女」並幫別人管理家務。不像其他的哥本哈根東歐猶太移民，他們家族試著融入丹麥之中。他們不說猶太土語，並且在傳統猶太食物中混入丹麥食物。

卡拉的父親喬瑟夫是一位乾貨商。她媽媽，漢瑞．卡爾，在她十五歲時過世，她是由阿姨們養大的。喬瑟夫要求他的三個兒子放棄法律和他一起經營生意，成立了現在的「阿伯翰墨森父子」公司。長子阿克斯成為紡織界有名的商人，而且是哥本哈根好幾個猶太慈善團體的領袖。當喬瑟夫一八九九年過世時，阿克斯已經是家族的大家長。喬瑟夫的第二個兒子馬克斯幫他大哥經營家裡的乾貨生意，但是在二十二歲就過世了。另外兩個兒子，尼可拉和愛爾，經營珠寶生意，愛爾更是一位有名的寶石學家。他們也像大哥一樣，在當地的慈善團體中很活躍。阿克斯的太太馬悌達，為俄羅斯猶太移民設立一個熱湯供給站。

當阿克斯超越他父親成為家族領袖的時候，他的妹妹卡拉成為家中最特別的一員。她是家中最漂亮也是最聰明的一個，當時少數參加健身房的女性之一。她研讀齊克果，並被他那丹麥精髓但基督教外貌所吸引。父兄非常疼愛她，但同時也擔心她對於那些離經叛道藝術家的熱愛。他們害怕因為卡拉母親的早死，卡拉沒能學到符合她身分地位的婦德。

一八九九年，卡拉二十一歲的時候嫁給了二十七歲的猶太裔股票經紀人佛得．伊斯德．沙洛門。他的歷史鮮少人知，父親是律師，和卡拉家有來往，媽媽朵拉，則是名肖像畫家大衛・摩尼斯的女兒。卡拉的婚姻甚至沒能維持一個晚上，她在羅馬度蜜月時，聯絡阿克斯接她回家。當阿克斯到的時候，佛得已經不知逃到墨西哥還是美國了。家族中傳說他在新婚之夜告訴卡拉，他牽涉到犯罪，犯了詐欺等罪名，必須要逃亡。他好像還打她，並讓她知道他患有梅毒。雖然卡拉至此之後就沒看過他，但是她還是依法冠上了夫姓。當她四年後生下艾瑞克時，出生證明上的父親欄還是寫著佛得。在他出生後四個月，佛得的父親向法院證明他兒子已在那個月客死異鄉了，卡拉也因而得以成為合法的寡婦，再度獲得自由。

既然佛得不是艾瑞克的爸爸，他爸爸是誰呢？卡拉第二任婚姻所生的兩位女兒，露斯和愛倫試著要解釋媽媽在懷他之前都是一位處女。她們猜卡拉是在她哥哥的一個宴會上，因為太醉在不知道的情形下被人侵犯，或是記不得是誰。但是艾瑞克森和他太太卻認為卡拉沒這麼純潔，而且她從艾瑞克森的長相就已經知道誰是兒子的爸爸，只是她不願意說。瓊（艾瑞克森的妻子）猜測艾瑞克森的父親應該是卡拉去卡普利島玩的時候，遇到的那幾個說丹麥話的年輕人之一。家族中傳說艾瑞克的名字是從他父親的名字來的，他是一位哥本哈根法庭照相師。從哥本哈根照相學會紀錄上看來，當時共有兩位艾瑞克，但並沒有人是法庭照相師。無論如何，當卡拉一九〇二年去德國玩的時候，她並不知道自己已經懷孕了。聽說她是有一天在洗澡的時候發現，並由當地醫生診斷確定。為了怕家醜外揚，她的家人要求她待在德國生產。她在法蘭克福生產，之後住在波爾旁邊的小城，醜聞被控制得很好。

卡拉在波爾很安静的過日子。艾瑞克覺得她「掌握了所有惱人的細節」，但是她還是受到一些排斥。她學習一些護理的技巧，並與當地藝術家為伍，而這些男人提供了艾瑞克稱之為「第一個男性的印象」。當這位黑髮的媽媽推著她那金髮碧眼的兒子散步時，鄰居們總覺得有哪裡不對勁。

當艾瑞克成年後，他試著重建他這段嬰孩時期。「我最早的記憶就是聽到一封公文說佛得・伊斯德・沙洛門宣告死亡」，他一直看著卡拉，「我感受到她有著我不了解的悲傷」。當他日後發現到自我認同（我是誰的感覺）始於母親的微笑時，他想的就是卡拉。當她沒有看著艾瑞克時，她帶有一種智慧，「她在閱讀布蘭得、齊克果和愛默生的書」。終其一生，他都因為媽媽的影響，對閱讀有非常正面的認知。雖然他們母子住在德國，有時卻用丹麥話交談。當他二十三歲時，刻了一個聖母瑪利亞與聖子雕像，象徵他和母親之間的那種信任。艾瑞克從小就可以感覺到卡拉很悲傷，而且很孤獨，但仍然熱愛她的兒子並且對兒子充滿期望。「我從不懷疑她對我的期待。」卡拉的眼神，臉上的那種信任、愉悦是艾瑞克一生都在思索的。這個私生子三歲以前因為離開家族困苦的在外生活，母子間建立起一種很特別的關係。

他們之間的關係一直維持到卡拉認識一位「闖入者」。據説因為艾瑞克一直生病不癒，卡拉的一位藝術家朋友建議她去找泰德・漢寶看看。另一個説法是他們轉診到這個醫院，而院方找漢寶來診治。這位短小保守的小兒科醫生發現艾瑞克的牛奶有問題，他改變了處方，艾瑞克藥到病除，並且發現他媽媽喜歡上這位醫生。很快的，他們的婚期就決定了，當地的猶太社區則為了這樣一樁象徵開放的美事高興，醫生將娶一位帶著金髮藍眼兒子的高挑黝黑丹麥女人。艾瑞克回想這段往事，覺得當時「面對這位闖入者，一個保守的醫生還有他那些神祕的器具」，真不是件容易的事，媽媽似乎為了泰德把他撇到一邊。對於泰德這也不是容易的事，他開始感覺到自己介入卡拉和艾瑞克的特別關係中，卡拉則是感受衝突最大的，她了解兒子對她那種深層的需要，而且這個渴求有部分和她未來的丈夫重疊，尤其是住在一起時，家庭氣氛更奇怪。最後這位保守的醫生把卡拉帶到他住的都市，讓她離開這個產下私生子的地方。泰德給了卡拉一個重塑中產階級尊嚴的機會。

他們在一九〇四年的十一月訂婚。並在次年的六月十五日結婚——愛瑞克的三歲生日。他們帶他一起去蜜月，就好像艾瑞克從一開始就和他們在一起一樣——起碼他們是這樣期待。艾瑞克青少年時雕刻了一艘航行至哥本哈根的蜜月船，一個穿著水手服、緊張擔心而生氣的年輕人很寂寞的站在那裡。他的父母坐在甲板上相擁，年輕人背對他們，臉朝著橋上的船長。那個船長象徵了他的父親，而他想爬上去和他在一起。蜜月船駛到了哥本哈根，卡拉的家人很高興的迎接這位醫生新成員，卻對這位私生子感到很詭異。

很明顯的，中產階級的阿伯翰墨森家族完全接受泰德・漢寶。他把卡拉從未婚生子的罪惡中救贖。更好的是，他來自於高尚的巴頓猶太家族。他們將要住的地方建造於一七二二年。相較於卡爾緒的落後，巴頓是這麼的先進和自由，雖然那裡天主教人口眾多，並曾是路德教派的所在地，但它在一八六〇年是猶太人的重鎮。十九世紀末期，卡爾緒成為工業都市，猶太人也隨著工業化，努力成為專業人士和貿易商。朱利・漢寶是一位成功的紅酒商，他和太太泰莉絲共生育了七個小孩，泰德是唯一接受高等教育的專業人士。他在慕尼黑和海德堡學醫，論文是用科學儀器測量學校教室的自然光。他在一八九四年開始執業。同時間卡爾緒有七位猶太裔醫生，小兒科並不是很少見的。

漢寶家那富有歷史意義的老房子很大，泰德兩個兄弟和兩個姊妹都和家人住在那裡。泰德把他的家搬到一棟三層樓、看得到院子的房子，他和卡拉的第一個小孩愛娜在一九〇七年出生，但她兩歲時就死於白喉。那段日子對他們而言一定不堪回首。一九〇九年露斯誕生，愛倫隨後於一九一二年出生。

當他們在一九〇四年訂婚時，卡拉接受泰德唯一的條件就是告訴艾瑞克，泰德是他的親生父親。也許卡拉視此為埋葬過去的方法。當艾瑞克多年後發現的時候曾提到，「他們一起承諾要做我的親生父母親」。這是一個愛的謊言，也或許是艾瑞克曾說的「更糟的是：繼父和母親決定要保有這個祕密」。無論如何，這個小孩感覺到不對勁，即便他只是一個三歲的小孩，他還是可以感覺到他不是親生父親，有太多跡象可循，比如大人們的耳語。雖然艾瑞克長大後覺得泰德是慈祥的父親，但是他依然「感覺很孤獨……對自身認同疑惑，你知道的，我整個童年都是這樣渡過。」「最後我相信我的出身和我母親的一些過去有關，是不能提及的祕密，即便是在卡爾緒或是哥本哈根。」「空氣中有一種特殊的感覺，包含正負兩極的情緒。」

如果年輕的艾瑞克不相信泰德是他的親生父親，那麼泰德接受艾瑞克是他的親生骨肉也有問題。「這和基因有關」，艾瑞克很諷刺的說，繼父會從一些跡象中感受到這不是他的骨肉，並由那些遺傳基因來決定他如何對待他的親生兒子。在這種情況下，泰德很難完全把艾瑞克視為己出。

泰德比卡拉還重視中產階級的面子，這使他馬上收養艾瑞克並把他的姓改為漢寶，但是在他們一九〇五年的結婚證書上卻沒出現相關文字，而這應該是合法出現的第一個地方。在一九〇九年艾瑞克依法成為德國人時，他的姓氏還是沙洛門。在一九五九年的一個簡歷上，艾瑞克才發現他的姓是在父母結婚好幾年後改變的。在一九一一年六月由法蘭克福發出的出生證明側注上寫道：「經卡爾緒的判決，正式准許艾瑞克．沙洛門經收養更名為漢寶」。更明確的說，這個改變是經由猶太團體執行，也就是在卡爾緒當地的猶太教堂執行，也許就是在結婚當下做的，雖然這算是特例。卡爾緒當地政府記錄著一九〇九艾瑞克改姓，而一九一一年的記錄上寫著他的監護權和收養過程完成。他在父母完婚後的五年，正式在卡爾緒和法蘭克福成為泰德．漢寶的兒子。

這些文件也可能解釋了泰德和卡拉一開始覺得艾瑞克年幼無知，他們希望艾瑞克以為泰德是他親生的父親，即便他們差點要去當地猶太教堂登記收養。在他九歲要上學之前，他們也許都覺得沒必要刻意更改他的國籍，或是執行收養的手續。但是泰德和卡拉應該為了收養的事很急，想要趕快埋葬這段過去，他們希望整個家庭感覺很普通正常，所以這段不正常的延遲表示泰德為了收養的事有點矛盾。想想卡拉在他們家的有利地位，這個延遲也可能是因為她對於共同養育權有所保留。總而言之，兩方應該都有些複雜的變數，這可以從泰德一直到一九四二年寫遺囑的時候，才正式提到艾瑞克的養子身分看出端倪。

那段在哥本哈根的詭異蜜月，並不是艾瑞克唯一一次看到阿伯翰家族。「我同時期去那邊好幾次。」他回想，通常他住在愛爾家。猶太教的傳統是小孩子歸母親的信仰，所以阿伯翰家族視他為猶太人，愛爾常帶他去猶太教堂。他永遠忘不了有一次丹麥國王駕到，並坐在他們旁邊。他最快樂的就是去叔叔尼可拉的海邊別墅玩。那棟房子離森林和海邊都不遠，每當艾瑞克演講到「野草莓」這部電影，他總會想到這段時光，在那裡「我渡過了童年最燦爛的時光」。他回想「我經常在丹麥海邊眺望另一邊」的瑞典，這種斯堪地那維亞的背景使他自覺很特別，他比他那同母異父的姊妹們都要常去哥本哈根。

阿伯翰以及漢寶家族都不反對小艾瑞克常去哥本哈根玩，其他丹麥和德國猶太人也都常去對方的國家。在第一次世界大戰時，阿伯翰家族送給卡爾緒的漢寶家族他們最需要的食物。在這兩家族的交流中，艾瑞克與愛爾的女兒翰瑞塔特別親近，她總是熱情的歡迎艾瑞克，從不把他當外人。十二歲的時候，他送了一個木刻給她，是一座冬天的農莊，寫著「來自你表弟的留念」。雖然其他阿伯翰家的大人都對他很友善，但是其中總是夾雜著一些緊張。他向他卡爾緒的好友彼得·布羅斯很誇張的抱怨這件事，認為他們切斷他和媽媽，回想當阿伯翰家族來訪時，家中那種緊張，還有父母刻意提醒他們不要提艾瑞克身世的事，「我可以想像他們來這，不可以說這個，不可以說那個的樣子，即便小孩也感到不對勁。」即便在他母親婚後，他還是覺得跟以前一樣——他媽媽是他所有希望及力量的來源，也是他感到與衆不同的地方。最後他試著與這些緊張共存，不再想以前那種相依為命的日子。

養子的認同

泰德和卡拉致力於在卡爾緒建造一個屬於自己的家。艾瑞克四歲時，愛娜出生了。在她一歲半的時候，他們合照了一張照片，照片中艾瑞克穿了水手服，看起來緊張而不快樂，愛娜穿了類似尿布的東西靠著艾瑞克，照禮俗她應該要穿一整套衣服的。幾個月後她因為白喉而夭折。對艾瑞克而言，她的死讓他更感覺到自己不屬於這個家。露斯在幾個月後出生，愛倫則在愛瑞克十歲的時候誕生，泰德和這兩個女兒很親，禮拜天都帶她們去散步，聊音樂和大自然。雖然她們一直到青少年期才知道艾瑞克是同母異父的哥哥，但她們一直和艾瑞克關係不深。艾瑞克則一直和媽媽很親，而且喜歡她那些藝術家朋友。他在十二歲時開始模仿他們，做一些鄉村的雕刻，顯示出他的天賦。卡拉一直鼓勵獨立自主，她說：「讓你擁有選擇權，並可以去研究。」因此當他越長越大，他多半自己行動，或是跟附近的年輕朋友一起，他相信只要他需要，媽媽一定會幫助他。

漢寶家中，爸爸和女兒特別親，而媽媽和兒子特別親。卡拉負責掌管家裡，泰德每天工作到很晚，而且繼續在家樓下執業。他早上和晚上出診，下午會接很多電話，他還撰寫有關戰時學校狀況的論文，並熱心卡爾緒的公益活動，除了工作和猶太教會，他幾乎沒有其他時間和興趣。卡拉掌管家中財務，發零用錢給泰德，並負責家中的社交活動。

他們家就像泰德父母及兄弟姊妹家一樣，很符合猶太中產階級家庭，一天三頓飯一起吃。家裡每個房間的用途正說明了家族的複雜性。小孩只能住在二樓，不過他們可以在騎樓及院子玩，寄住者只能住在三樓，這種規矩只有在第一次世界大戰的空襲警報時被破壞。雖然卡拉看丹麥報紙，並且認為自己是丹麥人，但她的小孩是德國人，阿伯翰家族來訪時也被要求要說德文。卡拉希望他們家是德國家庭，因為德文是歐洲大陸官方語言，這對艾瑞克並不容易，他一直很後悔他在使用德文後遺忘了小時候的母語丹麥文。卡拉堅持要維持猶太傳統，雖然她自己對基督教很有興趣，艾瑞克因此接受猶太戒律訓練，參加猶太典禮，每個星期五晚上和安息日去猶太教堂。

卡爾緒這個教堂對於泰德、卡拉和他們的孩子都具有不可抹滅的重要性。它的歷史回溯到十八和十九世紀移民來的人，大約有二五〇〇名參加者，而且比卡爾緒另外兩個教堂自由。這裡比較融入德國文化，他們帶著帽子參加聚會，女人們坐在陽臺。泰德做了五次的教會團體領袖，他是一位改革者，支持女孩子十四歲行堅信禮，並請異教徒擔任唱詩班風琴師。卡拉經常招待猶太祭司和他們的太太，參與猶太公益團體，並提供免費食物給窮人及失業的猶太人。他們的行為使他們成為卡爾緒猶太教區的領袖人物。

艾瑞克對教堂是能躲多遠就躲多遠。他高大的身形和藍色眼珠都讓他身處其中感覺另類。他的外型使他在教會中得了一個外號叫做「非猶太人」，就是暗示他有非猶太血統。他更不喜歡泰德忽視他的藝術天分，只想逼他也做醫生。他很想念跟媽媽兩個人在波爾的日子。其實他不能接受他的繼父，覺得他是猶太小鄉鎮中布爾喬亞意識的產物，他痛恨猶太教堂以及那些埋葬卡拉的價值觀，回想自己「對德國中產階級、猶太教以及醫生角色的疏離」。直到他移民美國，對年輕卡拉的認同漸漸變淡時，他才重新看待泰德，認為「我的繼父，這位小兒科醫生那種以小孩為中心、醫德為思想的行為，在我反叛的時期給了我很堅定的認知」。

當艾瑞克長大一點，他發現媽媽也漸漸融入泰德的猶太中產階級中。他們當時的猶太祭司胡哥雪夫回想：「他與任何猶太有關的事物都很疏離。」「我那時故意要與衆不同。」艾瑞克回憶。他將卡爾緒那些畫室和他繼父的診所做對比，相對於診所中緊張但對泰德充滿信心的媽媽及病童，畫室的生活方式卻像是提供了一個「甦活的機會」。他也認為與這些藝術家接觸也許可以找到他親生的父親，當他越來越大，他開始覺得父親應該也是藝術家。

如果卡拉知道他親生父親的事，也許她會告訴她的兄弟，然後她兄弟的小孩也會略知一二，但他們都毫無所知。艾瑞克尋找父親的過程很困難，有時他會覺得「媽媽騙了我」，卡拉給了他很多不一致的線索。他找父親的過程共分三個重疊的階段，也因為這些事情，艾瑞克隨著年齡的增長，越來越難跟媽媽溝通。

當他三歲時，他們說泰德是他的親生父親，但這很令人起疑，而且泰德延遲收養的手續更增加了疑點。艾瑞克永遠忘不了他在餐桌上聽到大人說他爸爸是非猶太人的藝術家。他在八歲到十四歲時開始有另一階段的疑問，他跟朋友貝蒂珍立頓說，他有一次在卡爾緒郊外遇到一位擠牛奶的農婦，她問他知道爸爸是誰嗎，艾瑞克跑去問卡拉，卡拉才說他是被收養的。卡拉說她第一任丈夫是如何在她懷孕時拋棄她們母子，艾瑞克以為卡拉第一任丈夫就是他父親，雖然事實上他早在卡拉懷孕前幾年就失踪了。但當時艾瑞克沒有追問下去，因為卡拉的神情非常難過，語調動作都變了。但是艾瑞克的疑問在第三階段更加深了，青少年時期，他開始聽到謠言說他父親是藝術家、是基督徒等等。直到卡拉在一九六〇年過世時，阿伯翰家族那些表兄弟們開始諷刺的說一些謠言：「他們證實了我多年來聽到的點點滴滴——我父親是丹麥的非猶太人，來自一個好家庭，而且擁有藝術天分。」但他卻不敢去丹麥找他。「如果他很有錢，他會以為我只是想要錢，又如果他根本不在乎我，那我幹嘛要去找他。」艾瑞克尋找對父親的認同，卻只找到了一個點。

當艾瑞克跟母親關係還很好的時候，他就漸漸覺得她在隱瞞一些事情。這不會使他不愛卡拉，卻在他們之間築了一道牆，使他必須另求情感的出路，他覺得不可避免的想「擺脫養子的認同」。

養子的認同牽涉到血統，這使他面臨如何擺脫傳統的束縛，比如國籍和宗教。他忘不了在猶太教堂被認為是異教徒，以及在學校被認為是猶太人的屈辱。他在喜歡一位猶太女孩時感到很困擾，因為他自己可能有一半的異教徒血統。而在學校裡，像他這樣的外國小孩（雖然他在德國出生）也會受到排擠。他在第一次世界大戰丹麥表示中立時，表達自己的德國籍，好向學校同學輸誠。猶太祭司試圖壓制他的丹麥血統，讓他成為完整的猶太人，但艾瑞克反抗這種想法，最後終於導致「失敗」。

艾瑞克在卡爾緒的家中遇到的衝突最大。繼父泰德最重視維持猶太傳統，他在全家渡假的時候，請來女傭做最傳統的猶太食物。卡拉雖然幫他維持一個猶太家庭，但自己卻不這麼想，艾瑞克和他的妹妹們看過卡拉在哥本哈根的家裡吃非猶太食物，如蝦子等。卡拉還給他們一些相抵的訊息，比如說她看丹麥報紙，家裡面掛德國和丹麥國旗，卻要求小孩只能說德文。艾瑞克覺得所謂自由的教堂更令人失望，儀式最大的意義在於它跟法國轟炸卡爾緒同一天，而後者挑起德法戰爭，一個空洞的宗教典禮存在於嚴肅的國際問題中。他記得青少年時寫了一封給祭司的信，這封信指出，「教會和每天的例行儀式都和我的童年、德國及和猶太裔呈現某部分疏離」。

這個少年已經準備好與眾不同。其中一點就是「我很迷戀基督教的福音，我很早就從媽媽那裡知道猶太人和基督教沒有關係。」但是卡拉培養了艾瑞克對於齊克果「基督教中心思想」的喜愛。當他讀著齊克果，走在卡爾緒街頭（那裡每個街角都有十字架），他假設親生父親是異教徒，並在心中開始傾向基督教。他覺得猶太人在德國並不能對路德毫無感覺。他在萊茵河上游的朋友家過夜是一個關鍵點。翌晨，他聽到朋友爸爸的基督教祈禱語，他從沒聽過這些話，而祈禱文中的藝術性及道德性深深的抓住了他，就好像他初次聽到蓋茲堡演説一樣。

這並不是他接近基督教唯一的原因，身為阿伯翰家族的親戚——他們家曾出過十九世紀有名的基督教學者。他也不是為了改變自己的社會地位去改信基督教，他是敬仰新教教義，而虔誠信仰實踐。他並沒有遺忘猶太教，相反的，他站在新教與猶太教之間。

他試著把丹麥基督教和漸漸滋生的德國路德教派融合，解釋成一位丹麥媽媽透過齊克果，把丹麥形式的基督教介紹給他。「她教我可以跨越界限，將猶太教和基督教，甚至路德教派融合。」她也很驕傲的告訴艾瑞克，阿伯翰家族出過斯德哥爾摩的首席猶太祭司，也出過傑出的基督教歷史學家，全心投入宗教要比原先的宗教信仰重要很多。

從高級中學到文學院

當艾瑞克年長後，他認為他在卡爾緒的童年只代表了萊茵河此岸的德國部分，他的童年是一段學習界限的過程——猶太教與基督教，丹麥與德國，母親、繼父與生父。他回憶道：「我知道如何在界限上過活。」如果他最小的時候，是以繼子的認同生活在界限上，那麼他的青少年時期與成年前期就摻進很多其他因素。他開始對家庭以外的事情有興趣，如學校、特別的友誼以及文學院。

他在六歲至九歲間念小學。德國開歐洲風氣之先，從十八世紀就有義務教育。一九〇〇年時德國識字率達到百分之九十一。艾瑞克並不喜歡小學，即便卡拉每天給他家教，他成績還是不太好。

他從九歲到十八歲都上卡爾緒高中，主攻古典文學和語言。這跟工學院不一樣，那裡主要念自然科學、現代語文和數學，至於綜合學校則是文學院與工學院的混合。像他念的這種標準高中，就是主攻學術而忽略運動、音樂及課外活動。這九年下來，他經過考試得到了繼續攻讀大學的資格，但那個時候他已經對正規教育厭倦。

艾瑞克覺得他的心靈已經被這些教律、強迫記憶和對藝術的荒蕪所蹂躪，而且他也不喜歡當班上唯二的猶太學生。雖然當時其他的學生都想當醫生、律師或銀行家，艾瑞克卻寫下了他的願望「藝術」，但學校沒有教這個，他學了八年的拉丁文，八年的德國文學，六年的希臘文。他也學了幾年的數學、物理、哲學、法文和歷史（俄羅斯、諾曼第、德國和探險時代）。他多半都閱讀一些有關社會之間的問題，或是希臘悲劇中的自我衝突。

他一直想休學，態度一直是不自然而怪異，看起來很緊張而帶點悲哀，除了希臘文翻譯課，其他的他都不喜歡。卡拉一直給他家教，堅持他一定要念到學位為止。他在一九一九年底到一九二〇年初參加考試，全班四十五個學生都通過了。他對學校的厭惡可以從他的成績看出來，他的成績是班上的後段。雖然表現平庸和對學習沒興趣，他的考官們對於他的個人特質很欣賞，給他的行為一分，才智兩分，另外還有一分是對宗教的投入。

彼得・布羅斯，美國心理分析界的名人，是他一九二〇年班上的同學。他們認識很久，但一直到在學校的最後一年才成為好友。他們的友誼始於一次在街頭的長談，在天亮時他們結為好友，而艾瑞克也因此終生迷上散步。精神層面的契合使他們成為好友。「我們在大自然裡散步，而大自然似乎也知道我們的來到。」他們為自己的重要性出神，星星好像都在跟著他們。

他們常常談起自己的父母。他們的媽媽都是猶太人，彼得的爸爸是異教徒。「我們都來自地理和宗教混合的家庭，父親都是留著鬍子的醫生。」艾瑞克把泰德視為繼父，他常跟彼得談到他親生父親的可能特性，也幻想過如果他出生在哥本哈根，跟自己的親生父母一起長大，他也許會是一個有尊嚴的北歐人，而不是卡爾緒教區裡的半猶太養子。

彼得了解艾瑞克不喜歡他繼父那以教堂為中心的生活，和貧脊的興趣。艾瑞克很高興可以和彼得分享他那異類的父親。彼得的父親愛德溫・布羅斯讓艾瑞克很訝異，比如說他那濃密的鬍子，和酷似耶穌的樣子。他的興趣從不會被他的工作限制住。他提供傳統醫學革命性的點子——臥室的窗戶一年四季都開著，持續運動，讓傷口自己癒合。他顯示了德國熱中的那些跨越心靈與精神的事物，帶給艾瑞克對人類學家的狂熱，比如歌德。在德國卓越精神領域之外，愛德溫也非常崇拜東方文化與宗教。（他晚年穿僧衣，爬巴發立亞山脈）。在一九二〇至二七年間，也就是艾瑞克高中畢業到搬去維也納之間，愛德溫．布羅斯影響他觀念及興趣很多。透過羅蘭的《甘地》，歐洲年輕人開始對這位印度領袖感到興趣。布羅斯醫師開啟他這方面的知識，為他之後寫甘地傳奠基。他也影響艾瑞克中年時期有關高爾基的著名文章。甚至他那有關一生過程的階段兩極論，也是由布羅斯醫師跟他談到歌德兩極論引起的。

與彼得和愛德溫的關係稍微平衡了他在高中的不愉快經驗。彼得的媽媽是油畫家，艾瑞克也因為她很喜歡去他們家。有一次在他們家，他結識了奧斯卡．斯楝沃夫，一位擁有藝術天分的年輕卡爾緒人。他因為奧斯卡而接觸音樂，但最愛的還是藝術和人類學。很快的這三位年輕人成為朋友，一起在佛羅倫斯渡過特別的時光，在那之前，艾瑞克曾學習過一些現代藝術訓練。

艾瑞克高中畢業後，在黑森林健行了幾個月。一九二一年他開始念巴頓藝術學院。學藝術在當地猶太教區是不被尊重的，他也因此脫離了繼父的路。學院的校長沃夫把這個小學校經營得像小畫室，學生嘗試各種藝術。因為同是猶太人及認識漢寶家族，他很喜歡艾瑞克，甚至讓他妹妹來就讀這所男子學校。

在艾瑞克去念的那一年，沃夫寫了一本小冊子，講解如何木刻及如何把木刻轉為印刷的過程。他的學生依著這本冊子，把許多名畫如梵谷和杜勒的畫轉為木刻。他們也把自己的作品刻下來。艾瑞克的作品出現在小册子的第一頁。那是一幅全景，猛烈的陽光照耀在山頂樹上盤據的一隻毒蛇。沃夫稱讚它結合了雕刻與文字，這本書正是老師和學生的合作。

沃夫訓練學生裝飾和解說藝術創作的哲學，艾瑞克很專心的學習。沃夫這本書的序提到，真實的藝術與藝術家的心靈密不可分，任何一個創造山嶺的人，必須自身融入。藝術家融入他的作品之內，之後作品才能擁有比外在深刻的內容。換句話說，藝術家生根於這個世界，世界的力量也灌注於他，他成為世界、空間。而這一切從他而生，為他而語。

沃夫及他的學生們認為，藝術家要為靈魂及絕對真理而生。藝術家在面臨外在形式、自身靈魂及社會精神時，拋棄外在者可以找到靈魂本質。真正的藝術不在乎其自身，只在靈魂顯露，正因為如此，藝術家才能夠滿足他的天命。

沃夫和他的學生都受到尼采的影響，認為要避免「接受現實」。而雕刻的過程正好能表現這個精神。去蕪存菁是不重要的——重要的是找出題目中的基本精髓，也就是藝術家本身。雕刻使他走出自身限制，可以與世界溝通，不為外在現實限制，可以創造新的精神與連結。透過這個了解自己的過程，藝術家可以表達上帝與社會。「全能的力量，生命的動力通過我。」地球透過祂說話。實際上藝術家只表示了精華，他把自己對人類公開，他的過程也就是結果。

沃夫在學生中最讚賞艾瑞克，艾瑞克也很支持沃夫的想法，不然他不會終生保有沃夫那本書。

也許是沃夫的建議或艾瑞克自己的想法，他覺得卡爾緒太局限，所以他在一九二二年他二十歲時去慕尼黑，在那裡學兩年素描。他在很有名的藝術學校學習，一些木刻作品甚至和幾位名家的作品擺在一起。後來他離開學校，自己雕刻，並沒有跟著名師學習。他覺得素描是一個追求印象的好訓練方式。他很喜歡大型木刻及大自然的題材，覺得自己是印象派，像梵谷一樣與大自然為伍。他的作品也像梵谷一般充滿躍動生命力。但與梵谷不同，他悲歎自己沒有學習過色彩。他認為如果自己真要成為藝術家，一定要學色彩，但他就是不會使用顏色，以致於他終於離開慕尼黑，覺得藝術不是他終生的志業。

艾瑞克認為高中後這幾年是他的深造階段，一段內在漫遊及反省的日子。這個時期持續到他一九二五年回到卡爾緒，一九二七年應彼得之邀去維也納結束。一九二五至一九二七年他還是維持短時間的旅遊，路過卡爾緒補充食糧。艾瑞克認為這是德國文化儀式，很多年輕人都曾經歷的過程。徒步旅行（Wanderschaft）是德國青少年集體延後成年異性戀的過程，藉由戶外活動如遠足等遠離德國近代工業主義及城市化，接觸大自然。大人認為這個短暫的過程是自然的。

然而艾瑞克的這段時間特別長。他去過慕尼黑，法義邊界，托斯卡尼，佛羅倫斯等。他在費索和他的朋友彼得及奧斯卡會合，那是藝術家們鍾愛的地方，雖然當時艾瑞克已經放棄做藝術家的念頭，他還是和朋友們坐在長板凳上，看著佛羅倫斯的陽光與聲音，想像著前途到底是怎樣。雖然當時奧斯卡選擇繪畫與雕塑，彼得開始寫詩，他們都經歷艾瑞克所謂的「心理社會的承諾暫緩」——等著終生志業的降臨。他們只考慮到藝術與人類，完全忽視當時的政治情形。之後彼得在卡爾緒短暫逗留就去了維也納，艾瑞克則回到他原本的生活。

但此時卡爾緒已經不是他的家了。其實艾瑞克很高興他母親和繼父讓他這樣遊蕩，慢慢尋找人生的方向，但他知道泰德已經對這個他親手帶大的怪男孩沒有耐心了，他只希望艾瑞克趕快定下來做一個醫生。如果繼父知道卡拉在當時嚴重通貨膨脹的經濟下，偷偷接濟他那麼多錢，一定會更不高興。多年後他仍認為他母親很支持他的流浪，但繼父則是非常反對。

他認為卡爾緒已經不適合他居住。繼父認為他是個失敗者、中輟者，然而母親還是對他有信心。他在媽媽的金援下，得以逃脫漢寶家族的中產世界。他跟當時的德國青年一樣喜歡南歐。「那讓我身心平衡。」當他在慕尼黑發現不能做藝術家，也不想做藝術家時，他完全不知道自己將是什麼。可以說他的流浪並不成功，他的心理狀態開始改變，而同母異父的妹妹們覺得他心理不正常。有時候他覺得自己似乎不太正常，時而賣弄學問，時而對周遭很不耐煩。有時他覺得自己一定會很不平凡。日後成為醫生時，他以專業的角度看這段時間，認為當時他在官能症與精神病間遊走，並且有性格跨越的問題，「我想我應該傾向於精神病」，不論如何他後來痊癒了。傳統醫學並不重視這類問題，他寧願稱他的病是一種「認同危機」，那在當時的年輕人中並不少見。

清楚的說，他那段時間很脆弱，繼子的複雜認同，父母親關係，宗教和國際讓他覺得自己在界限上游走跨越。彼得家和沃夫那邊是他除了中產階級家庭之外的另類選擇。在慕尼黑放棄繪畫前，他學習印象派，但是失敗了，帶著絕望心情無路可走，他只好回到卡爾緒的家。

艾瑞克手稿

從一九二三年他二十一歲開始，他都帶著一本素描簿。裡面約有一百四十頁他稱之為備忘錄的記錄。這是在他放棄繪畫後，用來表達感情的媒介，他從慕尼黑到法國的路上開始寫。這不是旅行遊記，這些沒有頁碼的文字非常怪異無憑，沒有順序，沒有提到任何人、事、物及現實狀況，是一些毫不連貫的句子，信手塗鴉的文字，文法拼字都有很多錯誤。然而相反的，他卻對一些用來表達自己的文字很注意，反覆校正。

他想把這份手稿獻給他的父母，似乎表示希望他們能讀它，然而他並沒有給他們看，在本子後面他寫著「發現這本的人請務必讀完它」。他認為這是流浪過程中的記錄，算是一種冒險，試著忽略形式、結構及方向來表達想法。

雖然他用很多精力寫這個手稿，但裡面卻絕少提到個人的情感，而是用一種大略性、哲學性，甚至用非人及驕傲的口吻。他形容人類但絕少提到自己，可以看到一些情感波動的部分，可是他絕不著墨。生活在時間、地點的進程中被忽略。這是一個很概括的記錄。

這些內容並不特別，當時德國的高中男生中普遍有這種想法。這種對消逝、美麗及哀戚的想法是對歌德的迴響，也對其後赫賽、慕西爾等小說有影響。這是當時德國的青少年運動，跟法國復興運動及德國浪漫主義有關。他們質疑成年社會，歌頌自然，嚮往社會變革，渴求自由（大略性的自由和性開放）。像艾瑞克寫的這類作品，顯示出他們想掙脫家庭學校束縛，追求自然、真理和真實自我的情形。

雖然許多手稿的內容並不特別，但有一些卻表現出它的重要性。它顯示出艾瑞克深深的困擾。他自行整理思緒和面對情緒的問題，幾十年後，他稱這種青少年及年輕成人的問題為「認同危機」，手稿中顯示出一些想法，暗示他後來成為二十世紀主要思想家的可能性，證明他早在去維也納受教於席格和安娜．佛洛伊德前，就已經有這些想法。他受到德國浪漫主義影響多過於佛洛伊德。

手稿的前兩頁，是一些混亂的文字，表示這些文字起因於很多經驗及地方，有些部分他似乎很難表達清楚，並且他認知到對於人類的知識所讀甚少。之後就寫到主題——人類經驗的變動性，例如生命進程。兒童和年輕時期是多種慾望和各種週期成因興起的階段；中年是事實發現與思想傾巢而出；最後是死亡，回歸到最初的意義。在他想到生命週期觀念之前，他在手稿中提出以上的見解。

不過其中缺乏有系統的論說，也極少提到生命階段。有一個地方很清楚的提到生命週期：靈感之線從生命週期中源源不絕而出。在另一處，他用歌德和老子注解生命的進步，下一階段的進步是依賴這一階段的經驗，每一步都是目標。在另一個完全無關的地方寫著：「緩慢廣闊的人性是由繁複的經驗所圓滿。」在另外一點，他提出天才是由年輕時各個階段的性靈成熟所組成。但在文稿中看不出來他曾試圖把這些發現連貫在一起的傾向。

艾瑞克受到德國浪漫主義的影響，認為成長是歸因於目標，所以可以了解他在接觸佛洛伊德前，就已經有生命的概念。他有一首四行詩最能解釋這一切。因為受到黑格爾、歌德和布雷克影響，他常和彼得討論到美麗和地獄，不可或缺或自由自在，肉體和精神，男性與女性，年輕與年老，稜角與圓滿，生命與死亡和其他對偶。他在下面的詩解釋年老與死亡：

內容死亡，平衡形式依舊存在
肉體死亡，美麗依舊存在
真實死亡，真理依舊存在
我死亡，自我依舊存在

實體的會被審美與精神的所延續。幾十年後，艾瑞克將這個概念重新詮釋，且強調從實體提升到精神。

這首詩的最後一句最有趣。手稿中他曾提到「我就是生活和經驗的本體，如果沒有外在世界，我也不存在」。他似乎認為人必須要能夠區分自己和外在世界，才能感受到本體存在。四頁之後，他寫道：「我就是經驗本身，其他的經驗不是我，我是由意識組成。」艾瑞克某些語言和觀點是不清楚的，他提的「我」要比「自己」這個字眼代表更多意義，是更深的精神層面，然而這兩個字眼又有重疊之處，且與認同緊密相關。

最後一句中提到我和自我，表示他在沃夫上課的前兩年就對尼采提到的避免接受現實、要挖掘出內在精華有興趣。不論是我或是自我都和認同結合。不論主體是愛人、領袖、父母或是上帝。自我創造源於對所鍾愛的他者的關注和融合，他者可以是一個人，或是一個永恆的微笑（上帝）。在這麼多年前，艾瑞克就堅持了正向認同與外界的連結性，然而有很多他的支持者誤以為他是個人主義者。

詩的第一句提到平衡形式，他的手稿中還提到平衡、圓滿、中心及相稱等。「圓滿」就是「在生產繁衍中最分歧的熱情彼此能夠平衡，每一端都對稱，就好像在複雜的關係中仍有圓滿。」最重要的圓滿就是自我男性與女性的部分。在歌德文章與達文西的畫中，艾瑞克都發現自我中存在兩性的圓滿特質，這個觀念深植在他心中。

他的手稿中沒有提到佛洛伊德。他曾跟朋友提到他對佛洛伊德所知甚少，而且覺得很奇怪，然而他對尼采很重視，和尼采一樣，他對於人類發展中的兒童階段很重視。尼采在佛洛伊德之前指出壓抑身體直覺的危險性。艾瑞克接受「真實由身體需求開始」這個概念。因為靈魂就是身體，身體必須要釋放不舒服的靈魂。

如同其他二十世紀初的德國高中教育傳統，艾瑞克是菁英主義者。課程中教授凱撒大帝、德國悲劇文學等其他歷史偉人事蹟。黑格爾擁護的英雄，受制於集體潛意識，必定擁護一致及偉大。相同的，艾瑞克認為擁護民主是沒有前途的。他認為階級會製造寂寞，無產階級製造分歧，不過領袖的人格卻會製造一致。歷史上，民眾的唯一優點是發掘領袖的直覺，偉大領袖在組織中表現出力量，依社會的需要創造呼吸空間。當他日後描寫領袖人物如甘地和路德時，他認為這些人擁有表達出社會中的緊張關係的特質，令人望而生畏，而他們改變歷史。

他對於領袖特質的描寫都很籠統，但摩西除外。他認為摩西和那些猶太人打破全人類的界限（他日後稱為宇宙物種），這是值得敬仰的。人類傾向於接受單一人種、宗教和國籍，免於落單的恐懼。所以大多數的人提倡小心疆界，好把自己和別人分開（他稱這種特質為偽物種學〔pseudospeciation〕)。

在手稿中的其他地方，他比較沒這麼推崇摩西和猶太教。也許因為他父母及卡爾緒教區的衝突，他稱自己為歐洲人，而不是猶太人。他認為猶太神是現實的神而不是精神的神，即使猶太人已逐漸為這個名字賦予精神上的解釋。他對摩西及猶太人的兩面評價，代表了他個人的舉棋不定。也表示他忽略了猶太人的中心點——這是帶有倫理社會力量的共產主義宗教。

艾瑞克的手稿中有個最中心的指導者——大自然——這是他描寫最多的題目，也是德國浪漫主義注重的。他也表示這些文章多是在他遠足或素描雕刻時所見。他認為人類在大自然中的洗禮，是最高境界的真實——也就是人與世界的互動，實在而且具有生命力。就像歌德形容的，真實就是人類內在與外在交會的那一點。「如果你想知道所處時間，還有你能在此做什麼，就去看看天空與閃亮的湖面交會。」要了解屬於世界那無聲無息的語言，就看看直抵藍天的樹木，反射陽光的石頭。

在這手稿中有著他一生追尋的種子，包括人類生命週期、我、自我、認同、人格中的男性女性、歷史傳承中的偉人、偽物種學及宇宙物種的衝突等。甚至包括年老統整的問題……衰老而不混淆等等。他受到尼采、歌德及黑格爾影響很大。也受到席勒、里爾克、歌德之尊重個人想法的洗禮。而佛洛伊德也正是受到這些德國思想家的影響。這也是為什麼有人會拿佛洛伊德和艾瑞克比較的原因。但可以確定的是，當他在一九二三到一九二四年間寫下這些有關日後思想的文章時，他對佛洛伊德幾乎一無所知。

全新的開始

艾瑞克文章中的特質和他當時的生活及個性成對比。這種對比在他的一生中發生好幾次。他因為不能做藝術家感到很困擾。佛洛伊德去羅馬看米開朗基羅的作品，他也去看了，發現他永遠不能與偉大藝術家相比。在他寫完手稿，住在佛羅倫斯的時候，他幾乎不再素描及雕刻。一九二五年他在卡爾緒拍的那張照片中，看起來非常沮喪，跟他的妹妹迥然不同。當他不能成為藝術家時，連寫作的心情也完全失去，「我是一個沒有用的藝術家」，「那陣子我完全沒辦法工作，不想拿筆，啥都不想做」。

他那個年代的很多年輕人都面臨到這個問題。艾瑞克不知何去何從，他想過要學沃夫，做一個當地藝術家，教一些學生。他的朋友彼得那時已經去維也納學生物，他很關心艾瑞克的情形。所以在一九二七年給艾瑞克寫了一封信，而這封信艾瑞克一輩子都不會忘。就像威廉・富萊曾在佛洛伊德很困難的時候幫助他一樣。「朋友有時會是你的救命恩人，當你的分裂自我把你拖到生命底層時。」艾瑞克回想。而彼得就是他的救命恩人。

彼得當時一面念書，一面做朵西・博靈漢家四個小孩的家庭導師。朵西是美國蒂凡希家族的繼承人。她曾經接受佛洛伊德的心理分析，進而和佛洛伊德的女兒成為好友——安娜・佛洛伊德替朵西的小孩做心理分析。彼得住在朵西家，教她的小孩科學和德文。但發現這個工作會影響他的學業，他便想要辭職。朵西和安娜則希望他能在學校裡繼續任教。彼得覺得如此的話，他需要另一位老師一起教，所以他告訴安娜・佛洛伊德，雖然艾瑞克沒有教過書，但他非常有天分。她聽了很有興趣，所以博靈漢出旅費請艾瑞克來為她的四個小孩畫人像，而由彼得寫封邀請他來的信。

一九二七年四月，朵西的長子羅博．博靈漢寫道：「布羅斯先生的朋友來訪，而且他會畫人頭喔。」博靈漢家的小孩很快就喜歡艾瑞克和他的畫。當時艾瑞克還沒滿二十五歲，對於佛洛伊德一無所知。他在和安娜的面試中說道：「我對藝術很有天分，但我不知如何使用它……我從沒有正常上班過。」安娜對他印象很深，覺得他能讓小孩子迅速喜歡他，而且談話非常有智慧。那個夏天當彼得離開維也納時，由艾瑞克教導這四個小孩。當彼得回來時，佛洛伊德小姐告訴他，如果他可以繼續教，那麼他們就請艾瑞克一同執教。因為如此，艾瑞克有了他生平第一份工作，而且就在佛洛伊德學派的重鎮內教學。

艾瑞克在他的自傳中描寫他來到維也納，「是我事業的開端」，事實上這是一個全新的開始，他手稿中那些想法將會透過心理分析而得到驗證及發揚。他正往艾瑞克．艾瑞克森的路邁進，成為一位「認同」的建構者。

第二章　維也納的歲月：心理分析的呼喚，一九二七—一九三三

在艾瑞克一九三三年要滿三十一歲時，維也納心理分析學會投票通過讓他成為正式會員，這代表他成為國際心理分析學會的一員，以及身為分析師的國際地位。這項投票是基於他在維也納六年的表現。他從一九二七年到達維也納之後，就定期參加心理學會每週三晚上的聚會，和安娜·佛洛伊德完成完整的分析訓練，並對兒童分析這個新領域有專精之處。他在當地的蒙特梭利學校拿到教學認證，而且在實驗性的海茲學校（Hietzing）成為熱門的老師。

他在維也納的時間正好是心理分析學派成長的關鍵時刻。佛洛伊德把他在當地及國際心理分析學會的責任委託給女兒，有一些心理分析家想追隨榮格及阿德勒，離開以佛洛伊德為中心的圈子，而且隨著希特勒的掌權，柏林開始威脅到維也納身為心理分析理論先趨與臨床工作重鎮的地位。不過佛洛伊德仍然擁有他的國際聲譽，還是有出版品及各地來的拜訪者。同時安娜·佛洛伊德等人則試著將維也納變成兒童及青少年心理分析的前衛地。在一九二七至一九三三年間，維也納心理分析學派在法西斯及納粹的威脅下，仍然擁有活力及國際知名度。

艾瑞克在維也納受到心理分析的薰陶，一九三三年離開時，他已成為一個與來時完全不一樣的人。他說：「安娜．佛洛伊德和那個圈子的人帶我入門，並且開啟了我一生的職志。」經過那段遊蕩時光，做不成藝術家之後，他在兒童心理分析及教育中找到使命。

這項使命也結合他對於視覺及藝術的衝動。他很驚訝佛洛伊德對於形式的尊重——藉由夢境與藝術作品的形狀面向，了解我們的情緒及社會狀態。佛洛伊德研究藝術形式的心理涵義，使得艾瑞克可以把他之前的經驗和心理分析訓練合而為一。他成為一名臨床藝術家，藉由研究形式了解創作者的內心世界與外在社會關係。

同時艾瑞克將這種結合內心世界與外在社會生活的「形態取向」（Configurational approach），視為他對於心理分析的貢獻。這或多或少也解釋了他如何結合他在維也納最重要的兩位女性：安娜．佛洛伊德與瓊．瑟森（Joan Serson）。安娜．佛洛伊德——他的導師、上司和分析師，傾向以外界社會現實來塑造人的個性，她很堅持她父親的正統（挖掘出人類心理層面的最深層）。相反的，艾瑞克的未婚妻瓊．瑟森，卻對正統心理分析沒興趣。她在意圍繞內心世界外圍的社會層面，比如說舞蹈、藝術品等。這兩位女性爭相博取艾瑞克的關注，他則受到這種對立情緒因素的影響。形態取向的方法可以在理論上結合內在與外在世界，而他也融合了她們不同的看法。

海茲學校

當他一九二七年來到維也納時，他刻意與過去劃清界線，不太提到他的背景與興趣。他在陪博靈漢家與佛洛伊德、安娜去暑假旅行時，很驚訝於佛洛伊德因為上顎癌而必須禁慾的痛苦。中歐一般認為男人對小孩没輒，但艾瑞克做得很好。他雖然没受過這方面的訓練，但這一點都不影響他的表現。他回想，「我對於兒童的經驗有感覺」。當他決定要和彼得一起參加這個新學校，佛洛伊德、朵西和他們的好友伊娃·羅森福都感到很高興。

這個新學校座落於海茲區，也就是羅森福住的地方。而這個都市正經歷一場轉變。在一九一九年的時候，「紅色維也納」活動開始，那時社會民主黨占優勢，然而在一九二七年時情勢已經改觀。社會民主黨主張社會福利，包括國宅、房屋租金管理、建立新醫院、在勞工階級住宅區設置圖書館等措施，並且照顧到兒童福利，包括學校營養午餐、牙齒等醫療檢查、課後輔導中心、暑假活動等等照顧到勞工階級小孩及問題青少年的計畫，甚至有收容孤兒及没有受到良好照顧兒童的中心，教師的訓練課程也因此受到重視。雖然艾瑞克對政治没有興趣，但他也在維也納大學接受教育訓練的課程，對於齊格飛·伯非爾及保羅·費登等社會民主黨的心理分析家有好感，而彼得更是對這些運動著迷。因此這兩個年輕人吸收了很多經驗想法，因而應用在海茲學校上。

然而在一九二〇年代晚期，這些想法和努力受到奥地利社會開始右化的挑戰。一九二七年保守的基督社會黨主政，並且接受義大利法西斯政黨的經濟援助。當一九二九年奥地利經濟蕭條，失業率暴增，企業倒閉及羅氏柴德銀行瓦解的時候，基督社會黨更加強勢。隨著經濟蕭條，社會福利的基金也開始萎縮。尤以維也納公共教育及兒童福利的縮減最明顯。而且反閃族人（anti-Semitism，閃族人指猶太人）的情緒開始抬頭，維也納二十萬猶太人開始處在暴力的陰影下。這二十萬人包括了許多律師、醫生、教師等專業人士。一九三〇年的夏天，右派青年開始持火炬遊行，攻擊猶太人的公司、咖啡廳，學生的事件也開始增多。

海茲學校就處在這樣的環境之下。學校董事們認為公立學校不適合做教育實驗，而且他們想在美麗的環境中設立學校。伊娃家和彼得家是卡爾緒的舊識，她為彼得介紹在博靈漢家的工作。羅森福的女兒瑪蒂喪生於一九二七年的一場旅行意外中，她為此很傷心而決定捐出她們家後院做為校地。為了紀念瑪蒂，一方面也為了和她律師先生之間破碎的婚姻做個分隔。她說：「我希望藉由和年輕人接觸慰藉我悲傷的心。」她提供食物、音樂、工作人員及她的經營才能。

安娜．佛洛伊德則視此學校為她致力於兒童心理分析的使命之一。她在一九二六至一九二七年的「四場兒童分析的演講」中提到，「這是一個以心理分析原則建立的學校，並且與分析師合作」。透過心理分析與學校生活的結合，分析的心理轉移功能會增強，而且分析師、兒童及家長間會形成夥伴關係。這段期間，朵西與安娜成為很要好的朋友（朵西並且成為安娜父親的分析對象）。事實上，朵西．博靈漢開始與伊娃．羅森福爭取安娜的關注。朵西知道她的四個小孩受苦於她和她伴侶之間的問題，而且她感到小孩對於彼得及艾瑞克的好感，所以她希望能把這種家教擴大而取代公立學校教育。博靈漢家在羅森福家後院建造了一間兩層樓、四個房間的校舍。彼得和艾瑞克設計環境——漂亮的挪威木頭及家具——海茲學校就這樣成立了。

開始時，除了博靈漢家的小孩，就只有另外二到三個小孩。短短五年不到，學校一共有十六個學生，年紀從八到十五歲不等。他們都來自開放而有文化的家庭。一部分是美國人，他們的父母來接受分析或訓練，一些是當時著名歐洲分析家的小孩，如阿齊洪（August Aichhorn）和厄尼斯·西摩（Ernst Simmel）。大約百分之七十的學生都接受分析，而且多半由安娜·佛洛伊德替他們做分析。這些學生的父母多半有婚姻問題或離婚，甚至有四到五個學生因為家庭問題而住在羅森福家裡。

伊娃·羅森福要求這些小孩把多餘的午餐捐給附近的貧窮小孩。但這只是海茲學校少數試圖改善維也納貧窮失業問題的行動，他們其實希望製造與外隔絕的安全、人文環境，在這裡看不到反閃族主義和失業問題。其中一個學生彼得·海勒認為從長遠角度來看，這種與真實環境的隔絕讓他們失去一些資源。

伊娃、安娜和朵西都為了這個安全環境付出很多，彼得和艾瑞克更是要為這種文化環境負責。三位校董任命彼得為校長，他當時嚴格、確實而有方法，不但記錄學生的教育狀況，還有他們早期的習慣及精神狀態。他無法容忍學生怠惰，甚至要求艾瑞克要「維持固定上班時間」。他試圖對學生一視同仁，但他在照顧博靈漢家長子包伯時，卻受到董事們的額外支持。

彼得教授地理、科學，並重視在心理分析之外的「真實生活」。朵西負責英文，還有一些兼職的老師教拉丁文及數學。艾瑞克負責人文部分，如藝術、歷史和德國文學。教育方針是傾向於多元化，就像彼得引進杜威計畫，那是一個在美國伊利諾州某間學校的計畫。避免使用傳統的計分法，認為學生對他們感興趣的科目會學習得最好，而且把不同的科目融合在一起。每幾個禮拜就提出一個新計畫，包含了歷史、語言和其他科目。彼得讓艾瑞克去決定大孩子們的計畫題目。他通常選一些不同於歐洲中部文化的題目，如愛斯基摩、維京和美國原住民。學生們依照題目寫故事、詩歌，畫素描，做木刻，並製造當地文化的工具及藝術品。

學校的年誌中記錄了艾瑞克的影響，沃夫的書影響了學生們的視覺部分。艾瑞克要學生們利用年誌，並且解釋人類，包括他們自己，是如何受到文化及社會的影響。這些記錄顯示出他幫助彼得推廣學校的理念。艾瑞克視這個學校為他的使命，所以當他一九二九年遇到瓊．瑟森時，他不再徬徨。

艾瑞克是怎樣的老師呢？他的學生認為他很緊張，甚至有點滑稽。他高大好看，而且很重視外貌。他會習慣性小啜一口水，拉拉新燙好的褲子，而且非常容易臉紅。一些學生發現他每一次經過鏡子，一定忍不住看看自己。但他們都覺得他對於學生的感受有直覺。

藉由發揮學生感興趣及表現良好的部分，艾瑞克漸漸贏得他們的信任，使他們貼近自己的感受，並且可以對他表達他們的內在需求和恐懼。這成為他獨特的臨床取向。艾瑞克意識到他對於海茲學生的影響及幫助，安娜則很訝異於艾瑞克的效果。當時她正為了父親在維也納心理分析學會的影響及運動而努力，試著建立兒童分析領域，並且認為艾瑞克將在此有所成就。

然而安娜也在艾瑞克身上看到問題。「他們（彼得和艾瑞克）知道的是『強制』或『從強制中解放』，而後者會引起混亂。」她在一九二九年寫給伊娃的信上提到。這兩個老師選擇了解放，但不了解在全然解放與全然強制中，有一塊昇華的中間地帶。他們不要求學生遵守任何規律，這點伊娃質疑過他們，因為他們沒有任何教學計畫，讓學生為所欲為，使學生對於生活的挑戰毫無紀律。為了更有效率的教學，他們應該教導學生避免一些事物。朵西很快的提出他們太寬大了的結論。她不會容許伊娃搶先幫助安娜。她並認為這個學校是個錯誤，因為這種保護的環境使她的孩子無法面對外面的世界。因為彼得和艾瑞克太仁慈，她的孩子變得不能適應公立學校了。

雖然安娜、伊娃和朵西一起申斥他們，這兩個年輕人並沒有反駁。後來彼得寫了一份二十一頁的《學校詳細史》，把它擺在國會圖書館裡，並要求研究者直到二十一世紀才可以閱讀。

艾瑞克在日後承認他和彼得都沒有接受過正式的教育訓練，但他堅持彼得是一位傑出的校長。他並沒有公開反駁那三位校董，但認為他們倆並沒有寬大或過度自由。他認為他們維持了歐洲的社會傳統，而且學生們很守規矩。他們讓學生們發揮了佛洛伊德所謂的「洋溢的智慧」，有時候讓學生自由發揮，但這並不是一個沒有紀律的環境。

我們可以理解這兩位老師過了十幾年後，才回應他人的指控。他們當時年輕沒有經驗，而且深陷佛洛伊德女士的權力中心，校董、老師和學生都處於這個中心。就像當時一位學生彼得．海勒所說：

> 每一件事物都混雜在一起，安娜分析的這些學生多半住在伊娃或朵西家，又一起上他們辦的學校。而最重要的老師艾瑞克，又是安娜的病人。

海勒的話需要一些解釋。佛洛伊德當時已離開兒童分析領域，他認為那是女性的工作，是心理分析運動中的外圍部分。他分析過伊娃及朵西，並鼓勵她們對兒童分析的興趣及建立海茲學校的想法。安娜終生未婚，她在伊娃和朵西婚姻失敗的時候認識她們，和伊娃建立很深的感情，她對伊娃說：「你就是我，而我就是你。」而她和朵西的關係一直受到她和伊娃關係的影響，這種親密關係有點像婚姻。安娜在一九二五年伊娃單獨帶孩子來維也納時，為她兩個較大的孩子做分析。三年後，伊娃搬到距安娜家不遠的地方，兩家合併在一起。她們三個人的關係，使她們離開以男人為中心的生活。

海勒回想當時安娜在精神上控制了學校，而大家也接受了她在心理分析方面的看法。也可以說她建立了一個家的代替品，帶他們去渡假，很熱切的關心他們，而海勒稱之為「獨裁政權」。

在以安娜為中心的維也納兒童分析圈中，是一個女性主導的環境，但並不認為女性與男性平等。海勒認為那帶有一種對男性淡淡的排斥。艾瑞克也稱那裡的氣氛是很女性化的，他認為有時候教學有點困難，這在一九二九年她們開始有意見後更形嚴重。對艾瑞克而言，這個問題還包括了安娜是他的分析師；她參與了他的私生活，也控制了他的工作。女性校董和年輕男教師之間的分歧成為基本的狀態，這個性別的隔閡也顯示了佛洛伊德在維也納面臨的性別問題。海茲學校因為伊娃搬到柏林，在一九三二年關閉，而那些美國學生搬回美國，但是因此帶給這兩個老師的覺醒並沒有停止。

追求專業

海茲學校提供了艾瑞克第一個穩定的工作，讓他進入維也納心理分析界，帶他進入安娜的圈子，雖然是建立在有點奇怪的基礎之上，但他卻接受她的帶領。這幾年，她對他的各方面影響與日俱增，在安娜的建議之下，他參與其他的教育、心理分析、心理學和社會服務的組織。

安娜曾經身為老師，很喜歡一間當地的蒙特梭利學校，那是在一九二二年由莉莉．羅必克（Lili Roubiczek）創立的，針對六歲以下的低階層小孩施教。安娜自己在那邊帶領一個定期的研討營。也許她覺得艾瑞克有不足之處，所以她鼓勵艾瑞克去接受蒙特梭利訓練，並成為維也納蒙特梭利女教師協會中二位男性會員之一。

艾瑞克在一九三二年得到了蒙特梭利學位，這是他在高中後唯一得到的正式文憑。他認為蒙特梭利和他之前的藝術訓練有類似之處，因為他們都著眼在兒童創作物上。他的心理分析訓練提醒他注意在夢境中與談話中的「兒童經驗的深層及象徵意義」，蒙特梭利告訴他注意主導兒童認識這個世界及在遊戲中重建世界的方法及想法。就像是海茲的素描課及社會課，蒙特梭利使艾瑞克的視覺語言像是一個舊時代的藝術家，引領他到外在世界，讓他可以從兒童的作品中了解他們是如何看待這個世界。

他認為蒙特梭利可以搭配心理分析，來研究內在世界，這加重了他對兒童戲劇的興趣，也確定了他在一九二三至一九二四年手稿上提到的：人處在環境中需要「有意義的活動」（他之後稱為現實〔actuality〕）。艾瑞克也發現蒙特梭利太在意事實，忽略了兒童的內心幻想，這使他停下來思考。他的藝術經驗告訴他，藝術品會洩漏內在情緒和外在經驗，他很快就朝向他所謂的狀態性觀點。

在一九二九至一九三三年間艾瑞克定期在維也納大學上課。安娜對這並不反對，但也不贊成。她自己沒有上大學，只有上兩年的教育學院。在一九二〇年代末期，她感受到維也納心理分析界和學術圈的緊張情勢，大學中的持續反閃族情緒，展現在對猶太學生入學的限制及肢體侮辱上，即便學術圈對佛洛伊德的友善也不能改善這個狀況。為了維護她父親的運動，她傾向和校園越少接觸越好。

不過校園中的反閃族運動並沒有影響艾瑞克，他認為這些是政治事件，和他沒有關係。在四年當中，他修了四十七個學分。在一九二九至一九三一年間，他以半正式的身分上自由藝術課程。開始時他只上有興趣的部分，包括歐洲地理、文藝復興和巴洛克藝術、德國素描和卡爾・布勒（Karl Bühler）的心理學。之後他找到了方向，開始朝教師資格選課——德文教學法、教育學、教師學校衛生和演講法。但最後在一九三一年他轉到醫學院，選了朱利・坦德勒（Julius Tandler）的課（他在蒙特梭利的時候知道他），還有人類解剖學，他還選了兩門化學課。但他並沒有像他繼父希望的拿到醫學學位，而在一九三三年冬天輟學。可以解釋他中輟的一個原因就是他缺乏目標。

安娜答應以每月七塊錢的低價教授他兒童心理分析。他並不確定這將會有什麼影響，但他了解安娜應該會對他的生活有很大的掌控權。他不太情願的提到他希望能成為藝術家，也喜歡教小孩，安娜告訴他可以將這兩個興趣和心理分析結合。在一九二八年底或一九二九年初的時候，他已經不再希望做一個藝術家了。決定做心理分析師時，他面對了令他兩難的部分，一個是他懷疑這個職業是否能夠包容他在視覺和藝術方面的傾向；第二是他懷疑自己接受安娜的指導是否和他的生父有關，他不只將佛洛伊德看作他繼父的替代品，而且綜合了他對於生父的想像特質。身為海茲學校的老師，他發現到視覺和心理分析的相合之處，而當他知道他的一位指導者厄尼斯特．克里斯是維也納美術館的評論員，他感覺心理分析和藝術之間是相合的。另外他也感受到佛洛伊德藝術家的傾向。艾瑞克記得他坐在佛洛伊德及安娜的候診室，裡面滿滿都是小雕像，大概有一百個之多，諮詢室裡面也有很多古老的小雕像，看起來像是古地中海文明，這一切都證明了佛洛伊德在視覺方面的強烈傾向。

艾瑞克為了使自己轉向心理分析，甚至誤解了對佛洛伊德的認知，是艾瑞克自己從藝術轉來心理分析，不是佛洛伊德，是他自己覺得「少了藝術的部分，我就做不下去了」。他還發現佛洛伊德「解釋病人的記憶和夢境時，洩漏出他充分受到幻想的影響」。事實上，艾瑞克用《夢的解析》作為範本，去掌握「形式與意義間的豐富互動」。艾瑞克認為對於佛洛伊德而言，夢境以形式作為庇護，或許是當事人一種控制表達的方式。當分析師發現到被控制扭曲的內在時，真實的意義才被發現。艾瑞克發現這個步驟和他審視藝術品時一樣。在挖掘出表象意義時，「我，一個在視覺方面受過訓練的人，發覺到一個通到人類內在的自然通道」。分析形式與其內在，使艾瑞克將他的藝術涵養與佛洛伊德的夢的解析連結在一起。

他曾教授不同年齡的小孩。艾瑞克發現可以透過小孩的遊戲、繪畫、勞作甚至作文檢視小孩。他不是第一個運用這些素材的人。雖然安娜沒有使用戲劇治療法，也沒有研究戲劇對兒童的真實影響，但她研究小孩的繪畫和白日夢。更甚者，她鼓勵學生們研究兒童行為隱含的象徵意義。也有其他人研究戲劇治療法，但艾瑞克的腳步先進得多。在幾年之內，他已經可以透過兒童的遊戲主體，分析出兒童的外在社會物質環境以及內在情緒部分。

他認為佛洛伊德在解析夢境上的視覺天分，幫助他確定走上心理分析的路。「對於一位有藝術天分而走投無路的年輕人」，他指點了明路。然而佛洛伊德還有一點深深吸引艾瑞克。佛洛伊德的直接與優雅吸引了他，他的風采讓艾瑞克忽略他的權力慾望，反而使艾瑞克更著迷於他那戲劇化的對比理論（主動對被動，男性化對女性化，愛對飢餓），以及佛洛伊德關心社會現象和集體經驗的影響以及被內在情緒生命所影響。佛洛伊德也關心他的本能二元論（instinctual dualism），即原始的生與死的驅力在人格內從事永久的戰爭。總之，這位心理分析之父強調自我的成長與功能，以及對於本我的熱情和超我的告誡及規範。他的觀點吸引了艾瑞克。他解釋自我如何面對外界壓力，以及超我如何配合自我及外界的需求。這種關於自我的研究已經超越神經官能症的議題，而是正常心理學活動的範疇。

但最吸引艾瑞克的是佛洛伊德的個人風采。他是在博靈漢的家庭聚會上初次遇到「教授」。基於艾瑞克的害羞，和佛洛伊德的上顎癌，他們的接觸是視覺多過話語的。對於艾瑞克來說，佛洛伊德對他絕不只是個名字，他們是有私交的。

艾瑞克詳細的舉出他和佛洛伊德的相似處，比如說他直到二十七歲才離開父母的家，掌握自己的時間，學生時期是德國國家主義者。他們都是因為猶太身分，而選擇國家主義。他們都喜歡有男人性格的智慧女性，就像艾瑞克和卡拉及安娜的關係。最重要的是，佛洛伊德在《短敘事詩分析的問題》中提到他很敬仰研究兒童心理的人，艾瑞克正是以此為職志。

另一個重要的原因就是佛洛伊德在艾瑞克心中所代表的「神祕角色」，從他繼父到他心中過度浪漫化的生父。「在我心中的繼父，這位小兒科醫師，混雜了我對親生父親的複雜認同。」他總覺得自己不屬於漢寶家，而他更需要一個比泰德更特別的父親。他也發現在佛洛伊德的心理分析社群中，「這種受到禮遇的繼子身分，使我覺得我應該被不太屬於我的地方所接受」。而佛洛伊德像泰德一樣，某種形式的收養了艾瑞克，艾瑞克很敬仰他們的醫生身分。最後他接受安娜的訓練，成為一位兒童心理分析師，因為「那是最接近小兒科醫生而不需要去念醫學院的角色」，所以他選擇的職業是融合了佛洛伊德的專業和泰德的小兒科專長。艾瑞克回想，佛洛伊德像他繼父一樣是醫生，而且令他想起他那擁有藝術天分的生父，他的生父從沒出現過，但是佛洛伊德卻是「我見過最有創造力的人，而且我在他的工作圈中是被歡迎的」。

雖然艾瑞克的回溯中，顯示佛洛伊德的形象使他進入心理分析領域，而且有替代他繼父的感覺，但他從未把這種關係更加明白化。幾十年後當他重返維也納時，他形容佛洛伊德是「偉大的猶太人，摩西般的榜樣，醫生的反動者（對繼父的祕密認同），他們的愛使我可以脫離繼子的認同。」

從某一層面來說，這份愛是來自他的母親與繼父，但身處維也納這個地方，這也可能指佛洛伊德與安娜。這個繼子最後接受心理分析作為他那形象化的生父，這也是為何他決定接受安娜的訓練的原因。

安娜・佛洛伊德的分析

當他一九二九年決定跟著安娜接受訓練時，他開始接觸心理分析圈子。除了心理分析研討外，還有教育學研討，以及阿齊洪的青少年心理與青少年犯罪。阿齊洪指導他的犯罪學，海倫・都徹和愛得華・拜爾指導他的第一個成年人治療病例，最後漢斯・哈特曼和保羅・費登與安娜一起教導他當時日漸重要的自我意識理論。他當時主要參與屬於女性的教育學和兒童分析，但不止於此。他受教於成人分析的先驅阿齊洪，以及具有影響力的漢斯・哈特曼和保羅・費登，所以他不只參與女性主導的部分。一九三三年，維也納心理分析學會以他全方位的表現投票通過他為會員。

不過艾瑞克還是被視為安娜的學生及分析對象。在一九二〇年代中期，她是維也納兒童分析學派的中心。當時成人分析的重鎮已遷到柏林，維也納開始成為世界兒童分析的中心。安娜舉辦很多研討會，發表重要的文章。當艾瑞克跟著她工作時，她正準備研究「自我以及防衛機制」（一九三六），這奠定她在兒童研究方面的基礎。

他從安娜的每週教育研討會中受益頗多。其中從心理分析的角度分析兒童在城市學校教育中的發展層面，許多發展學派的專家都來演講，包括研究青少年的阿齊洪。艾瑞克曾提到這些課程如何引起他對人類發展的興趣。

安娜指導另外兩個更重要的研討會——一個是為年輕分析師開的溫和研討會，一個是維也納訓練學院的兒童分析營。前一個注重在理論及臨床問題，包括哈特曼、威廉．瑞其、真藍．寶格、羅伯及珍妮．維得、里查．斯德伯都參加。兒童分析營則是資深的分析師圍坐圓桌，年輕的分析師在他們後面或坐或站。每個成員做一個實例報告，包括這位兒童的行為、夢境和夢想。艾瑞克兩個都參加，而且很欣賞安娜的表現，他對於每一個人類經驗新層面的發現，感到大為興奮，甚至可以「用快樂來形容我們的工作」。他完全為這些精神奕奕的女性著迷，「我成為兒童分析營中少數的男性，有時會非常讚歎這多數女性分析師的發現」。

羅伯．寇曾著書描寫安娜與艾瑞克，強調艾瑞克在人類心理方面的地位受到安娜教育的影響。安娜認為成人的心理必須回溯到兒童時期，更歸結到當時的教育及外在環境。雖然早在遇到安娜前，他在一九二三至一九二四年的筆記本上也記錄同樣的觀點，但安娜的確加深他的觀點。

安娜曾對艾瑞克表示，兒童並不能和分析師產生情感轉移的關係。因為兒童與家庭的關係太親密，以致於不能內化他們的印象進而轉移到分析師身上。因此她鼓勵分析師們不要試圖像與成人那樣，與兒童建立情感，而改由挖掘他們行為及感覺中的代表意義。兒童的超自我成長著重在他的固定關係及與周遭互動之中。

安娜．佛洛伊德指出如果兒童超自我的成長受到外界直接的影響，也就是當成人改變外在環境時，可以直接影響兒童的內在世界及心理。事實上，她與伯非爾（Bernfeld）及其他教育改革家參與了「紅色維也納運動」，支持改進學校環境，及建立兒童中心。艾瑞克仔細的記錄這些運動，而且永遠忘不了安娜說「這是很昂貴的生意，兒童分析」必須為兒童投入個人及社會資源，這是很花費資源的。

安娜指導艾瑞克和其他學生專注研究自我及自我在兒童發展的運作。她解釋自我如何使兒童透過一連串的防衛、去調和內在驅力及外在的要求。她用她父親一九二六年的文章〈抑制，症狀，焦慮〉來解釋現實的重要性及自我如何面對現實的角色。焦慮引起自我防衛以面對現實，而自我防衛通常是用來對付焦慮。雖然艾瑞克並不贊同安娜的某些論點，他還是自認是早期自我派的心理學家，用的是傳統的分析技術。如果有人仔細去研究自我，可以發現「每一發展階段的形式，都暗示了內在自我與社會機制變遷」。

艾瑞克與安娜最重要的接觸不在於這些課程，而是他們的心理分析關係。並沒有實際的分析文件存留，但是那些有遠有近的記憶大量存在著。他常提到她只收他非常低的分析費，並且他是她第一個男性成人分析對象。「她建議我成為兒童心理分析師」。在一九三三年他剛離開維也納去丹麥的幾個月後，他寫信給阿齊洪提到「我要求安娜·佛洛伊德替我分析的時候」。彼得·布羅斯回憶安娜沒有真的開口要分析，是艾瑞克抓住這個機會而要求她替他做。他希望和分析圈中的重要人物有關係，這等於打開佛洛伊德的內在大門，並建立一條進入的路。

如同彼得說的，分析關係的開始可能是有企圖心在內，但他們兩人年齡只差七歲，兩個人是想要在一起的。他們發現在這個分析的關係中不但有專業的關係而且有情感的關係。在分析的結語中，艾瑞克發現自己重複提到「我兒童時期都只和媽媽在一起」，而卡拉正像安娜，具保護性、聰明而有吸引力，雖然有時嚴厲而認真，不注意時尚。安娜也發現自己受到這位年輕男子的吸引。當艾瑞克到達維也納不久，她曾寫信給伊娃提到她被艾瑞克吸引。她身為她父親的照顧者、被分析者、祕書和門徒太久，父親已占據她太多部分；而她分析的這位年輕男子卻發現他需要一位父親，而且生命中母親已經占據太多部分。

很難計算他們的分析期間，大約是三到六年，最有可能是三年到四年半。通常是因為安娜陪伴佛洛伊德旅行而暫停分析。有時安娜會邀請艾瑞克一起去旅行，但艾瑞克也不討厭暫停分析。分析也曾因為艾瑞克開始與瓊．瑟森交往而在安娜的建議下暫停。

在他剛開始接受分析時，他在佛洛伊德家二樓的候診室都會很不安。房間很黑，擺滿了椅子、沙發和波斯地毯。不論是安娜或佛洛伊德的分析室打開門都會射進一道亮光。艾瑞克特別記得當佛洛伊德先打開門叫喚他下一位分析的對象，他都會很正式的向分析的對象鞠躬，並且也向艾瑞克行禮。這會使艾瑞克有複雜的感覺，他有點嫉妒佛洛伊德的病人。他會覺得自己是二等病人，所以被派給一個女人分析。有時候他覺得安娜是個二等及沒經驗的分析師。通常等他進去安娜的診療室，他會說「為什麼我不是給佛洛伊德分析」。他被佛洛伊德的理論及藝術性所吸引，卻只能給他女兒分析。他有一次回憶道：「這只是一個分析練習而已。」這使安娜陷入很困難的處境，她不只是身為艾瑞克的分析師，而且是一位不願意和父親分享被分析者的女兒。通常當艾瑞克在下午進到安娜辦公室的時候，她已經分析好幾位成年女性及海茲學校的學生了。當一九二九年三月安娜開始不滿艾瑞克給學生們的自由時，他們複雜的關係間開始有鴻溝。當安娜提到她那些年輕病人時，她也會把艾瑞克和他們連在一起。艾瑞克也發現這點，起碼海茲的一位學生彼得．海勒發現到安娜在分析他的幾小時甚至幾分鐘之後又分析他的老師，這種時間問題造成不必要的複雜情緒，發生在學生身上、艾瑞克身上和安娜身上。

艾瑞克曾對安娜表示「私生活和工作已經交互影響到可怕的地步」，甚至他的工作成就有時也因為治療而破壞。「安娜是我的分析師……但我在會議上、學校裡看到她，甚至和學生一起去游泳也有她。」但他又補充：「我們的關係是很值得尊重且正式的，不會被誤用。」最起碼他希望不會被誤用。

很難去界定他們進行分析時的氣氛。艾瑞克認為佛洛伊德女士是很仔細而專業的，在分析過程中嚴禁肢體碰觸及關心。艾瑞克覺得她「技術性及計畫良好」——安靜的聆聽，偶爾清楚說出她的推理。他很少看到她快樂的樣子，通常都非常嚴肅。她不太能了解艾瑞克將視覺轉化為語言的困難。「我是天生的畫家，在分析過程中，我試圖把內在看到的轉為語言」。

這不表示他們的過程很平淡及表面，相反的是非常情緒化的。他會因為安娜在分析中編織衣物或不注意他的需求而生氣。一次分析結束時，安娜送給他一件她編的藍色小毛衣，是送給他的大兒子的。但她從沒有透露她當時正接受她父親的分析，因為艾瑞克心裡面想跟安娜競爭佛洛伊德，他多年後說：「我總是懷疑他們亂倫。」當瓊．瑟森出現時，她介入了艾瑞克與安娜之間，艾瑞克感覺到這使安娜困擾。雖然她在父親、朵西及伊娃間得到平衡，但她缺乏一位同年齡男性的長期關係。他感覺他必須得到安娜的允許而結婚，並且需要告訴她「你讓我和瓊結婚真是太正確了」。

分析過程中最困難的部分就是艾瑞克早年的生活及他的生父。安娜本來就很同情那些在第一次世界大戰或其他災難中與父親失散的小孩。尤其透過分析她的病人愛斯特・米那克，安娜覺得自己也是父母不要的小孩，這使她更特別體會艾瑞克的痛苦。她鼓勵他把對父親的不確定性化為建設性的作為，以掌握他生命的船。當他們都接受分析時，艾瑞克告訴愛斯特，他雕刻那艘望向船長的木船時，是想著安娜的建議，將生命中的缺憾轉為力量。他甚至可能將安娜視為他的生父角色，因為他將木刻送給她。但是另一方面，當時歐洲分析師認為去找尋失蹤父母的認同是有傷害性的，因此每當艾瑞克試圖勾勒出生父的點滴時，安娜都駁回並警告他正把一個背叛行為美化為一個謎。這使艾瑞克受傷且生氣，他有一次故意帶一張丹麥攝影師的照片去，並聲稱那就是他的生父，但安娜說他只是在美化一個家庭中的羅曼史。

很難了解艾瑞克透過分析改變了多少。在一九四九年身為美國名分析師時，他寫信給安娜，並表示「只有在分析之後，在這個全新的國家中」，他才學到如何盡成人的義務，還說「我覺得在美國的成功會是你眼中的失敗」。之後他對於這階段的分析比較不那麼批判。他在一九六〇年代寫給子女的信中提到他回到當年那個分析室。在一九七〇年代初期，他稱這段分析為「很不錯的個人分析，使我有自我認知，不再懼怕自己，這個過程當時很痛苦，但氣氛是很自由的。」當然他自己並不是評論這個分析的適當人選。分析過程、分析師和分析者的疏離是正確的。艾瑞克的老友，心理學家洛斯・莫非（Lois Murphy）認為這段分析「加強了認同衝突並在意識及信心方面是失敗的」。艾瑞克的女兒，蘇，本身是一位臨床醫生，猜測他從沒有被深度的分析過，他也拒絕需要自我剖析的關係。

瓊・瑟森的出現特別反應出這段分析的本質。她擁有堅強而獨立的精神，介入艾瑞克與安娜之間。艾瑞克在分析時提到與瓊的關係，並與瓊提到安娜如何忽略他對於生父的看法。在一九七一年的一段訪問中，他提到他和瓊相遇之後，如何離開當時的分析活動。但其實他並沒有這樣做，他指的應該是情緒上的離開，而不是真的離開。他和瓊的關係甚至使他離開在心理分析學會上的課。在一九三三年他從維也納心理分析學會畢業時，他既高興又質疑他受的教育，這也反應了安娜與瓊在爭奪他的注意。

瓊・瑟森與艾瑞克・漢寶

瓊・瑟森出生於一九〇三年的干那克（Gananoque），靠近現今聖羅倫斯外海的千島海域。她拒絕提到她小時候，還把那時的日記銷毀。她出生時叫做莎拉，但大家叫她莎莉。她父親約翰是加拿大人，當地的聖公會牧師。她媽媽是美國人，來自紐約，叫做瑪莉・麥當勞，是位虔誠的聖公會門徒，來自一個富裕的鐵路家庭。瑪莉非常聰明，但是她一開始的社交生活就破壞了她受教育發揮智慧的機會。她的婚姻從一開始就很冷漠疏離，所以她經常帶著年幼的小孩（兩女一男）去歐洲旅行。約翰偏心大女兒茉莉勝過瓊這個么女。瓊並沒受到很多精神上的疼愛，在她兩歲時，瑪莉因為心情沮喪而住院，於是祖母（她們稱她為「那媽」）照顧她們。瑟森牧師在瓊八歲時過世，瑪莉就搬去特蘭頓和朋友一起，而瓊繼續和那媽住在干那克，偶爾去探望媽媽。除了那媽之外，這個家缺少關懷而且充滿父母的不愉快，於是瓊傾向於越早離開家越好。

去念大學就是一個離家的好機會。瓊在伯那（Barnard）念到教育學士，又在賓州大學念社會學碩士。她同時喜歡上現代舞，當她在哥倫比亞大學念教育博士時，也在哥倫比亞教師學院和賓州大學兼差教舞。她的論文是有關現代舞教學。當她媽媽從特蘭頓搬到波士頓的一個聖公會女修道院時，她決定去歐洲做她的論文研究。她總是積極而有精力，經常背著背包、騎著腳踏車去她的舞室。她的研究多半在德國柏林進行，在那裡她接觸到政治，開始研究在第一次世界大戰後激增的舞蹈課程。

一九二九年的秋天，她從柏林到維也納去做研究。她在海勒洛森堡芭蕾學校上課。拜訪海茲學校時，在那裡認識大她一歲的艾瑞克，並且由他面試而教授體育及英文課。彼得．海勒記得第一次看到這位高挑漂亮的加拿大女人，她有雙機警的眼睛。朵西很快就和她成為朋友，並把她帶入安娜的圈子中。

就在她拜訪海茲不久後，她和艾瑞克一起參加一個化妝晚會。他們全都化妝參加，跳一整晚的舞，最後在公園旁兩人聊起他們的未來，並約好第二天一起吃早餐。不久瓊就搬進本來是艾瑞克和彼得住的房子。一九三〇年的春天，瓊的媽媽急召瓊回費城，因為她要開一個嚴重的刀。當瓊照顧媽媽的時候，她發現自己懷孕了。她回到維也納，但是艾瑞克卻對結婚的事卻步不前，因為他對永恆的承諾不了解，而且他怕父母不會接受一個非猶太人。好幾個朋友勸艾瑞克要結婚，因為他不應該重蹈他父親當年的錯。幾個月後，在痛苦的生產過程下，他們的兒子，凱，誕生了。取名凱是紀念艾瑞克的北歐血統，將過去與現在緊緊的連結在一起。

艾瑞克一共有三個結婚儀式要進行，這也代表了有趣的信仰融合。雙方的父母都不知道，也沒有參加。為了讓瑪莉高興，他們在英國國教的禮拜堂舉行，雖然英國國教在奧地利不合法。朵西和瓊在費城的朋友，法藍西斯．碧伯是見證人。幾十年後，艾瑞克向孩子提到這個婚禮還是很高興。第二個是公證婚禮，艾瑞克注明自己是猶太人，而瓊只是很簡單的寫著天主教徒。第三個是猶太婚禮。雖然她為了婚姻改信猶太教，但是她還是提著培根和豬肉去猶太教堂。那個肉味明顯到艾瑞克都快受不了。朵西送給瓊一束紅玫瑰，而不是傳統的百合，象徵他們早已同居，而且已經懷孕的事實。艾瑞克不知是忘記還是忽略到要帶戒指，而先拿伊娃的暫用。整個婚禮就像是一場充滿錯誤的鬧劇。

但這場鬧劇並未落幕。就在他們結婚後不久，艾瑞克的大妹妹結婚，而艾瑞克一個人去參加還遲到。在晚餐的時候，他告訴妹妹他和一個非猶太人結婚了，這個消息讓新娘非常沮喪。其實艾瑞克早就告訴卡拉這個消息，但是他很擔心泰德，這位傳統的猶太教徒可以接受這個事情嗎？卡拉勸泰德先看到瓊再做論斷。

他們夫妻倆在一個星期五晚上去拜訪艾瑞克和瓊。他們發現瓊沒遵守猶太教誡律，而在星期五晚上工作，並且艾瑞克也不注意這些誡律。他們沒有參加當地的猶太教堂聚會，也沒有遵守猶太式生活。但是他們的兒子看起來很開心，人也精神多了，留起帥氣的鬍子，擁有一份固定的工作。瓊非常有活力又堅強，卡拉從一開始就喜歡瓊，泰德在接觸瓊的幾分鐘後也喜歡上她。這些讓艾瑞克鬆了一口氣，這代表他長年與繼父的尷尬關係得到一些改善。泰德開始同意卡拉的想法，決定要在財務上幫忙這對新婚夫妻。這代表的尊重與溫暖使艾瑞克和瓊決定將兒子命名為凱．泰德。

在他們婚後一年，艾瑞克在瓊的針線盒上刻了ＪＨ字樣，還有一幅圖，上面刻著他們的家，凱試著抓樹上的蘋果，小狗在後院，充滿著平和溫馨。這之前的幾個月，艾瑞克也畫了一幅素描，其中是瓊在照顧凱，也是充滿快樂和溫馨。

木刻和素描都在線條上呈現著平衡感，表現出他當時的快樂與穩定。還有一張他抱著凱的照片，臉貼著臉很溫馨，但是這一切都不能真實的反應出這個小家庭的境況。那個房子不太適合人居住，整間屋子只有廚房那個阻塞的水管是水源，所以必須從外面取水進來。艾瑞克經常生病，凱必須和父母一起去海茲，因為待在家裡沒有人照顧他。隨著第二個兒子容・麥當勞在一九三三年出生，照顧小孩和財務問題就更捉襟見肘。瓊發現自己完全被日常生活和小孩子所占據，沒有時間完成她的論文。她將小孩教育成基督徒，而艾瑞克認為有彈性的宗教觀比較好。艾瑞克並沒有因為生活上的事情耽誤他的心理分析訓練，他甚至還買了很昂貴的《佛洛伊德全集》。當艾瑞克逐漸把事業放在第一位，瓊就越來越沒有時間追求她的學術及藝術。

不過他們的朋友都覺得這個婚姻對兩個人都很好，充滿熱情、忠貞與信任。艾瑞克給了瓊她所需要的關心，那是她父母沒給她的。如果她發現艾瑞克和彼得在一起的時候，會有那種年輕人的傲慢等缺點出現，艾瑞克會很樂意與彼得保持距離。而且她發現艾瑞克將會成為心理分析界的人物，身為他的妻子，她也將可成為偉大的一部分。但她帶給艾瑞克的影響，大過艾瑞克給她的影響。她使他更加堅強、成熟、世俗，更適合做海茲學校的老師以及分析師。他妹妹愛倫認為，瓊給這位原本情緒失控的人一個堅強的社會心理支撐，穩定了他的生活。他的另一位妹妹露斯也這麼認為，瓊將他的生活帶上軌道，讓他開始定時定量吃營養的食物、運動，甚至開始跳華爾滋、彈鋼琴、面對他的社會責任等等。愛倫認為沒有瓊他什麼都不是，而艾瑞克自己也這樣認為。

在研究婚姻的名著《平行的生活》中，非利．羅斯（Phyllis Rose）認為持久的婚姻具有一個穩定的特質就是較弱的那一方不覺得被剝削，而較強的那一方感覺滿足的回饋。這就說明了他們的婚姻。這段婚姻維持了六十四年，只有一段時間曾受到威脅，在婚姻剛開始時，瓊因為艾瑞克比較依賴她，而不是安娜．佛洛伊德，而感到安慰。

對瓊來說，艾瑞克跟著安娜學習，屬於他在維也納心理分析圈的一部分，而她覺得這個圈子很狹隘。她跟心理分析的初次關係並不是很好。當她剛來到維也納時，因為朵西的關係，她進入海茲教書，認識安娜，並每天接受路得．杰考（Ludwig Jekels）的分析。路得是佛洛伊德一名早期的學生，一位積極的社會學者，曾著書分析過拿破崙，並將一些佛洛伊德的作品譯成波蘭文。瓊很欣賞他的熱情和老式作風，比如說在他辦公室裡送花給她，談論歌劇和戲劇等。路得欣賞瓊的美麗與直率。有一次當一位佛洛伊德的親戚指責她坐在被子上時，她馬上回嘴說：「你就没坐過啊！」這都使路得更欣賞她。但被路得分析幾個星期之後，她就開始持保留態度了。她因為語言的障礙，開始對分析失去耐心，而且分析的費用對她造成負擔，尤其有幾次她因為生病没去分析，路得還是照算費用。當她教授其他分析師英文時，發現他們學英文是因為越來越多的美國人來維也納接受分析，他們想學英文賺錢。更基本的原因是，她對心理分析没有太大的興趣，她發現自己開始對路得編故事，幾個月後她停止接受分析。

瓊也不像艾瑞克那樣迷佛洛伊德，她雖然見過他幾次，但幾乎没有交談。她記得有一次抱著凱在佛洛伊德的夏園附近遇到他，他只説了句凱很聰明就走開了。瓊覺得他非常傲慢與冷漠。她認為很多分析師都把自己的利益放在被分析者之前，也覺得艾瑞克跟著安娜學習没什麼用處，當艾瑞克因為這些課程及研討會而興奮時，瓊表示她没法參與他的快樂。她開始討厭安娜，覺得她和她父親一樣，埋在處方箋中，研究心理層面的分析，但根本與世界脱節。瓊自己很喜歡笑也喜歡接觸人們，而安娜都不喜歡。瓊覺得安娜故意忽視她，卻和她的丈夫公開談論她。她的不安還有一部分是來自她的宗教觀，安娜告訴艾瑞克宗教是一種幻覺；當艾瑞克提到要和瓊結婚時，安娜警告他這種婚姻有危險性。瓊也不喜歡安娜對艾瑞克自由式教學的觀感，她更反對安娜將艾瑞克對生父的想法視為家族浪漫史，瓊覺得艾瑞克如果接受一位男性分析師分析，會對他有關父親等想法比較有用。瓊不只討厭安娜，也影響艾瑞克對於接受安娜分析和正統心理分析的看法。隨著瓊的影響漸增，安娜的影響漸漸減少。

接受安娜的分析使艾瑞克了解自己需要一位堅強的女性來分析他，像他媽媽一樣，他才可以傾吐自己的問題。但隨著艾瑞克在日常生活上依賴瓊，他在安娜那邊的分析就更加不重要。他希望能夠在這兩位女性中找到平衡點，但事實上瓊是贏家。

分歧的心理分析

艾瑞克在維也納接受的正統訓練，給了他有系統的思想及清晰的理論架構。當他參加臨床研討會，研讀佛洛伊德的超心理學論文《夢的解析》及其他作品時，他學習成為一位真正的兒童觀察者並參與成人治療。艾瑞克回憶，他是突然發現自己擁有一個條理化的看法：「我的天哪！這些事情都有其意義，而他們都串連在一起。」他覺得串連在一起，因為他是直接向創造出這些新理論的人學習；跟著這些人學習，使這一切更形可靠。老師、學生間的個人信任是非常重要的。但同時，他也對一些理論有質疑。這樣的雙重想法就是當時艾瑞克的處境。

艾瑞克認為當時的心理分析理論是以十九世紀的物理學的方式表達，是驅力導向的。他研究「性驅力」（libidinal drives）註一如何被壓抑、對待與記憶，以及如何在分析師與被分析者間流動。驅力引出了自我防衛的問題（回應驅力的導向）。他主導了安娜發展的理論——人類自我防衛的進程，是由極度不成熟到成熟，以及它如何打開一個人的內在感覺與需求。他認為佛洛伊德女士解釋自我防衛的理論是非常機制的（但很有邏輯），它符合科學精神。他第一本著作《學校作文的動機》（一九三一），以非常機械的驅力理論來解釋海茲小朋友的作品。艾瑞克以正統佛洛伊德的方式解釋「驅力使內在結構擁有朝氣」及自我防衛。但他以語言和視覺形態來解釋自我—本我互動（ego-id interactions）。在這些文章中，病人以視覺或聽覺來表達心理形態（configuration）。要研究病人的心理形態前，最好要清楚知道他們刻意提出或遺忘的部分。關於機械化自我架構中的心理形態，顯露出艾瑞克早期著作中對於潛意識的創見。

當他建構自我及自我防衛的關係時，這位「認同」的建構者，不同意安娜及哈特曼（Heinz Hartman）對於外在世界及內在世界分野的看法。在他一九二三至一九二四年的筆記上顯示，他注重內在與外在的互動，雖然他認同安娜關於外在對於小孩的影響的看法，然而他認為她所著重的是潛意識的內在世界。他認為兒童一步步將外在引入內在，同時以內在世界來經驗外在，所以這兩個世界應該以相同的方式來解釋它們的互動。安娜與哈特曼是二分法，而艾瑞克認為他們忽略了連結內在與外在的部分，這之間的互動被忽略了。他認為在佛洛伊德女士的臨床解析研討會中，研究「在家庭這類共同生活的單位中，病人與重要關係人之間的關係」，有時候不能只調適內在驅力與防衛，也不能真實的探詢外在世界的真義。艾瑞克在瓊身上找到對這個想法的支持。瓊認為要真的了解社會，必須要超脫心理分析的觀點，但艾瑞克身處在心理分析的圈子中，他對這個領域有企圖心，所以他繼續接受安娜的訓練，並認為他只是與佛洛伊德學生們的看法不同，而不是和教授不同。佛洛伊德將需求與自我以社會與文化相連的角度去考慮，艾瑞克認為佛洛伊德的作品中表現出對於內在自我及外在社會的關連。

他還是接受安娜的訓練，仍然身處心理分析的圈子中，但他覺得自己的研究並沒有被接受，並擔心這會影響他的事業。比如說當他發表《學校作文的動機》時，學界對於他的「視覺形式」（Visual forms）並沒有迴響。艾迪斯．傑克森（Edith Jackson）表示當時的討論很沒生氣，安娜和艾迪斯．包漢（Edith Buxbaum）甚至為了海茲學校的作文題目是否比公立學校的有意思而辯論。艾瑞克另一篇文章〈心理分析與教育的未來〉，也遭遇類似的命運。他猜測他的同事們對於驅力及內在心理的看法已經有定見，甚至不能接受一點點的變化，比如說老師、學生間形態的互動等（比較非主流的看法）。他感到如果他想要在這個圈子中得到支持，就不能暢所欲言。

但他不能理解為何有些佛洛伊德學派的人拒絕接受他關於早期形態的看法。他的文章注意到兒童玩具、繪畫和語言。在一九一九年瑪莉安．克藍（Melanie Klein），安娜在兒童領域的競爭者，提出他對於兒童玩具的重視。艾瑞克不同意克藍對於超我的看法，克藍認為超我源自於兒童對於斷奶的痛苦與相食的殘忍衝動（艾瑞克在這方面追隨佛洛伊德的看法，超我是隨著伊底帕斯情結分解的發展而來）。但當艾瑞克提出關於兒童玩具的看法，一些維也納的聽眾聯想到克藍曾解釋：兒童因為撞見父母性交，而把兩輛玩具車撞在一起。雖然安娜並不覺得艾瑞克是克藍派，但一些聽衆卻這樣私下表示，這讓艾瑞克很沮喪。

艾瑞克的作品沒被視為安娜．佛洛伊德派的原因是他脫離了一些重要因素。他在很多部分提到心理分析可以使成人了解兒童，進而影響他們的關係；但在其他的部分，他卻將心理分析撇到一旁，而以信任及距離感等來解釋兒童與成人的關係，他認為心理分析並不能掌握到一些重要的氛圍。安娜及其他人並不是很了解這個爭議點，他們認為因為艾瑞克的幼年經驗及他的缺乏歷練，以致於他的發表有些錯誤不連貫的部分，因此對他的文章持保留態度。

在他這些關於兒童與看顧的文章中，艾瑞克表達他忠於佛洛伊德學派範例的精神。他發表關於海茲學校內十二歲及十三歲男生的對話，比如「他們談到攻擊行為及攻擊帶給他們的感受，也談到罪惡感及希望接受處罰的心情，帶著一種成人沒有的內在理解」；談到十二歲女生的作文，不可或缺的談到伊底帕斯情結。他很堅持成人與兒童的健康關係必須在不削弱成人的良心之下，可以與兒童分享的超我部分（道德）。

但提出佛洛伊德派的例證之外，他也提出心理分析領域之外的看法，是有關成人與青少年之間個人關係的看法。在解釋兩代之間關係的部分，在一九二三至一九二四年筆記中他提出有關自我與他人、領袖與隨衆、老年與青年的看法。有趣的是他在維也納的發表中，並沒有多透露出筆記中的菁英主義。

與海茲學生們的關係影響了他，使他不趨向階級取向。他描寫當麥比坐在他腿上看書時是多麼的快樂：「這對她與老師都是非常自然與安心的。」他也描寫第一次敞開心胸與米其談話的時候：「我第一次讓這個男生對我暢所欲言，而他把沉默解釋得非常好。」麥比與米其，以及他自己的小孩凱與容，都顯示出「令人訝異的內在——有時較好，有時較壞」。在他的論文《學校作文的動機》，他解釋在朵西的英文課中，兒童們表達出的內在世界全貌。因為與老師的親密關係，他們願意表達出自己的內在世界。教室提供他們一個機會，可以在幾小時中很快速的信任這個人。關鍵是老師與學生間的信任。小男生圓臉上的單純眼神，催促著老師馬上看他的文章，覺得老師會理解他。而幸運的是老師也會鼓勵小男孩面對與表達他的感受與恐懼等。另一篇文章《兒童的圖畫書》，論述成人為兒童作畫，及兒童觀賞這些畫時，成人與兒童間的特殊關係。在所有的成人與兒童關係中，「我們對待兒童的行為所產生之影響力，比不上我們行為背後內在動機的影響力——不論我們是否試圖壓抑這個動機。兒童和動物一樣，可以感應出內在的殘酷或仁慈，強大或不安全的傾向」。艾瑞克認為兒童會在正面或負面的成人環境中建立自己。所以成人與兒童的關係是塑造兒童環境的關鍵因素。

當成人開放、有安全感及值得信任時，兒童就會對此回應。當成人希望兒童尊重他的作為時，他也需要尊重兒童的藝術創作、文章等。兒童的作品表現了他們的內在世界，所以當治療師或老師希望兒童尊重他們的工作時，他們需要先尊重兒童的創作。

艾瑞克對於成人與兒童關係的看法與心理分析學中的情感轉移很類似，但是他的重點不同。他提出在兒童生活和成人生活間有情感交流的時候，成人也會像兒童一樣開放、值得尊敬及信任。他的一些素描，描寫了海茲學生帶著信任的眼神看著他。成人與兒童間的互動是不可或缺的。艾瑞克提出一種公平，不是法律政治或經濟上的公平，而是一種成人與兒童關係的公平。這不屬於維也納教育訓練、安娜的兒童分析學派或是他在一九二三至一九二四年筆記中的德國菁英主義。他將老師與學生擺在同等地位，這也就是他在海茲的自由管教方式。這種想法脫離了正統心理分析，帶來了辯論。

但是他沒有完全了解到他的主張與傳統心理分析及教育學違背。事實上他並不覺得自己背叛，也沒有準備好要發掘成人與兒童間的情感關係（老師與學生、分析師與被分析者）。他認為要發現自我，必須要有一個深愛的對方一起共鳴。當他呼籲老師與分析師要對兒童敞開心胸時，他就是尋求這種共鳴。多年後，這種主張使他與安娜．佛洛伊德的學派漸行漸遠。

當艾瑞克在維也納快要完成他的心理分析訓練時，他專注於我以及自我的研究，聽到安娜關於自我一些成熟及不成熟的辯論。當她在一九三〇年代中發表看法時，艾瑞克在瓊的鼓勵下發表評論。他認為在影響兒童的自我這方面，安娜對於自我著墨太少，她也重蹈心理分析在自我源頭的錯誤。艾瑞克認為哈特曼在自我受到環境影響這方面，比較強調自我的力量，但並沒有解釋自我精髓的部分。

因為覺得安娜及哈特曼都不能解釋，所以他轉向保羅．費登（Paul Federn），一位更為精準及迷人的老師。他參加費登的演講，發現他正致力於「自我的界限」。當費登正為了界限及個人自我的限制所苦時，艾瑞克已聽過費登使用自我認同或是很接近的詞。當他在一九六八年發表他的書《認同：青年與危機》（Identity: Youth and Cisis）時，他記得費登曾在維也納提出自我的界限，但是他沒注意到費登曾和維特．特斯克（Victor Tausk）深談過自我界限及認同，特斯克是一位分析師，他的自殺在維也納心理分析圈是個敏感話題。雖然艾瑞克曾在他一九二三至一九二四年的筆記中提到認同，但當時並沒有詳細論述。直到他覺得可以談論它，因為他對於我及自我有興趣——自我界限和認同是表現出自我及我的橋樑。

厄尼斯特．克里斯主張：當回歸自我時，將會找出自我的原本力量，這在藝術家的創作上最為明顯。這也是為什麼艾瑞克受到克里斯的吸引。他當時也參加威廉．瑞其的演講，討論自我防衛有時候僵化而有紀律的像自衛軍備一樣。艾瑞克發現自我防衛和情感的流動在自我界限上是兩極化。這都影響他日後在美國發表的認同理論。

佛洛伊德曾在一九二六年提出內在認同。但是可以稱為幸運的是，艾瑞克在維也納的時候佛洛伊德並沒有著墨於這點，費登也沒有深入自我界限的結構到這個階段。早在艾瑞克接觸佛洛伊德學派前，就因為對於「我」的興趣而注意到自我界限及認同。他要找尋自己的存在意義。在他三十歲之前，他從未感覺自己屬於任何一個族群。問題在於他不知道生父是誰，造成他自我認同的複雜性。所以對於艾瑞克，我和自我的問題比伊底帕斯情結還嚴重，他需要找尋自我，這是他自己的課題。

離去之前

一九三三年的晚冬，艾瑞克站在維也納心理分析學會的外面，等著裡面的會員評論他的表現。他的表情溫和而有自信，身體比剛來時健壯多了。他知道雖然他的作品有些爭議，但是他已經被認可是一位聰明有天分的兒童分析師。當時入會的條件是很有彈性的。考慮申請者的名聲、發表的作品、某位有影響力會員的評價（特別是佛洛伊德和哈特曼）以及申請者老師的名聲。

艾瑞克猜測他在安娜的支持之下會獲得入會資格，而在他更成熟之後，可以得到正式會員資格。在漫長如幾小時的幾分鐘等待之後，他被請進會議室，由會長保羅．費登宣布他為正式會員。從他尊敬的人口中聽到這個消息，令他更加高興。現在他是這個專業領域中的核心人物之一。正式會員表示他可以分析大人和兒童，自動成為國際心理分析學會會員，並且可以在世界任何一個地方執業。他旋即決定移民到哥本哈根，以便接近他的血緣。瓊也支持這個決定。

其實不論他是否得到正式會員資格，他和瓊都準備離開維也納，他們很擔心德國的右派納粹會蔓延到奧地利。艾瑞克知道有人勸佛洛伊德離開奧地利，但是佛洛伊德不喜歡國外，也不想做難民。然而艾瑞克認為「內在優秀人種」的說法是政治手段，完全曲解內在與外在世界的意義。

就算沒有政治危機，艾瑞克和瓊也因為維也納心理分析圈的環境而要離開。他認為他們太重視內在世界而忽略外在世界，「佛洛伊德學派已經脫離原創性，只是一堆信徒，所以我需要離開那裡。信徒特別是指安娜身邊的人，一個成功的男人不應該留在那樣的環境，我認為瓊也知道這一點」。

瓊當然知道。她非常希望艾瑞克離開安娜身邊，所以她要離開這個國家，她認為艾瑞克在兒童分析領域會一直在安娜之下。她也對奧地利複雜的移民程序不滿，希望他們不要在維也納待太久。

在得到會員資格後，艾瑞克已經準備好離開。但是他當時的感覺很複雜，「我當時的感覺很模稜兩可，唯一學到的是心理分析」。他離開維也納的原因不是想離經叛道，而是要以他自己的方式做。他從這種專業訓練中獲得了自由，可是他不喜歡表態自己是一個跟隨者。「我的父親不是猶太人，但我母親是，我太太則是聖公會牧師的女兒。」他既感覺屬於猶太人占多數的維也納心理分析圈的一員，又覺得很疏離。六年的訓練後，他的心理分析認同感還沒有很穩固。

在準備離去時，最困難的就是和安娜討論的過程。在不同於以往的嚴肅中，安娜感到她對這個病人有所保留，而她開始思量瓊的影響力。她向艾瑞克保證納粹不會占領維也納，她是那麼迷戀逝去的老歐洲，但艾瑞克並不贊同她；她也堅持艾瑞克應該留下來參加兒童心理運動。但他表示他要先自救……，尤其是當失去這麼多東西的時候。他的失去指的是追隨安娜而不能獨立思考。談到這一點時，安娜聳聳肩說她很難過他們要離開。她當時明白瓊的影響力已經遠超過她了，但她警告艾瑞克不要叛離他受的教育，那時房間裡充滿緊張的氣氛。不過艾瑞克離去前還是擁有一個美好的回憶，那就是佛洛伊德親自去車站送他們，並叮囑他要有一顆仁慈的心。

在一九三三年的九月，他們搬去哥本哈根數月後的赴美前夕，他頻頻跟阿齊洪通信。這是很特別的，因為他在維也納時和他交集不多。

阿齊洪和伯非爾都被視為安娜在兒童分析領域上的前輩。安娜盛讚阿齊洪的專業素養，他是一位高大害羞的非猶太人，曾開過一間兒童諮詢中心，對兒童與家長提供免費短期的治療，也曾在海茲教書。指導艾瑞克時，他很重視分析師需要考慮兒童的社經環境與習俗的關係，最重要的是要以平等的態度對待，像是對待平輩一樣，以得到他們的信任。

阿齊洪對於外在世界的關注，與被分析者平等關係的看法，造成他和維也納心理分析圈疏遠，但是艾瑞克接受他的看法，因為那和他內心的平等看法不謀而合。使他了解內在世界的局限，這表現在他治療第一個病人的時候。一個十七歲的男孩，頭部中槍，需要接受生理與心理的治療。雖然維也納圈子因為他的非猶太身分而不信任他，但是艾瑞克很感謝他打開了自己的視野，使他注意到青少年問題，那些失去父親與方向的人。

他寫給阿齊洪的第一封信談到與彼得的友誼問題，阿齊洪對這件事很了解。他們友誼的裂痕起於安娜不訓練彼得，這使彼得覺得自己不但不夠專業，而且沒有艾瑞克聰明。在一九三二年海茲關門後，彼得的生物博士沒念完，便開始了他的分析事業。但在維也納的時期，彼得覺得自己不可能成為學會的會員，而艾瑞克的成績又遠遠把他拋在後面。艾瑞克對阿齊洪說，他覺得彼得把自己放在烏雲之下，艾瑞克也因此受到影響。他想起當年彼得找他來維也納之前，他在家鄉困窘的時候，但是也許因為瓊不喜歡彼得，艾瑞克並沒有對彼得伸出援手，他對此很不安。

談完彼得後，他談到很後悔沒在維也納時與阿齊洪多親近。事實上當他來到維也納時，他曾和阿齊洪有很愉快的對話，並考慮跟著他學習，但他最後選擇安娜。「我重蹈童年時只有女性——媽媽，而沒有父親的狀況。」他指的是以安娜為首、女性居多的兒童分析圈子。

他指出他現在了解為何如此。當他如此成功分析自己時，可以說安娜的訓練成功了。

他接著表示他沒有跟隨阿齊洪，完全是因為他自己，他當時的行為可以視為一種背叛，使他顯得既白癡又不可靠。但他現在了解他背叛的原因，因為他把阿齊洪與他父親連在一起。「是我對於那背叛媽媽的爸爸的想法使我離開你的指導。」

他在信的結尾提到他希望在赴美之前，阿齊洪能成為像父親般的朋友，不要因為距離而改變。「我總是幻想父親去了美國，而我終有一天會找到他，所以我要去那裡。」雖然艾瑞克說他已經了解父親的事情影響他跟阿齊洪的關係，但是當他去找夢想中的父親時，還是希望阿齊洪做他父親般的朋友。

從給阿齊洪的信上，可以看出艾瑞克從心理分析中了解兒童時期，而維也納時期看起來失去一些，其實骨子裡是獲得，他甚至可以掌握自己的生命。那些因為父親離棄的傷害，都因心理分析的經驗而復原。他的信透露出相牴觸的兩個訊息：⑴他的訓練使他走出舊有的限制。⑵他早年那些不愉快的情緒，透過心理分析而得以抒發與獲得肯定。他對佛洛伊德與安娜的維也納圈又愛又恨，既解放他，卻也使他衰弱。

在收到艾瑞克信不久後，阿齊洪回了一封嚴厲的信，也許這在持續的治療關係中是有效的。他認為艾瑞克利用心理分析訓練來赦免自己的行為，他最好放棄心理分析而正視人生。心理分析的解釋讓艾瑞克欺騙自己，允許自己做出他自稱的背叛。他將可能再度用心理分析來掩飾背叛行為。他認為艾瑞克應該懷疑自己的動機，像他這樣一個自戀的人，應該要重新質疑自己。阿齊洪要艾瑞克在面臨到新的人際關係時，自問是為了求自我進步及滿足自戀，還是基於相互信任分享的關係，應該要替別人著想以免再度背叛別人。

阿齊洪的信對他影響很大。一個他尊敬的人指稱他自戀，並認為他過度使用生父的事情。他的話直刺艾瑞克心裡。他在彼得有需要的時候，有伸出援手嗎？他背叛了阿齊洪的好友安娜，並且不顧她要他回頭的懇求嗎？如果他要克服童年對於父母的信任問題，他應該基於相互信任與分享建立真正的關係。還好他跟瓊的婚姻就正往這個方向展開。

在赴美前，艾瑞克很快的回第二封信，這一次很有力量而有禮，說明他將掌控自己的人生。他衷心接受自戀的部分，但暗示阿齊洪也有。他認為他可能有利用心理分析原諒自己的背叛，但阿齊洪也利用心理分析來拒絕原諒他。阿齊洪持續對他分析，使他幾乎停止了對分析工作的熱情。「如果你覺得我們不需要通信，那我很難過你是對的，我一開始就不應該寫信給你。」

艾瑞克的兩封信正表達了他在維也納經驗的兩面。第一封信他打開自己童年的傷口，雖然心理分析帶給他新視野與方法，但他是無力抵抗的。第二封信則顯示出一個年輕人的力量，將自己跟阿齊洪視為平等，有強壯的內在精神。

阿齊洪從這封信中發現艾瑞克已經要展開人生的新一章，但他發現艾瑞克好像對他有不好的想法。他甚至懷疑自己錯估了艾瑞克。幾年後，他還曾問彼得，艾瑞克在美國過得如何。

註1：libidinal development　慾力發展　按精神分析，個體出生後的慾力隨年齡的增加而逐漸分化發展，中間經過口腔期、肛門期、性器期、潛伏期、性徵期，然後到人格成熟。慾力發展也稱性心理發展（psychosexual development）。

drive　驅力，內驅力　1由於個體內在生理變化暫時失卻平衡，導致個體對外在刺激敏感並向之反應的傾向。換言之，驅力乃是驅使個體反應的內在動力；此一動力係由生理變化所引起。2指假設性的內在狀態，此一狀態的變化達到某種程度時，即促使個體產生外顯性的目標尋求行為。3廣義言之，驅力、需求、動機三詞意義相同，可替代使用；而且三者均可用動機一詞涵蓋之。狹義言之，驅力特指生理性動機，而需求涵義不定，可視為形成驅力的原因（缺乏而有需求，需求而有驅力），也可視為複雜的動機。（摘自張氏心理學辭典，東華出版）

第三章 成為美國人：從漢寶到艾瑞克森，一九三三—一九三九

一九〇一年，雅各・里斯（Jacob A. Riis），一個揭發醜聞及支持貧窮改革的攝影記者，寫了一本《成為美國人》。書中闡揚他如何離開心愛的丹麥北部小城，一文不名的來到美國。他仿照那些成功故事，以辛勤工作和無比毅力，幸運得到機會、有所回報。透過他傳遞的價值觀及那些栩栩如生的照片，他成為一名演講家、社會改革家及羅斯福總統的私人朋友。

另一位丹麥移民，艾瑞克・漢寶，在一九三三年從哥本哈根來到美國，幾年後，他已經從當年紐約上岸的歐洲納粹難民，成為「美國的移民」。他像里斯一樣，沉浸在新文化與新語言中，並且感覺很好。他也許是波士頓的第一位兒童分析師，在哈佛大學拿到教職，又因為偶然的機會也曾在耶魯任教。他像許多移民一樣，改了自己的姓氏，很快的成為一名成功的分析師及學者。這個國家的移民文化，使他注意到費登的自我界限理論，從這一點出發，他發展了認同與認同危機理論。「認同」在移居、移民及美國化中成為一個深沉的現象。當他開始闡揚認同在人類發展中的重要性時，他在美國社會的地位已經遠超過里斯的成就了。

然而剛到美國的前幾年他也有過低潮。雖然他移民時只有三十一歲，但這已經不是他第

一次移居，他的媽媽曾因為懷了他而躲到法蘭克福郊區，又因為嫁給他繼父而搬到卡爾緒。當他二十五歲的時候，又搬到維也納住了五年接受心理分析訓練。之後他帶著加拿大裔美籍妻子及兩個兒子搬到哥本哈根。他剛到美國時搬了很多次家，所以他的文章中總是描寫離開與到達、改變及安定。因為他曾經改過國籍，他在美國特別強調「一個失去國土與語言的人，特別需要重新定位自己」，及「在那些基本印象下的感性回憶」。

因為生父成謎，使他對任何地方都沒有歸屬感，以致於一直在遷動。他幻想生父也曾從維也納搬到丹麥，最後再搬到美國。他認為這些事讓他始終是邊緣人。這種消極絕望的邊緣情結，沒有自我界限的狀態，「使我在移民的狀態下得到家的感覺」，更促使他研究認同及認同危機理論。雖然他最後在美國已感覺舒坦，但他不像里斯，一些美國文化甚至加深他那些不愉快的歐洲舊回憶。當他一九三九年正式成為艾瑞克·艾瑞克森，他的過去還是會干擾他的現在。

丹麥

當納粹在一九三三年焚燒佛洛伊德和其他人的著作時，他和瓊感到很不安，因而決定離開維也納。選擇去丹麥是艾瑞克的意思，因為心理分析學會會員的身分，他得以幫助希臘公主瑪莉·伯那帕得在哥本哈根建立心理分析組織。雖然瓊希望去美國，但她尊重艾瑞克，在他哥本哈根親戚的幫助下搬過去。

為了避開德國，他們選擇緩慢、昂貴而不舒服的方式，從波蘭坐火車去丹麥。

到了丹麥，發現他媽媽那一代的親戚已經凋零了，幫助他們的是艾瑞克同輩的親戚。因為沒有工作證，他們接受瓊的媽媽經濟支援。他們住在哥本哈根近郊，因為距離市中心太遠，凱跟瓊走路無法到達，而且他們也無法跟鄰居溝通。

艾瑞克媽媽的親戚們遵守當年對泰德的承諾，沒有透露任何有關艾瑞克生父的訊息。

艾瑞克在丹麥因為申請工作簽證而遭到困難。透過艾瑞克堂弟的幫助，他是一位律師，以艾瑞克親生父母皆是丹麥人為由（並沒有提到他户籍上的父親並不是他的生父），替他申請工作證。並由親戚作證，願以他們的財力證明來協助艾瑞克。艾瑞克本以為在丹麥頂尖律師與最有名望的猶太家庭支持下，可以得到丹麥籍，但他卻意外的被拒絕了。他永遠都沒有辦法忘記當時的失望與受辱的感覺，所以他決定離開這個國家。

艾瑞克與瓊需要在一、兩天之內做出決定。安娜與其他的人邀請他們回維也納，但是他們並不接受。他們開始考慮美國。實際上，艾瑞克曾對阿齊洪坦承：「也許我可以在美國找到背叛我們母子的親生父親。」他之前曾在維也納認識漢·薩斯，一位在波士頓執業的佛洛伊德派成員，他指出美國這條明路，認為波士頓很缺兒童分析師，並且答應幫助艾瑞克在美國安定下來。

瓊在艾瑞克被丹麥法院拒絕時，提起薩斯。她也提出其他的考量，比如說她媽媽住在波士頓，可以在財務上幫助他們，也可以在移民局那邊幫忙。瓊在去維也納之前住過美國，所以現在她帶著丈夫回美國是比較方便的。有這些好處，而眼前又沒有別的去處，瓊很積極的勸艾瑞克移民美國。在維也納的時候，瓊就希望去美國，更何況她不喜歡維也納的心理分析圈。其實在丹麥拒絕艾瑞克時，瓊暗中鬆了一口氣，因為這樣美國就是唯一的選擇。當他不能深耕他的丹麥根時，他發現瓊「已經決定帶我們去美國了」。

移民美國

瓊的媽媽替他們領取四個簽證，凱兩歲，容八個月，而父母則是三十出頭。當他們航行十三天到達紐約時，一位海關誤以為艾瑞克病重不得離開丹麥，在引起一些不愉快之後，他才放行。多年後艾瑞克在寫給孫子的信上提到這段旅程，他將在丹麥的日子形容為探望丹麥親戚，隻字不提他申請入籍丹麥被拒。這段旅程很辛苦，充滿暴風雨和巨浪，艾瑞克抱著凱在船上探險，容則不像爸媽和凱，一點都沒有暈船，醒著的時候又笑又牙牙說話。當船經過自由女神像時，艾瑞克驚訝於神像的巨大，登陸之後，「那些汽車有一點恐怖，但是充滿了歡迎與鼓舞」。

艾瑞克很緊張，因為他必須在這個英語系國家工作養活全家。他擔心他太老而學不好語言，但他很快就發現他在語言方面的天分，另外瓊幫了他很大的忙。更幸運的是，美國人「對於移民的語言問題有不可置信的耐心」。

他在船上遇到喬治．肯南（George Kennan）跟他太太，他是美國派駐拉托維亞的公使團一員，精通德語。當艾瑞克在維也納的時候，曾寫一篇研究納粹如何利用年輕人的論文，喬治知道艾瑞克這篇文章後，就要求拜讀，讀了之後大加讚賞文章的深度與精巧，並認為一定要翻譯成英文，他告訴艾瑞克「讓我們一起翻譯吧」。他們就在船上，在這位美國外交官的英文指導之下完成了翻譯。他們討論德國的文化與歷史，特別提到德國年輕人對父親的懼怕，希特勒以一種迷人的態度巧妙的取代了父親的領導形象。這成為日後《童年與社會》（Childhood and Society）中最重要的論述。與喬治的經驗鼓勵艾瑞克把他的歐洲經驗帶給美國人。他們一直到一九五〇年《童年與社會》出版時再相遇，喬治寫到他對這本書的觀感：「優雅的文字與精闢論述。」他回憶他們在船上的旅程，覺得非常快樂，更高興他們的談話不但應用在希特勒的論文，而且幫助艾瑞克了解美國這個新地方。他們在船上的談話的確影響艾瑞克對於這新祖國的看法。

「我永遠都不會忘記看到紐約的那刻，帶著一種活下來的感覺只向前看。」他的卡爾緒老友奧斯卡來接他們，並帶他們去費城。他們在定居波士頓前，在那裡停留很短的時間，彼得帶著艾瑞克小時候的木雕來迎接他們。在剛到美國的蜜月期，艾瑞克回憶他自己充滿信心，幾乎看不到美國的缺點：「當你被當成移民歡迎時，你看不到那些被拒於門外的，那些在本國過得比移民還差的人。」

他迷上了羅斯福總統與他的新政。這裡的經濟衰退比起維也納來說算是好多了。總統讓每一個人想要高唱：快樂的日子來了，天空再度清澈湛藍。當他一九三三年來到美國時，他是以一個移民的身分來的，而不是歐洲浩劫後的難民。他常提到，移民局的官員對他說歡迎時，是表示他願意來到這個國家，而不像之後那些猶太難民。

然而艾瑞克心裡還是有擔心的事情，比如說他的母親和繼父（他們在一九三五年移民到巴勒斯坦）、心理分析及他的工作問題。當他去紐約找國際心理分析組織的副會長阿伯瀚·

伯爾時，他對歐洲心理分析師的安排很有影響力，卻發現他過於謙虛，只建議他去像是聖路易那樣的荒涼地方。之後阿伯瀚寫信給一位著名的英國心理分析師厄尼斯特．瓊，提到艾瑞克「不怎麼樣」。

艾瑞克雖然對於阿伯瀚的態度不怎麼在意，但他有時卻覺得沮喪。這也就是他日後稱之的認同危機。一個移民為了新國家放棄了舊有的國籍的情緒，再加上美國當時的大蕭條與境外的極右派運動，這個觀念無可避免的在美國被闡述。

薩斯曾承諾要幫他找工作，但是他並沒有告訴他的同事們艾瑞克已來到波士頓了。艾瑞克開始很緊張，想要試著見一些重要人物，看能不能找到工作。「我當時只在意自己的需求，而沒有觀察整個波士頓醫界。」薩斯邀請他們去一個家庭晚餐，那是他們第一次在美國有重要社交活動。他們遇到了威廉．黑利（William Healy），貝克兒童診所的院長，他感覺黑利很社交，所以他沒有提出工作的要求，只是愉快聊一些他在維也納的兒童治療經驗。晚餐後黑利邀請艾瑞克去他診所討論工作的可能性。接著麻州綜合醫院的重要人物史丹利．考伯（Stanley Cobb）邀請他們去他家晚餐。再一次，艾瑞克那迷人而保守的態度，為他贏得造訪考伯辦公室的機會。他因此與愛瑪莉塔．普南熟識，她是美國心理分析先驅詹姆士．普南的女兒。一九三三年底，她正式向波士頓心理分析界介紹艾瑞克，而普曼已經證實艾瑞克是一位合格的分析師。一年後，開始有人邀請他演講。例如大衛．夏考，渥開斯特州立醫院的首席分析師，邀請艾瑞克在一個同僚的研習營演講兒童分析。

當艾瑞克為了事業努力時，瓊暫時把她的事業企圖放一邊，專心照顧小孩。就像一九三〇年代許多父親一樣，艾瑞克並沒有盡到父職，但他不是因為戰爭，而是因為他在忙著照顧其他人的小孩。

他們在查理河邊的劍橋區住下來。對瓊來說，這個環境是很孤單、沮喪的。她必須要走很遠去買食物，特別是要買那些她要的健康食物——麥片、沒有添加物的全麥麵包、沙拉用的新鮮蔬菜（晚餐的主食）及作為點心的水果。通常用魚及雞肉代替牛肉。為了能夠搬到一個更好的區域而且靠近市場，瓊安排搬到阿品區，為負擔房租，她找了一位寄宿者，並且將樓下的客廳改為艾瑞克的分析室。她去高中兼課教韻律，照顧小孩們的健康，並且照顧艾瑞克。艾瑞克不喜歡買東西跟做飯，只喜歡被伺候。如非必要，他不會去廚房端菜，在餐廳吃飯的時候，由瓊幫他點菜，她知道他的口味，也知道如何讓他吃得健康。

分析病人為他帶來固定的收入。他在家裡面看診，並在時髦的瑪爾布羅街跟別人分租一個診所，以便接待比較講究的病人。他接受所有推薦而來的病人，多半是小孩、青少年及年輕人——有貧有富及各個國籍。一開始，他就脫離心理分析正統的中立態度，去參觀病人的家，並邀請病人來家裡晚餐等。因為他在維也納的名聲，使他的作為被接受。實際上，因為他的敏感及直覺，很快就得到肯定。薩斯稱他在很短的時間內，以他對年輕人的直覺贏得名聲。許多兒童工作者都向他請教。費力斯．都徹認為他的藝術背景雖然對分析沒什麼幫助，但卻走出自己的路而且成功了。

他因為治好波士頓心理分析界的前輩—約翰．泰勒的妹妹而成名。瑪沙．泰勒在小時候因為閱讀困難而沒有上學，在家裡面學習到十一歲。她非常聰明，替哈佛醫學院編輯醫學報告。但是因為家庭問題帶給她的情緒問題，使她在一九二〇年中期去巴黎找奧圖．藍克（Otto Rank）分析。她希望挖掘出自己獨特的聲音並獲得自主，但是她沒有如願，奧圖反而告訴約翰他在瑪沙的幫助下完成《遺傳心理學》而非常高興。

她在一九三三年深為沮喪所苦，決定接受哥哥的建議，去看安娜．佛洛伊德的學生。艾瑞克家的診療室與奧圖豪華的辦公室形成對比，而他的收費也相對的低廉。他一開始就邀請她來家裡晚餐，並讓她了解看診時可能聽到的噪音（小孩們）。她接受了一年的治療，每天坐在這個溫馨明亮的診療室，充滿玩具書籍和植物。不像奧圖，艾瑞克沒有專門的分析椅，只有一個普通的舊沙發。他也沒有藍克的距離感，非常輕鬆自然。他甚至會去看看正在哭的兒子，或是把貓放出去甚至去找東西吃。瑪沙認為他的分析實在而有家的感覺。藍克集中在她那些特別的問題，艾瑞克卻鼓勵她談談家裡的壓力以及醫學編輯的責任。雖然他的英文不好，但是他仍然建立與被分析者的合作互動，他有時要求瑪沙解釋一個字或句子，或是一個美國習俗，他從病人身上學習語言及習俗。他有時拿一些圖片，並要泰勒說是否與她的生活有關，透過這個方式去檢測和建立她的情緒及社會能力。隨著分析，瑪沙開始覺得她比較放鬆，並且開始注意一些娛樂。更重要的，她在情感上堅強起來，在親戚間及工作時開始有自己的聲音。她去波士頓護士學校教授兒童課程，並且開設一個針對心理情緒障礙兒童的學校。

分析瑪沙的過程中，艾瑞克試著幫助她在成長的環境中找尋認同。他當時還沒有用認同及生命週期的字眼，這些字是在他試著了解類似瑪沙的例子時產生的。他比藍克高明太多的話很快就傳開了，再加上當時維也納分析法已經傳入多年，也可幫助他克服當地排斥業餘分析師的想法。

波士頓心理分析學會在一九三〇年重組的時候，跟全國其他地方一樣，限定只有醫學院學生為會員。但艾瑞克不在此限，他是維也納心理分析學會會員，也就順理成章為國際心理分析學會一員，這使他避開美國地區要求醫學院畢業資格的規定。不過他在波士頓學會卻是因為另一個原因得以入會。雖然學會中很有影響力的艾佛．漢瑞（Ives Hendrick）堅持非醫學證書不得入會，他卻在知道他治癒約翰．泰勒的妹妹後，大力歡迎艾瑞克入會（還有那位知名的漢．薩斯也是一樣）。他很佩服艾瑞克在發表病例分析時不凡的想像力。他很自豪邀請艾瑞克為波士頓學會上首次的兒童分析課，以及教授如何成為控制分析師，指導那些兒童分析師。他並介紹病人給艾瑞克。

安娜一直在注意她這位案主的情形，她在一九三四年寫信給厄尼斯特提到「關於波士頓的好消息」。艾瑞克的成功代表了她父親在美國的地位。艾瑞克卻為了美國分析界的醫學化沮喪：在維也納這是一件關於人的事情，是一種啟蒙，但在這裡卻成為醫療世界的一部分而已。美國分析師只在意分析對於醫學上的進展。幸好波士頓學界尊重艾瑞克，並在他到美國的一年後，請他擔任兒童及青少年組的主席。史丹利．考伯、威廉．黑利及亨利．牧勒提供他工作及研究機會。但他仍然為了自己沒有大學學位，更別提醫學院學位而不安。而且因為身為一個外國人而亟欲證明自己，這使他更形不安，常常感到疏離，他甚至形容那段時間「我只是不停得到幫助而已」。

擴展專業責任

他在波士頓的前三年，工作開始變多，除了在學會的工作，他還擔任貝克診所的顧問、哈佛關係機構之麻州綜合醫院心理分析部門的研究員。甚至當了一陣子哈佛心理系的研究生。一九三六年他的行程完全排滿，必須用不同顏色的筆及箭頭好讓他知道下個禮拜或下個月要做什麼。

威廉·黑利在一九一七年創立貝克診所，專門為了情緒困擾的兒童所設立。這個診所包含精神醫師，心理學家和社會工作者，並且和兒童的父母、老師及其他周遭的人一起幫助兒童。除了關心兒童生理的問題，並強調兒童是社會的動物，他很欣賞艾瑞克在學會的演講，認為他對兒童分析有天賦，對於兒童潛意識的過程具有異常的同情心和理解力。雖然他已經熟知那些理論，但還是會留意兒童的周遭環境影響。艾瑞克則很喜歡診所的那種多元化組合及黑利對於社會及環境影響的重視，黑利的做法符合阿齊洪對於青少年的想法。艾瑞克當時正投入對於兒童心理健康的防治檢查，因此欣然答應參與診所的病例研討會。

最讓黑利和其他兒童治療工作人員折服的是，艾瑞克居然治癒他們束手無策的病人。當時在波士頓及其他幾個美國城市從事兒童心理健康工作的人數正在激增。洛克斐勒基金贊助一些大學研究兒童的情緒、生理和認知能力。心理健康運動幫助了兒童運動的推展，也順勢成立了類似貝克診所這種治療機構。他們採用多元化治療方式，試圖避免所謂道德的管教，也就是用心理分析治療法，而不是一九二〇年代行為心理學派的主張。同時對於兒童發展的研究也蓬勃起來，吸引一些年輕的專家投入，例如班哲明・斯伯克（Benjamin Spock）和洛斯・莫非（Lois Murphy）。心理衛生學家、心理分析師和杜威進程教育家不只在特殊診所、大學的研究中心，還在學校、夏令營、孤兒院、兒童之家、兒童學習團體和其他有關兒童青少年的組織中推行。他們的終極目標是希望能將兒童的衝動導入社會許可的創造範圍內。雖然類似的活動激增，政府相關的預算增加，但是成功治癒有困難與困擾的兒童的例子卻很少。社會改革家羅倫斯・法藍克（Lawrence Frank）推動一連串的兒童基金募集，不久就成為艾瑞克的朋友。法藍克擔心美國在兒童心理健康方面失敗，是因為兒童工作者對於不能正常發展的兒童沒有同情心。而艾瑞克卻治癒大家都失敗的部分。貝克診所的六歲小孩約翰的成功例子使艾瑞克在兒童工作中一舉成名。

約翰是水手的兒子，他是一個很衰頹的小孩，有情緒發展困難和犯罪習性。經常生病，會因為生氣或性興奮而拉大便在褲子上，並且拒絕溝通。生理檢查他毫無問題，精神醫生和心理學家都檢查不出問題。當艾瑞克遇到他時，他給約翰一些玩具並且鼓勵他玩玩具。約翰用三個積木堆成一個雜貨店，並且用黏土捏了一個球放在玩具卡車上，他把球倒在雜貨店的旁邊，稱之為雜貨店倉庫。他稱一個黏土球為媽媽果子，一個比較小的球是寶寶果子。他用另一個顏色的黏土捏了幾個一樣大小的球，稱他們為兄弟果子，是「我媽媽的兄弟」。當艾瑞克問道：「你是說叔叔嗎？」約翰突然臉色慘白，並且跑到廁所裡去。當他回來時他說：「我覺得髒的時候就會這樣。」艾瑞克用黏土來表示約翰的家庭。而他因為聽到「兄弟」變成「叔叔」時的反應，令艾瑞克懷疑這個小男孩藏了一個無法忍受的祕密——就是叔叔（用另一個顏色做成的球）侵犯了爸爸的地位。他再一次檢視他的作品，幾乎可以確定，這其中反應出他小時候就藏在心裡的性醜聞祕密。他以雜貨店運貨員的身分，將這個家庭祕密送給他——就是父親不在的時候，媽媽和叔叔有外遇。他以黏土球溝通，有的時候則以排便來取代溝通。艾瑞克去見約翰的媽媽，她承認曾警告約翰不准和醫生或其他心理工作者說這個祕密；她告訴約翰「如果爸爸知道，他一定會殺了我」。在艾瑞克的勸告下，她決定將約翰從這個禁忌中解放出來，就是這個祕密困擾了以前的那些治療。之後治療約翰就有明顯的進步，也可以用語言代替黏土來溝通。最後語言轉化作詩，從剛開始的童年痛苦記憶，到後來是描寫一些美麗的回憶。他把這些詩送給媽媽。艾瑞克結論認為這些衝動找到了一個更高的表達形式。

艾瑞克將這個例子在《遺傳心理學》論文系列中發表，他結合了他的研究及關於兒童玩具的觀點。約翰的雜貨店果子顯示了「兒童」病患如何用空間表達。透過這種利用玩具的隱喻和象徵，可以將防衛解除，並使兒童去做他現實中不敢做的。就像約翰，雖然是用隱喻的方法，但他傳達了他的祕密。雖然約翰在遊戲中使用語言（媽媽和寶寶果子；兄弟和叔叔果子），主要還是以視覺及物體的空間為主。小孩不需要有語言的意識或是溝通，藉由保守的轉換形態，將兒童的內在情緒與外在環境連接起來。約翰把這種外在的困擾顯示給他自己及艾瑞克。約翰基本上以視覺（部分的語言）的遊戲將這個祕密說出來，讓分析師和病人都可以理解他的情緒如何受到外界的影響。由這種認知，他終於能夠重新建立起童年的回憶。約翰的「內在」藉由和其他人關係改變而得到釋放。更清楚的說，艾瑞克從主觀的個人獨白中離開，帶著敬意，他加入了美國當代思想家之列，如杜威（John Dewey）杜・波依斯（W.E.B.Du Bois）和米德（George Herbert Mead）。

瑪沙的成功證明了即便有英文的問題，艾瑞克依然可以成功的運用佛洛伊德的談話治療法。而約翰的成功證實了黑利稱他對於兒童的潛意識過程的理解擁有天賦，也證明了兒童會用視覺來溝通（形態），就像成人用語言溝通一樣。不過艾瑞克將遊戲當作一種形態的理論並不完整也不是毫無問題。事實上他並沒有對形態這個說法完全放心。但是透過約翰的例子，艾瑞克向波士頓醫界證明他是一個優秀的分析師及重要的理論家。

黑利提供艾瑞克在貝克診所的顧問工作並不是一份固定的薪水，而另外兩位欣賞他的史丹利及亨利也是提供他兼差的工作。史丹利・考伯是麻州綜合醫院心理治療部門的負責人（哈佛大學的相關醫院），亨利・牧勒是哈佛心理系相關的心理診所所長。當歐洲心理分析學家移民來美國時（像艾瑞克當時一樣），會傾向求助於大城市的心理分析學會，學會以推薦病人和受訓者的方式幫助他們。有鑑於歐洲學者比美國的有名望，史丹利和亨利希望能將這些學者從波士頓學會引至哈佛大學。他們從洛克斐勒基金會募款，提供薪水使哈佛大學可以和心理學會競爭。也是因為這個策略，安娜・佛洛伊德這位年輕有為的學生得到好幾個兼差的工作。

史丹利除了任職麻州綜合醫院（MGH），他還指導波士頓市立醫院的哈佛神經小組，並且是哈佛醫學院神經學教授。他像亨利一樣，非常著迷心理分析。他向艾瑞克求教身體、心靈和環境交互影響的觀念，他很喜歡跟艾瑞克交往，欣賞艾瑞克視心理分析為一種哲學而非醫學，並認為他是上帝創造的天生分析家，能把非常困難的病人治癒。

史丹利用洛克斐勒基金和自己的預算提供艾瑞克在麻州綜合醫院和哈佛醫學院做兼職的助理研究員。因為沒有高學歷，艾瑞克對於這份在美國的第一份學術工作很虛心。他被指派和知名的神經學家法藍克．佛蒙特史密斯（Frank Fremont-Smith）一起研究癲癇患者的情緒因素，但這個角色有名無實，受限於英文和他對醫學領域沒有信心，他每次參加內部會議都很安靜。當他說話時，他都很高興大家有注意聽，這歸因於他的維也納經歷。當史丹利安排他作為期六天的研討會，主題為兒童分析時，雖然要十塊美金的報名費，參加者還是非常踴躍。雖然身為醫院中一員，他並沒有多方面的表現，但是他得到的認可顯示出「他的某個事業已開始」，而且對於一個醫生的養子而言，他有種回到家的感覺。

亨利．牧勒在一九三四年提供他辦公室和哈佛心理診所定期津貼，這對艾瑞克是很重要的。他並不知道牧勒、考伯和桂格之間對他財務規劃和策略性的安排，但可以確定的是，牧勒的機構給他一種貝克診所和麻州綜合醫院前所未有的自由討論氣氛。診所提供一種「別的地方沒有的跨文化、跨領域的交流」。透過如此跨領域風氣，艾瑞克發現有機會發展他對於形態的想法。

莫頓．普林斯是波士頓知名的神經學家，在一九二七年創立這個診所，當他過世後，他年輕的助理牧勒接掌。牧勒曾接受過榮格短期的分析，並學習情緒的重生。透過這個課程，他由一位物理生化學家變為一位追隨佛洛伊德和榮格之完整人格派的折衷心理學家。他視經驗心理學為外圍學術，而努力讓人格心理學為學術認可。他的主張是動態與全面性的，將人的社會地位也考慮在內。身為一位迷人的領袖，他使診所的年輕心理學家（研究生們）接受他的觀點，包括唐諾・麥基農、羅伯・懷特、梭・羅森奎、那威特・山佛和傑若・法蘭克。加上知名的貴賓如尤金・歐尼爾或是羅素，這個團體閱讀小說、傳記和心理學，並在研討會討論人性。因為牧勒反正統心理學，和他對人格學的開放看法，他和他的研究生們並不被愛德溫・波音接受，他是心理系及實驗室的主任。在沒有告知的情形下，哈佛校長詹姆士・科南在一九三五年，請來經驗學派的卡爾・賴斯利來幫助愛德溫奪取牧勒的權力及診所。

儘管有波音和賴斯利，艾瑞克在診所很快樂，他覺得這使他的心理分析訓練達到最高程度的城市化。他注意到診所有幾位有趣的女性，比如牧勒的情婦克莉絲丁娜・摩根，在診所位居要職。牧勒讓艾瑞克覺得這裡就像家一樣，特別是在圖書館，牧勒告訴他就把那當作知識的睡舖，他可以在那裡盡量閱讀英文的期刊。艾瑞克很欣賞牧勒的想法接近佛洛伊德、榮格和威廉・詹姆士，然而有時牧勒和其他的男性朋友卻讓艾瑞克覺得自己是局外人，是「移民、猶太人」。他們來自上流社會，天主教徒，東北方，喜歡運動競技，有時就像他們正在參加運動比賽一樣。尤其像他這麼一位歐洲猶太人，只有藝術方面的興趣，跟牧勒相處會有些不舒服。

在一九三四到一九三六這兩年，艾瑞克在診所中參與「探索人格」計畫，試著以臨床觀點和心理分析去整合心理學和經驗學。牧勒因為艾瑞克的創造力，將他安排在主導性的診斷協調會。那裡還有資深心理學者如威廉・拜瑞、舒德米・克爾和克莉絲丁娜・摩根。他們選擇了五十五位波士頓區的大學男性受試者（多半是大學生），以各式的測驗和面試記錄他們的人生。利用牧勒的統覺測驗和投射測驗，每一個受試者會接到一個模稜兩可的刺激（就像墨跡測驗），進而要求他們投射出隱藏的情感、慾望和情緒（最好是他們的內在潛意識過程）。每一個人的研究都進行得很順利，除了艾瑞克的。牧勒要求受試者用兩個小時寫出童年及發展過程。拜瑞從性發展找出文字關連；克爾用問卷調查兒童及青少年時期的家庭關係，其他的成員也都用類似的方法而且統計結果。每一個成員必須要負責一章，包括生命歷史、人格特性和個體如何融入社會過程等。

當計畫進行時，牧勒常常被艾瑞克在心理學測驗缺乏經驗所拖累。他建議艾瑞克用玩具方法進行測驗。在計畫中，他要求受試者在玩玩具的過程中，回憶他們過去的決定性時刻。當玩具是刺激物引起情緒時，結果與投射式測驗相容。然而艾瑞克覺得他並沒有做一個正式的測驗。他的受試者用玩具做「形態的組合」，就像約翰一樣，是揭發了轉捩點，但是破壞了過去的經驗。對於兒童和這些學生，艾瑞克認為玩具比語言更容易使他們描述過去的創痛。他的藝術背景和有限的英文，使他覺得他更可以感受到遊戲形態。「我可以在理解文字意義之前，就先看到某些東西。」

《探索人格》在艾瑞克搬離波士頓後的一九三八年出版，它是一九三〇年代試圖把心理學與經驗學結合的重要著作，然而艾瑞克的那章卻沒有受到重視。社會心理學家，寇特・拉文認為這是全書中最弱的一章。那威特・山佛，診所的心理學家，也認同他的看法，並認為艾瑞克一直不了解計畫的目的而一意孤行。牧勒發現艾瑞克的數字測驗明顯與其他人的結果相反。他結論艾瑞克：「沒有科學頭腦，對於測驗理論沒有興趣，也沒有辦法將非文字的遊戲與文字接軌。」並判斷他的那一章對整本書沒有幫助，無法參與合作性的科學研究。而艾瑞克一直有這個情形。

這個計畫使艾瑞克接觸美國大學生，他對他們很著迷。認為他們跟歐洲同年齡青年不同，「似乎用另一種方式混在一起」。很多人很開放但並不投入，他的維也納同事會判定他們為病態的，但他認為這種玩樂、實驗性質的美國文化特質不一定是缺點。「我當時沒發現這些年輕人幫助我，讓我這個外來的移民可以發展費登自我界限理論，擴展到青少年和年輕人的『認同危機』」。

而他在哈佛心理診所的工作幫助他研究人們形態的轉變，以及認同問題。更使他接觸牧勒源自於胚胎學、人類發展發生學的模型。牧勒從研究雛雞在雞蛋中的發展，衍生到人類和生物發展。這點吸引艾瑞克，因為它指出每一個會生長的東西，都有其計畫及掌握優勢的時刻。他試著結合牧勒發生學和佛洛伊德的兒童早期心理發展理論。這些日後都融入他的人類生命週期中。他像牧勒一樣，試著融入生物發展觀點。牧勒傾向研究正常健康的個體。當艾瑞克開始研究生命週期，也是研究正常個體的發展，不像維也納學派注重心理缺陷。

牧勒和其他同事給艾瑞克一些智識上的刺激，他勸艾瑞克把理論擺在一旁，要發現「事情怎麼會牽在一起，看起來如何，什麼形態等等」。除了一些保留之外，艾瑞克覺得診所很令人愉快，問題在於診所屬於哈佛心理系，而系方要求每一個人要有博士學位。

剛開始，艾瑞克並不為此擔心，「每一個人都說這個國家沒學歷不行」。系主任和牧勒評定他在德國的學位和維也納的工作等同於學士學位。他可以進入研究所，但還缺幾堂課才能成為博士班候選人。他以為他在維也納學會的學習可以當作學歷，但波音不這麼認為。一九三四年到一九三五年他修了一些課程，波音評他還需要上八分之七的一年課程。艾瑞克發現沒辦法上波音的概論課程，他被經驗學家恐嚇，不能用直覺和藝術。他因為太緊張，會在波音經過他旁邊時跌倒。在自傳中，他稱自己這門課當掉了，其實是他不願意面對失敗所以中途輟學。他再也沒有念博士。在波士頓的三年，他是一位成功的臨床工作者和創造性的思想家，但他自覺是失敗的研究生，這個學術上的失敗對他影響很大。

耶魯大學

就算在他的新祖國，艾瑞克也不能平靜。瓊認為因為他在歐洲一直遷移，使他在波士頓三年後也想要遷動。瓊不願意搬離那舒服的房子和在當地高中穩定的工作，但她知道艾瑞克當時的工作太雜亂了。雖然經過混亂的開始，他已經開始有穩定的收入，可是他卻覺得自己忙於賺錢卻缺乏一個留名青史的理論。他想要寫作，但是工作占去他大部分的時間。

羅倫斯·法藍克（Lawrence Frank）提供他一個不一樣的機會——紐黑文（耶魯大學所在都市）。法藍克對兒童研究，特別是兒童發展有興趣，認為心理分析和文化人類學在此有聚合之處。與其說是研究者，他比較像是一位推廣家，他在一九二〇年代是洛克斐勒紀念基金的管理者，推動早期兒童發展運動。他在一九三一年轉任洛克斐勒教育學會，一九三六年在賈許梅西基金會。米頓·西恩（Milton Senn）稱他為內戰時期兒童研究風潮的催化劑；瑪格利特·米德（Margaret Mead）認為他是兒童發展運動之父，利用基金將那些可以適應一起工作的人，組成一個網絡（多半是心理分析師和人類文化學家——文化和人格運動中的主角）。對艾瑞克而言，他很幸運是法藍克希望他進入這個網絡，利用這個環境來研究和建立可能的權威。

法藍克並沒有多方面的學術背景，也不在意艾瑞克在波音那裡的失意。他們在紐約的一個跨學科聚會相遇，法藍克很欣賞艾瑞克當時隨口聊的兒童形態研究，他當時將慾力（libido）理論和文化結合——也就是內在與外在世界。艾瑞克是他「遇見過最母性的人」，想要照顧每一個人。他邀請艾瑞克去他的避暑小屋，而艾瑞克和瓊在幾個月後去了，在拜訪瓊在安大略的親戚回程的路上。他們本來只想喝杯茶，看看有沒有工作的機會，結果他們待了一個星期。艾瑞克解釋他的形態理論，法藍克認為這可以結合心理分析和文化人類學，他認為艾瑞克需要充足的時間，以及一些跨學科的同事幫助他蒐集資料。耶魯提供跨學科的研究與寫作，法藍克透過梅西基金可以安排研究。在這中間的過渡時期，他要求馬克．梅（Mark May），耶魯人類關係學院的院長及教育心理學家，和瑪利安．普南（Marian Putnam），一位具影響力的耶魯醫學院精神學家，邀請艾瑞克為顧問。

他在一九三五年末開始拜訪耶魯，並由醫學院支付費用。這期間，他參與人類關係學院的院會、醫學院的精神科和小兒科，以及阿諾．葛賽爾兒童發展診所。不久之後，普南告訴梅和他的同事羅斯．握斯本希望艾瑞克成為他們的研究同事：他想法自由但很關鍵，分享想法但不強迫。梅稱艾瑞克為「美國頂尖兒童分析家」。眼見心理分析重鎮漸漸移至芝加哥和波士頓，梅認為安娜．佛洛伊德的這位高徒可以振興紐黑文。他知道艾瑞克沒有正統醫學或科學訓練，但仍然希望他可以成為學院的一員。

艾瑞克證明了他在紐黑文看到的。耶魯喜歡跨學科及有趣的同事一起「合作研究」。法藍克幫他爭取到三年的梅西基金，而梅說服耶魯的主事者接受艾瑞克，即便校園中反猶太人情緒升高。協會和醫學院以他心理分析研究員的身分接受他，職等是講師（到一九三八年為助理教授）。梅西基金每一年支付他薪水（一九三六至一九三七年是六千五百元美金，一九三七至一九三八年是五千五百美金，一九三八至一九三九年是五千美金），他被允許一年可以接一定數量的病人，大約一年賺取一千美金。雖然薪水是逐年減少，但是這仍然代表了他整體收入的增加，以及研究員的身分。艾瑞克很擔心耶魯校園中的反猶太意識比普林斯頓、哈佛和哥倫比亞大學的都強。事實上，沒有猶太人得到耶魯的終身教職。校外的基金（如艾瑞克得到的）幾乎都是給猶太移民暫時的職位。對於艾瑞克來說，他一直不覺得自己是躲避希特勒的難民，自從娶了瓊之後也沒有行過猶太儀式，他對於耶魯校園的反猶太情結不怎麼放在心上。帶著新移民的強烈企圖心和不安感，他知道這份薪水很好，研究的發展也不可限量。亨利勸他放棄這個機會是可惜的錯誤，於是在一九三六年的夏天，漢寶家搬到了紐黑文。

剛去的第一年是很失望的。比如說他和阿諾．葛賽爾（Arnold Gesell）的關係不穩定。一九一八年葛賽爾開始研究一般學前兒童發展。他在他的診所及一個相關的托兒所研究，以文字和照片記錄每一個兒童的發展。他很相信每個兒童的獨特性，但也局限在年齡分界的看法和過度重視遺傳影響。這種想法過度消極，也無法解釋青少年的問題。身為耶魯醫學院的一部分，他的診所在一九三〇年被分到人類關係系的大樓一邊；這是為了鼓勵可以和心理學家、心理分析家和人類學家和其他學者做跨學科研究。但葛賽爾拒絕，他為診所的三十一位成員另外開了一個門，還把通到系所的門給封死。

當艾瑞克接觸到葛賽爾有關兒童發展的先驅之論，以及視覺（照片）的文章時，他並不了解他對類別和基因的重視，也不清楚他的個性。葛賽爾的這一方，法蘭西．伊格（Francis Ilg）是負責托兒所的，在艾瑞克到紐黑文之前，他就答應艾瑞克可以接觸所內的小朋友和他們的資料。艾瑞克的新朋友瑪利安．普南，在紐黑文醫院婦產科工作，曾向艾瑞克保證診所會提供他極佳的研究機會。她曾組織過一個很特別的研究團體，其中包括醫學院兒童精神醫師愛迪．傑克森，他曾和安娜．佛洛伊德及朵西．博靈漢在維也納一家實驗性的看護學校工作過；羅斯．握斯本，耶魯兒童發展學教授，有時候費力斯貝格艾莫瑞，另一位精神醫師也會來參加。艾瑞克參加這個研究會，做一連串針對診所附屬學校的學齡前兒童的研究，特別有關初期性的官能症。組織的成員都對心理分析的觀點很有興趣，艾瑞克也很高興自己可以參加。有趣的是，他又再度處在女人圈中，就好像他當年在維也納受訓以及兒時和媽媽以及丹麥姨媽在一起的狀況。

在艾瑞克搬到紐黑文不久後，研究小組就選定學校中的六個學齡前小孩做密集研究。普南和傑克森訪談小孩和他們的媽媽。握斯本以診所檔案研究他們的行為，主導心理測驗並以所有的資料測定兒童的發展模式。艾瑞克負責觀察兒童遊戲過程並和他們談話。他把重心放在其中兩個問題最嚴重的，並收集這六個兒童及其他兒童的資料。在小組的週會中，他報告兒童會模仿同性別成人的行為：小女孩把娃娃放在嬰兒車裡，而小男孩則是放小玩具車。這個理論重複出現在他一九三七年撰寫的心理分析季刊文章〈遊戲中的形態〉。更重要的，他記錄兒童如何用積木堆出圓柱狀、三角形和四角形等形狀，而且研究這些形狀的大小。他發現依照性別的不同，堆積出的形狀和大小都有不同。他並沒有假定女孩比較喜歡堆矩形和體積較小的，而男孩喜歡三角圓柱和大體積。當時他那著名的理論還沒有完全成形——他將小孩積木和他們的性器官形狀連在一起（內在和外在空間）。然而他收集的資料，加上他正統佛洛伊德學派觀點——性器官影響性別的心理，都使他漸漸往這個有瑕疵的觀點邁進。這個結果可以替正統心理分析學派的一大弱點辯護。當握斯本離開紐黑文時，艾瑞克很傷心失去這麼一位重要的發展學者，更令他沮喪的是，葛賽爾不喜歡他將性與兒童行為連在一起，因而以行政原因不准他調閱診所的兒童記錄。激怒他的是葛賽爾隱瞞一個照片檔案，一個小男孩因為自慰而有勃起現象。

接下來葛賽爾的敵意越來越明顯，他表明不希望這個移民在他的診所裡，他的行為也激怒了傑克森，因為他幫助很多歐洲移民在美國安頓。洛克斐勒醫學部門的愛倫·桂格也很生氣，他覺得葛賽爾古板，而艾瑞克是位非常有創意的學者。因為基金的關係，他可以要求葛賽爾解除閱讀記錄的禁令，但是不能要求他接受艾瑞克為「診所中的同事」。他去見耶魯醫學院長史丹霍普·拜恩瓊斯（Stanhope Bayne-Jones）希望普南—傑克森—漢寶研究小組可以不用受葛賽爾的領導。院長表示理解這個情形，但在行政上無能為力。艾瑞克寫了一封信給他，告訴他不必試著「修補因為葛賽爾博士的態度造成的狀況」。他只希望不要再和葛賽爾或他的診所有任何接觸，只要拜恩瓊斯保證葛賽爾不限制他們研究小組發表研究結果。因為缺乏診所的記錄，小組只能發表他們最初的發現。在這次事件後，拜恩瓊斯私下告訴桂格，漢寶先生在耶魯的未來存在著不確定性和一些焦慮。

雖然他的研究小組被抵制，他還是收到梅西基金的全額薪水，支持他留在人類關係中心。這裡的人文氣息比葛賽爾診所重，也是耶魯校園中唯一對心理分析有興趣的地方。充滿活力的中心主任馬克・梅曾聘請心理分析師厄耳・金（Earl Zinn）在一個非正式的研討會教授心理分析理論，主持針對中心成員的訓練分析，主導一個心理分析觀點的生命歷史訪談計畫。中心一位具有影響力的領袖約翰・道勒（John Dollard），曾在柏林心理分析中心完成一個訓練分析，他希望心理分析的研究，可以整合中心其他成員的傾向。艾瑞克很欣賞道勒對於跨學科方面的啟示，而道勒也非常欣賞艾瑞克，特別是治癒他那五歲的女兒。艾瑞克的治療生涯中一直因為他治癒這些知識分子和教授的家人而得到很多幫助。

艾瑞克在人類關係中心茁壯發跡。他對道勒的理論很有興趣，將「內在」與「外在」世界融合，且連結一些攻擊的衝動、社會階級和種族分別（道勒經典研究的基礎，《南部小鎮的階級與等級》）。更重要的，艾瑞克贊同道勒在一九三五年發表之生命歷史軌範（Criteria for the Life History），激勵他原本就想擴展佛洛伊德以嬰兒為出發點的驅力導向發展理論的念頭。道勒認為兒童早期的生理驅力和他或她的社會正常生活連結。不只在兒童時期，甚至在一生當中都是如此。總而言之，他試著以生理證據解釋一生歷史是「記錄著一個新生命如何加入群體，並且依著社會傳統期待而成為一個被認可的成人」。

道勒的軌範論和他的鼓勵使艾瑞克為同事做了兩場發表——一個是寫下來的綱要，另一個是一幅複雜的圖表。在往後的十幾年中，這些想法演變為他那有名的人生八大發展階段。這個綱要包括了四個發展階段，乍看沒什麼新意，很像佛洛伊德的理論：(1)嬰兒期——零歲到五歲（口腔期、肛門期和性器期）；(2)潛伏期——五歲到十二歲；(3)青春期；(4)成年異性適應期。從這個可以看出艾瑞克急於脫離佛洛伊德以嬰兒為主的發展，而欲涵蓋整個人生階段。佛洛伊德以成年人對於兒童時期的口述經驗為基礎，艾瑞克以他研究過的兒童遊戲經驗為基礎。

在他搬到紐黑文之前，他就以這個類似棋盤的圖來解釋性器前期發展。在一九三七年《心理分析季刊》發表這張圖時（遊戲中的形態——臨床記錄），這張圖擴大為八個方形格子，由圖的左下方排列到右上方。每一個方形表示八個性感區域，和六個衝動的中心交界點。這些區域呈現了佛洛伊德的口腔、肛門、性器期，也表現出不同衝動刺激和特殊身體區域的交界——人類身體區域受到不同階段的重視。右上角七、八那兩個方格表現出年輕社會動物「普遍想要對別人身體做什麼，或影響別人的身體區域的衝動」。他的圖並不像綱要中談到青少年和成人期，比較像是用圖來說明佛洛伊德早期發展理論。

當《童年與社會》在一九五〇年發表時，其中包括了有關早期發展的棋盤圖，像是這張圖的縮寫，還有一張圖用來表示他的人生理論，非常接近他在中心發表的四個階段圖。心理分析師艾維．漢瑞克（Ives Hendrick）參加過他在中心的這兩場發表，認為這是他最終生命週期理論的前驅。漢瑞克回憶當時艾瑞克對於融合文化與價值（外在世界）很有興趣，大談早期發展並涵蓋青少年和成年期。瑪格利特．米德沒有參加這兩次發表，但她因為同住在紐

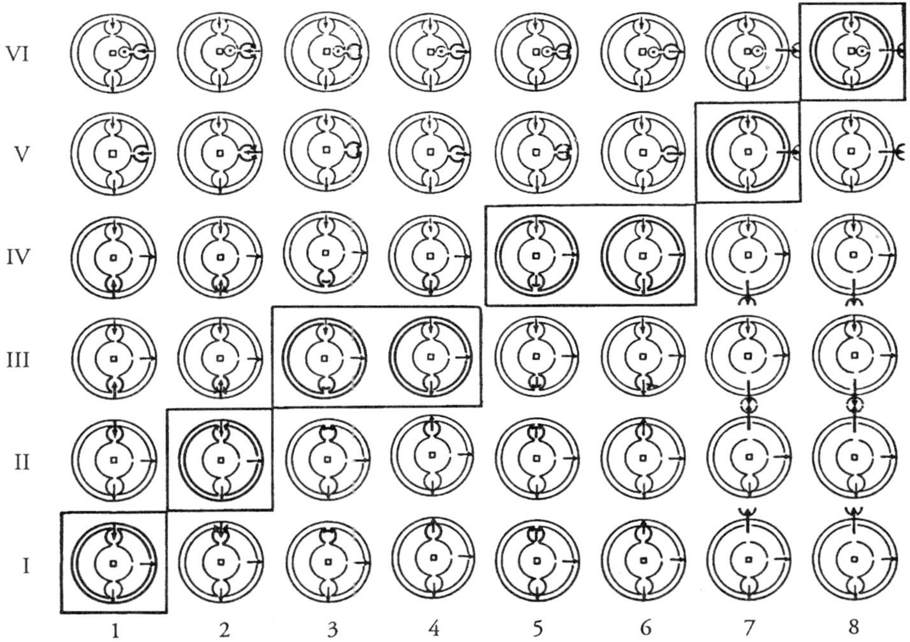

Checkerboard chart from "Configurations in Play" (1937).

圖一　遊戲中的形態——臨床記錄（1937年）

黑文而與艾瑞克熟識，她發現他的理論包括非佛洛伊德學派、文化、人類學甚至種族。漢瑞克和米德認為就算這兩場發表中沒有道勒的影響，他已經漸漸往道勒的想法靠近。《童年與社會》中最重要的一點——八個階段圖——就是他正在改變的過程。

他的同事們並沒有非常看重他的工作，當時最重要的計畫是由克拉克·霍爾（Clark Hull），一位有影響力的行為心理學家所領導的合作研究計畫。雖然艾瑞克有參加計畫的星期一晚上會議，但他多半保持沉默。有一次他用不正式的口吻表達他的想法，就像一個不正式的笑話，卻發現霍爾居然要選錄他在研討會中的談話，並送到全國的心理學會。他那天取消所有的約會就為了專心重寫他的部分。對於他在心理學者間的形象，他是非常謹慎而注意的。他發現以後還是保持沉默或是謹慎選字用詞的好。

因為霍爾的計畫是中心的主要計畫，他在中心內變成沒了水的魚。雖然同事都很喜歡他而且尊重他，但他對行為心理學這些學科沒有興趣。當他希望由跨學科理論中得力時，他並不是指霍爾的這些理論，他發現自己永遠無法融入他們，再一次的，他對於參加大型計畫有困難。他喜歡自己一個人工作，不想要被打擾，也不必定期向同事們報告進度。

他找到了艾德華·沙比（Edward Sapir），一位文化人類學家，他也不喜歡中心的研究方向。身為猶太人，沙比感受到校園內的反猶太情緒，艾瑞克則發現沙比對藝術的傾向和他對於個體生命的重視。沙比帶給艾瑞克人類學另一個面向，將外在世界的文化及衝動與內在的壓抑連結在一起。沙比帶給艾瑞克最深刻的跨學科經驗。

沙比是第一個介紹人類學給艾瑞克的人，而其他的同事也推他向那個方向。最難忘的經驗是一九三七年的夏天，他在哈佛心理實驗室和斯顧德．米格（H. Schdder Mekeel）成為朋友，他是一位著名的人類學家且受過心理分析訓練，而艾瑞克成功治癒他的女兒。在艾瑞克搬到紐黑文之後，他邀請艾瑞克去一個特別的夏季中心，在南達柯達保護區，位於歐格拉拉蘇人的中心區域。米格注意到艾瑞克在青少年時曾看過德國作家卡耳梅所描寫平原印第安人的小說，所以艾瑞克馬上答應米格的邀請：「當我發現蘇人就是我們（德國）所稱的美國印第安人，我沒辦法拒絕這個邀請。」米格向艾瑞克介紹他的長期調查者，並討論蘇人在白人來之前，如何教養他們的小孩。

艾瑞克非常欣賞蘇人傳統的教育兒童方式。蘇族父母讓小孩去發展自我與身體的關係、自我與家族的關係，直到兒童擁有強壯的身體和自信時，成人族裡的觀念才開始影響他們的行為。艾瑞克認為這樣的方式可以使兒童擁有完整感和滿足感，不像西方文化用過多的身體教條來訓練小孩適應將來的工業和商業社會。當然蘇族不是因此就沒有問題，他們在保護區的生活是較為貧窮的。可是艾瑞克認為蘇族兒童比白人小孩擁有豐富的存在感，因為他們都在為了日後的商業生活和操作機器做準備。

這趟旅程增加了他對於「外在世界」，也就是所謂文化和社會的興趣，而比較不注意傳統心理分析的夢境、自由聯想和夢想（他為心理學期刊寫了一篇文章記錄他的發現）。更甚者，這趟旅程激起他對於人類文化和人格運動的興趣，他的朋友羅倫斯・法藍克給他介紹幾位參與者，他們都認為像蘇族這樣的原始社會，擁有現代社會所缺乏的完全感。

艾瑞克視社會為一個病人，以心理治療的方式來治療有問題的社會力量和組織。法藍克介紹米德給艾瑞克，也鼓勵羅斯・班迪（Ruth Benedict）去找他。他認為克特・勒溫（Kurt Lewin）的書有助於艾瑞克，就介紹他的著作給艾瑞克。艾瑞克認為這些跨學科的想法，像是在維也納的延續。就像沙比，總是談論國家個性、全球問題，還有人性在不同社會的差異。艾瑞克日後認為他們幫助他建立《童年與社會》的基礎理論，而當時這在他腦裡是很模糊不清的。

他開始參加由文化與人格運動所主辦的研討會。比如卡洛林・薩家耳（Caroline Zachary）在哥倫比亞舉辦有年的研討會（由她的人格發展協會贊助）。她是紐約教育局兒童部門的主事者，與心理分析師們很親近。她的研討會吸引了各界對於兒童發展有興趣的學者，包括班哲明・斯伯克，羅倫斯・法藍克和洛斯・莫非。在一九三〇年代中期，研討會的重點是青少年適應，也是薩家耳最初的研究計畫。彼得・布羅斯是其中的活躍分子。當艾瑞克發表他有關透過遊戲去了解兒童的情緒及周遭環境的看法時，他深深抓住了聽衆。洛斯・莫非對於他談到一個小孩對祖母死亡的事情記憶猶新非常有興趣，透過積木，他堆積出棺材，裡面還有一個人（他自己）。在這個「没有語言的夢」當中，艾瑞克解釋小孩關於死亡的自責。莫非認為這點「啟發了我關於兒童人格的研究」。艾瑞克的理論簡單而有助益。

研討會提供艾瑞克接觸青少年適應觀念和分享意見的機會，但阿伯漢・卡丁要求艾瑞克多聽少發言，他是一位心理分析師，曾接受過佛洛伊德的分析，他很反對佛洛伊德有關人類經驗的部分。艾瑞克持續參加研討會唯一的目的就是能夠多接觸米德（Margaret Mead）和班迪。

他們兩位都是法藍．包亞士（Franz Boas）的高徒。米德以她對於沙摩亞族和新幾內亞的研究聞名。米德是所有接受心理分析訓練的移民中最受到艾瑞克欣賞的。一九三九年米德告訴艾瑞克：「我非常仰賴你的思想，請一定要把所有你寫的東西寄給我看，我從你這裡獲益良多。」

同時艾瑞克也依賴米德。在她發表《沙摩亞來臨的世紀》（一九二八），和《三個原始社會的性別與性情》（一九三五）後，米德在文化與人格運動中已成為有影響力的角色。她幫艾瑞克建立關係，並且幫助他打響名氣。面對這位智識上相繫，但肉體上沒有吸引力的年輕人類學家，他覺得自己比較容易和她討論心理分析上的視覺部分——怎麼說呢？比如心理分析的身體形象是開放的，沒有肢體的。如果一個人只用他的肢體站著，那會導致不平衡和錯誤導向。艾瑞克寫道：「和你的談話可以釐清我的思慮。」米德鼓勵他多發表文章，甚至犧牲自己的機會給他。她訓練他面對群眾演講。她了解他要突破佛洛伊德內在情緒的限制，需要多檢驗外在的社會經驗。她找班迪參加他們的談話，雖然班迪個性內向靦腆，但他的文章受到很大的重視，米德也要求艾瑞克學習這一點。

班迪不喜歡心理分析關於人類動機的描述——動機比社會及文化還要重要。她喜歡一九二〇年代的形態心理學（Gestalt Psychology），強調整體觀點。基於一九二〇年代到一九三〇年代針對美國原住民的鄉土研究，有祖尼、科希地、匹麻和阿帕契——她使用「形態」（configuration）註1這個名詞。在一九三二年她有一篇受到重視的文章，發表在《美國人類學期刊》，解釋社會中的形態如何以共享的「內在必需」，去規律成員的情感及認知反應。形態可以理解群體行為，就跟人格可以理解個體行為有關。「特別的群體或社會並沒有在生理上命定組織，如同達爾文所稱，它們是一個開放的系統，有它們特殊的方法使秩序和混亂並存」。

當艾瑞克開始閱讀班迪的文章並和她討論後，他想起沙比將人格置於特殊社會結構中。更確定的說，沙比堅持每個人處於社會中的獨特性，而班迪以「形態」的理論去考慮個體處於社會的情緒和認知之中。艾瑞克懷疑他在實驗室中觀察的個體特質是與班迪所謂的社會形態並存的。更重要的是，他發現他可以不需要引用班迪賦予形態的意義，就建立他自己的形態。當班迪用情緒和認知去解釋社會的「外在世界」，她其實發現這些是根基於「內在必需」（艾瑞克所謂的內在世界）。班迪著重於群體外在，而艾瑞克注重個體內在，但最重要的是個體如何結合外在與內在，進而獲得社會的方向。艾瑞克發現雖然他們有不同的看法，但是他和班迪（以及其他那些類似米德的人類學家）卻認為：

類似的語言可以用來研究兒時經驗與文化，創造動態性的感覺。因此我對於人類動機很有興趣，就像心理分析發覺人類對世界和經濟系統的意象：人們到底在追逐什麼，在哪裡追逐，如何追逐。

班迪、米德和他們那些人類學同事影響艾瑞克，使他從以積木了解兒童的內在、外在世界，到理解不同文化的差異。在他心裡，心理分析和人類學已經漸漸融合為一。

一九三七年艾瑞克發表他第一篇英文專業文章，登在《心理分析季刊》，題目為〈遊戲中的形態〉（Configurations in Play）。文章中記錄他在波士頓和紐黑文針對兒童的研究，他批評心理分析師多半忽略兒童的「空間形態」（spatial configurations）——他們的玩具和積木——是非常有價值的心理資料，就像成人用語言溝通一樣。透過一個又一個的例子，他解釋兒童用遊戲塑造他們的內心與外在社會，透過融合內在與外在建立自我意識，新的遊戲表示出對於自身重新整合成功。透過每個兒童的遊戲，艾瑞克的研究範圍包含兒童的內在與外在環境（家庭、父母、老師等等）。他走進兒童的社會環境，並自然的走進他們的情感世界，從這點來看，他是在米德與班迪的影響下，開始針對形態實地研究。

紐黑文的家庭生活

當艾瑞克開始接觸米德等跨學科的學者後，他就覺得自己必須要發表他的獨特意見。但用英文發表可不是件小事，他把他的研究綱要給他的耶魯同事看後，發現必須要把德文轉換成精確的英文才可以受到學術界的接受。他對道勒、梅和其他人說：「人類最偉大的力量就是自我控制、自信等等。」當他一九三九年由紐黑文搬到北加州時，他覺得他將要獲得這種力量。如果他的英文沒有像他發表的《童年與社會》中那樣流暢、精闢迷人的話，這位年近三十一歲的人（一般認為這個年齡學語文比較困難）也不會有任何成就的。

他的成功有三個原因，第一是美國病人對他的信任，這些病人覺得他了解他們，而且一定會把英文練好，這使得他對學好英文很有信心。第二是他有企圖心要練好英文，要在美國發表文章。亨利·牧勒回憶，艾瑞克很了解要盡快掌握語言的精髓，才能真正在學術圈展露頭角。第三個原因是瓊，她的角色非常重要，她認為要使艾瑞克從藝術化的德文轉換成英文，必須要擺開期刊編輯注重的那些文法束縛，發揮他的自然風格。他們夫妻倆互相朗讀文學作品，用艾瑞克的新語言——英文交談，她剛開始幫他糾正句子，不久艾瑞克就對英文有他自己的風格。雖然擁有這麼一位賢內助，但是他們的家庭生活卻非盡如人意。他們在紐黑文租了一間小房子，也慢慢存了一點點錢，這讓瓊可以請一位來自康乃迪克州的管家，也可以買幾件迷人的紐黑文老家具，但她並沒有買鋼琴，雖然艾瑞克很喜歡彈，以前沒有鋼琴時，只能去朋友家彈，他的琴藝因而沒有進展。他們決定送小孩去比較昂貴的私立小學，對兒子充滿希望。但是當他們比較沒有經濟壓力時，卻面臨到私人問題。

依照維也納的模式，當艾瑞克旅行工作時，瓊負責照顧家庭與小孩。就像另一位學者兼臨床醫師佛洛伊德一樣，艾瑞克鮮少看到他的小孩子們。就在他們搬到紐黑文不久，容和凱都得了水痘，接著在艾瑞克和米格去達柯達時，凱得了嚴重的猩紅熱，必須與他的兄弟隔離，一個住樓上，一個睡樓下。更嚴重的是，瓊在一九三七年得了乳突炎，醫生當時沒注意，以致於日後再發並且引起嚴重疼痛，必須開刀取出乳突的骨頭，並且緊急輸血。為了避免再度感染，就注入大量的磺胺劑，沒想到瓊對此過敏，導致必須住院，後來出院還在家休養很長一段時間。這段期間瓊要求她媽媽來幫忙她，她自己則獨自在醫院生下蘇。而容禍不單行，就在他從手術中恢復時，一場颶風來襲，造成的損害讓他更為沮喪。他還發現媽媽的注意力都在新出生的妹妹身上。一切情緒終於在幾個月後爆發，在全家要搬去北加州時，他躲在廁所拒絕出來。之後他開始有口吃，並且持續好多年。艾瑞克歸因容的問題在於「我太太因為新生兒而冷落了這個兒子」，就像當時許多父親一樣，他沒有多抽出時間陪兒子。有時因為太氣艾瑞克沒有照顧小孩，瓊根本放棄要他照顧孩子們。

在這一連串的災難之後，瓊總算贏得一項勝利。就是當她在葛莉絲紐黑文醫院生產時，本來院方是將新生兒放在嬰兒間，只有在特定的哺乳時間才抱給媽媽哺乳，瓊卻要求將蘇一直留在身旁。當時傑克森、普南這些艾瑞克的同事都在醫院的婦產科門診，他們提倡親自哺乳的好處，以及媽媽和嬰兒同處一室的權利，所以要求院方答應瓊的要求。這也成為紐黑文醫院「母嬰同房」的先例。

除了擔憂孩子的事情，艾瑞克夫妻還擔心艾瑞克在德國納粹陰影下的親人。他們希望卡拉、泰德和兩個妹妹搬來美國未果。妹妹愛倫在一九三三年移民巴勒斯坦，並於一九三五年回去探望父母，發現泰德被納粹停止行醫權，收入失去一半，當愛倫知道泰德試圖自殺並拒絕離開德國時，她安排父母去義大利旅行，其實是將他們接到巴勒斯坦。這個計畫成功了，如果不是這樣，泰德他們不久就會像留在卡爾緒的親戚一樣被關進集中營，泰德的妹妹就死於集中營。幾年後艾瑞克回憶這段往事，在《年輕人路德》寫到「在歐洲那些漂白骨頭的同種啊」。

搬到海法的過程很順利，卡拉和泰德與愛倫及她的丈夫住在一起，很快成為當地教區的活躍分子，並開了一間小兒科診所。但是因為倉促離開，他們失去了大部分的財產，卡拉必須將首飾寄給哥本哈根的親戚換每個禮拜的食物。當艾瑞克知道他的父母經濟陷入困境時，他和瓊討論可以拿出多少接濟他們。最後決定每個月一百美金，且維持了好多年，這對新移民的他們來說，是一筆不小的數目。他曾在一九三六年春天向馬克·梅表示，他除了自己的家庭外，有責任要照顧父母。

除了照顧父母之外，他還照顧另一位妹妹露斯，她和先生在一九三五年移民到巴勒斯坦，但無法生活下去，於是艾瑞克催促他們移民到美國，並幫他們辦手續。一九三七年露斯搬到美國住在艾瑞克家三個星期，艾瑞克勸他們留在紐黑文，不要去紐約，因為那邊工作機會可能比較少，但是他們夫妻倆比較喜歡住在猶太人多的地方，而且紐黑文有反猶太意識。最後他們搬走並經營旅館事業頗為成功。露斯很訝異她同母異父的哥哥是如此的大方且熱心。

艾瑞克在大浩劫之下對家人表現出的關懷是一大進步。如果他和瓊的婚姻修補了他和繼父的關係，那麼他這些經濟支援則是一個完美的句點。當泰德一九四四年過世時，他的遺囑充分顯示（一九四二年準備好的）他將艾瑞克和他的親生女兒一視同仁，並且第一次正式在文件上注明艾瑞克是他的繼子，但為了掩蓋他的非婚生子身分，他說艾瑞克是「我太太第一任婚姻時生的」。

成爲艾瑞克・艾瑞克森

漢寶家自此分為巴勒斯坦（父母和小妹）及美國（艾瑞克和大妹）。露斯還考慮過去巴勒斯坦，但艾瑞克從來沒有，這可以從他娶非猶太人、非歐洲人看出。同時瓊視美國為她的祖國，也對巴勒斯坦沒有興趣。

在一九三八年秋天，在全家搬去北加州之前，他向康乃迪克地方法院提出國籍要求，他在去法院時穿著黑色西裝、花領帶，應該是瓊替他挑的，還有一件很有型的襯衫。這幾年他胖了一些，臉看起來比較飽滿，留著修剪整齊的鬍子。他的肩膀不再下垂，眼神雖然仍是敏感，但已經溫和許多，也充滿自信了。很明顯的，他已經不是當年那個離開卡爾緒的緊張、駝背、低潮的年輕人了。入國籍的過程一直持續到一九三九年九月，在他們搬到舊金山灣區之後。他寫下自己的職業為心理學家，而不是心理分析師，雖然他並沒有正式的心理學學位。他寫下自己出生於德國，但是北歐人。更重要的是他在申請書上填的姓名為艾瑞克・漢寶・艾瑞克森，在漢寶與艾瑞克森之間並沒有連接號相連。

當艾瑞克一九七〇年代成為國家名人時，改姓成為一個爭議，他把猶太姓改為基督教姓氏。這位提出認同危機的理論家，是否顯示出他的危機，以及是否要成為美國人而必須掩藏猶太身分。這些爭議令人很不舒服，艾瑞克試著要做一些解釋，曾準備一封信給《紐約時報書評》，試圖解釋，但他最後並沒有這麼做。信上面寫道：「每一個新美國人都有權利選擇一個新的姓氏」，而把艾瑞克和艾瑞克森連在一起對於北歐人來說很普通。「我並沒有拒絕繼父的姓，因為我還把他的姓保留在名字的中間，而大兒子也是以繼父之名命名。」他堅持他的繼父也贊成他改姓，而且這個姓是家人和朋友一起選擇的，為了紀念他是北歐移民。

當他提到改姓是合法的，他沒有提到當時很多歐洲猶太移民是為了「美國化」而改姓。耳語盛傳歐洲移民是為了被接受以及工作機會而改姓。心理學家珍．沃克．麥克法藍，他日後在加大的導師，曾指出「艾瑞克森這個姓比漢寶適合他的長相」。她認為他長得不像猶太人，換姓可以方便他成為基督徒。而她暗示的做法，也正是艾瑞克日後照做的——將中間的漢寶改為H（有時甚至根本捨去）。他並沒有更正珍的說法，而且在他們叫他名字時省略中間也沒有不高興。他曾在寫給珍的信上提到身為猶太移民「困擾的經驗」。

因為漢寶這個姓帶給兩個兒子很多不方便，所以七歲大的凱，這位聰明好奇的小孩，照北歐的習俗，在父親名字（Erik）後加上兒子（Son）這個字，建議艾瑞克把他們的姓改為艾瑞克森（Erikson）。而艾瑞克也喜歡新的姓氏。瓊對於把夫姓從漢寶改為艾瑞克森沒有意見。她懼怕德國納粹，希望將小孩教育為基督徒，所以之後也在入籍的申請書上將原來的名字莎拉改為瓊。如果在改姓的過程中，艾瑞克有一點點的不高興，他的妻兒一定會馬上停止，但是艾瑞克很高興，這個決定不只適合他的生命，而且適合之後的子孫。

他一直對維京人很有興趣，曾經有位艾瑞克．瑞德在挪威冰島犯罪因而移居格陵蘭島。而他的兒子從那裡航行到傳說中的新世界，他的弟弟整合維京人，在新世界定居。艾瑞克覺得他親生父親也是北歐人，應該在他來美國之前，就已經到美國定居。

艾瑞克很景仰美國文化——這是個民族熔爐，一個單一國家的認同。美國認同是製造出來的，自我發明出來的，他想要了解如何可以自我實現，這個謎就是如何「自我熔成一個理想形象」。而美國在一九三〇年代經歷自我認同問題的就是這些新移民後代——要把過去拋棄而在新地方成功。「在一個沒有人知道我父親是誰的地方……一個種族、宗教大熔爐」，成為艾瑞克．艾瑞克森，他自認為是這個新國家的養子。

他在波士頓和紐黑文的日子建立他重要的認同感。他並沒有高估漢寶這個名字在學術界帶來的反猶太意識，他也了解他被一些重要學術界人士視為美國人，而他們都發表很多文章，希望寫出一本重要的著作。

當凱提出艾瑞克森這個名字，他受到很大的啟發。「兒子也就是父親」。他在《甘地的真理》這本書提到（一九六九），對於特別的人物而言，他們都會希望變成自己的父親。就像他在一九二三至一九二四年的筆記上表示他想要屬於自己的特別命運。當他對生父有一些幻想時，就是把自己的一些特質綜合起來想像的，新名字正可以表現出「我將自己命名為艾瑞克森，成為自己的來源」。這也是佛洛伊德沒有提到的伊底帕斯情結的一種。艾瑞克認為移民美國使他得以成為自己父親。

在改名時，他認為他是依照安娜．佛洛伊德的建議，掌握自己的生命；像照顧兒子一樣的照顧自己。結合其他的原因，這個名字成為一種企圖、狀態、宣示和責任。他曾告訴牧勒的第二任太太卡洛林，他在美國沒辦法依然是那個德國卡爾緒來的漢寶，作為一個新美國人，他必須是艾瑞克．艾瑞克森。

第四章 跨文化的馬賽克：

童年與社會

《童年與社會》的原始想法來自於波士頓和紐黑文的時光，而組成的基石則多半在一九四〇年代的加州寫的。艾瑞克森所謂的「概念性記錄」主要分成兩個部分：(1)兒童的本質以及成為青少年和成人的成長過程。(2)在兒童成長過程中的社會、文化和歷史環境。一九四八年艾瑞克森試著整合這兩個部分成為一本書，但他沒有成功。其中一個原因是部分的論文記錄兒童治療、問題和發展，但是其他文章的重點卻在文化和社會。

柏克萊：兒童福利組織

在一九三八年初期，他發現他的研究和寫作事業沒有辦法在耶魯發展。同時，他的朋友兼同事普南給了他一個有趣的建議。當時洛克斐勒基金會主辦人羅柏．漢威賀斯特（Robet Havighurst），正和加州兒童福利組織的珍．沃克．麥克法藍談一個針對柏克萊地區兒童的長期研究計畫。漢威賀斯特承諾麥克法蘭，只要他可以聘請一位對兒童發展有興趣的心理分析師，他就同意贊助這項研究計畫。麥克法蘭邀請普南，但他不願意離開紐黑文，不過她建議艾瑞克森得到這個五年獎學金的機會。同時麥克法蘭的好友，也是計畫支持者的羅倫斯·法藍克也推薦他。當時柏克萊的副教授一年薪水三千美金。麥克法蘭提供艾瑞克森「研究助理」的職銜，以及他所要求的薪水（當然比他在耶魯賺得多）。而且他可以在研究計畫之外，做他自己的研究計畫，在心理系教授非正式的課程並可以執業賺錢。

柏克萊兒童福利組織是在一九二〇年代在一個兒童輔導中心分支出來的。一九三〇年代兒童輔導衍生出兒童發展運動，在密西根大學、芝加哥大學，特別是柏克萊盛行。兒童輔導和兒童發展有很多重疊的部分，但兒童輔導著重在指導社會許可的範圍內的衝動，兒童發展則平行重視身心各方面，尤其是生物心理學。麥克法蘭是一位受尊敬的堅毅學術企業家，她推動廣泛蒐集資料，每年動用洛克斐勒基金一萬三千元，進行這項約有兩百個兒童的觀察研究，大多從他們嬰兒時期開始，搜集身心各方面的資料以及家長老師的訪談。然後去計算這些正常的小孩，如何在符合社會目標的教育下，進入青少年時期而輔導成較好的青少年。但是漢威賀斯特和桂格卻發現計畫的搜集資料和輔導過程出現脫節，這也是他們為什麼要求聘請社會學家和兒童心理分析師的原因。

艾瑞克森對她的計畫很感興趣，儿其是她把兒童看為獨立個體的看法。這裡的薪水也比較好，而瓊也喜歡這裡公立學校的素質，這樣兒子們就不用去私立學校。艾瑞克森感覺麥克法蘭和她那彈鋼琴的先生對他很熱絡。為了彌補失去東岸的知識分子，她保證讓艾瑞克森參加她的一個討論會，其中還有心理學家艾德華·陶曼、研究北加州約克族的人類學家艾佛瑞·庫伯。但最大的吸引力是他可以研究正常的小孩，可以觀察他們如何面對困難。

一九三九年他們舉家搬到舊金山。舊金山非常漂亮。當時校風保守，校長要求學生不要參與校園以外的事情。而他的教學團隊則是一群充滿精力的學者，把大一新生的基礎介紹課程和他們的研究計畫看得一樣重要。他們的家庭生活很規律，而柏克萊的生活指數比較高，加上還要援助在海法的親戚，他們在一九四二年把車賣了。瓊還是全職照顧小孩，而艾瑞克森甚至在孩子吵著要看電影時，也把他們趕到瓊那邊。雖然他有時為孩子讀床邊故事，買些小禮物，但他其實很少參與瓊的活動。蘇和容沒有家裡面在四〇年代初和樂融融的記憶，尤其是在外祖母過世之後。瓊和她媽媽處不來，在瑪莉過世後，她很難過的發現她母親只把財產留給孫子，而什麼也没給她。

「爹地，你是因為愛說話所以想當老師的嗎？」凱開玩笑的問。艾瑞克森教授的兩堂課是「心理分析介紹」和「兒童問題分析」。他没有講綱，没什麼指定閱讀和作業，他也没有多談佛洛伊德，他說了很多實際的臨床例子。其中的學生丹尼爾・賴溫斯和唐諾・坎柏，日後也成為心理學家，回憶他的溫文有禮，還有他注重臨床分析的一般知識，雖然他們參加研討會是為了了解安娜・佛洛伊德高徒的兒童分析經驗，但卻所得甚少。

他和麥克法蘭及她的先生相處融洽。他經常性的見那兩百位受試的兒童，可以想見的，他讓他們玩玩具，並且講故事給他們聽。英格蘭的瑪格麗特・洛溫非德研究出世界測驗——系統化的透過積木來了解兒童想法。艾瑞克森不了解這個方法，麥克法蘭就指派一位心理系研究生來執行測驗。意識到他對於兒童發展的生物和文化因素有興趣，就介紹他認識這個方向的專家賀柏・斯特茲。當她知道艾瑞克森對於跟著人類學朋友實地研究有興趣，她也希望他能對她的計畫有同樣的熱情。當她知道他從紐黑文帶來一些記錄準備將來整理，雖然和她的計畫無關，她也催促他在工作時間完成它們。艾瑞克森在會議中開始對他有興趣的事物素描和記錄（這成為他一生的興趣），麥克法蘭支持他，而且向同事解釋他和大家做的一樣。

剛開始時，艾瑞克森很珍惜這個機會。搜集資料對他來說不是件小事。但是基於他對社會文化的興趣，他更著重在兒童的歷史背景。麥克法蘭並沒有反對他往這個方向研究。但就像在波士頓和紐黑文，他只跨越那些合他興趣的部分。在一九三九到一九四〇年，他要求兒童用語言和視覺的方法說故事。他素描他們排列的玩具，並且錄下他們說的故事。他認為玩具排列顯示出「在兒童生命中的主觀生活空間」。兒童情緒和社會環境結合以建立自我意識，不久之後他就開始稱之為認同。他開始接受語言的形態——兒童說他們的故事。亨利．牧勒的主題統覺測驗（TAT），讓兒童看圖說故事。歷經十年，他開始注意語言形態，並將它和視覺視為同等重要。

在一九四〇年末，麥克法蘭認為艾瑞克森表現不盡理想。兩百個兒童，他只寫了十幾個不到的報告，而且要強烈要求才行。她認為他和參與前幾個計畫一樣有適應困難。她說他就像一匹孤狼似的，一定要享有特權，不然就發脾氣或不玩。而且他利用「我是一個敏感的藝術家，需要保護」的伎倆去掩飾他抵制和他不同路的人。幾年的觀察，她認為他對這個計畫沒有什麼貢獻。

他並沒有和善的回應，也沒有說明他習慣在家午睡及工作。麥克法蘭曾承諾他可以做自己的計畫，而他很惋惜麥克法蘭要求他回應正統佛洛伊德學派的動機理論，因為這些是他自己都没辦法接受的。他在一九四三年一月向麥克法蘭提出改為兼職的要求，這樣他可以去做分析貼補家用。麥克法蘭如釋重負的答應了。桂格教麥克法蘭用請艾瑞克森的一半薪水去請一個夠格的老師來：「我看錯他了。」

艾瑞克森的獎學金也因此而減少了。他在一九四二到一九四三年開始執業。在一九四四年初艾瑞克森跟羅斯．班迪說：「我現在又開始專職做分析，並且年收入超過九千元。」這份好收入比當時的大學教授好很多，而且有時可以在大學社會福利系兼課。這份薪水讓他們家免除經濟拮据之苦，他可以買喜歡的衣服，他也鼓勵瓊去穿，可以買新車，買一個有游泳池的房子，他終於發現他不需要改變自己的工作習慣、學術興趣和生活方式。這位移民已經渡過為了養家活口而什麼都做的日子了。

認同與歷史變遷

經濟上的自信可以解釋他為何拒絕堪薩斯州頂頂有名曼寧格診所的邀請。他在一九四〇年代初受邀到那邊做顧問，而且去演講。那邊的學者很欣賞他的深度，所以數度邀請他去工作。但他們並不特別喜歡他的試驗性，不經修飾的英文，還有不同於他們白色外套的時髦衣著。然而瓊喜歡加州天氣，而且她了解艾瑞克森不想隸屬於診所的計畫當中，所以他們拒絕了邀請。

艾瑞克森開始參加舊金山區域心理分析活動。當時心理分析的重鎮正由學會轉向大學之內。舊金山區心理分析學會在一九四〇年代初至中期發展，由一些移民分析師組成，他們都覺得在學會比在大學心理系自在。艾瑞克森因為擁有國際心理分析學會完整會員資格，所以即便當時有人反對非醫學院會員，他還是會員。年輕學習心理分析者找到他，希望他能教導他們。他在一九四二年教授童年精神病，並在之後幾年共教三門課，成為當地有關夢的專家。雖然他對領導沒有興趣，但他一直被選為學會選派出來做事的人，包括一九五〇年當會長。但他的確不是一個領導者，也沒有什麼特別功績。

艾瑞克森面對的問題是他脫離心理分析正統派。他很困擾那些加州同行們，自稱想法自由，但卻呆板的遵照佛洛伊德教條。有些人認為他太接近被分析者。溫賀茲以他為恥——因為他是個治療師，而不是分析師。但最受到攻擊的是他對於社會和文化影響人類發展的日益重視，有人認為他將創新看得太重，而將他和文化學家連在一起，不重視潛意識、性衝動和伊底帕斯情結，卻太在意表面的社會影響。

艾瑞克森在舊金山心理分析學會前寫了《社會背景與自我防衛》。它是一九四六年兒童心理年刊精裝本中《自我發展與歷史變遷》的較早版本。這裡面提供艾瑞克森對於社會和文化影響的立論——就是他自維也納以來關於內在、外在的掙扎問題。這個文章給了他《童年與社會》第三章的基石〈自我的成長〉，也是他日後的研究方向。

他主要認為社會、文化和歷史影響了自我發展，但是「心理分析的自我心理學並沒有注意到，佛洛伊德關於本能被轉移、替代、轉換，相似於物理學的能量保留的想法已經不夠解釋。不像五十年前，現代的心理分析師已經見證到民族精神與自我，群體認同和自我認同，自我綜合和社會組織。雖然佛洛伊德也注意到文化和社會經濟，但他強調超我控制動機之下，是社會需要兒童。相反的艾瑞克森認為是社會讓兒童存活，並引誘他遵從社會的生活方式。總而言之，心理分析重視個體甚於群體——也就是重視個體如何受到非理性影響，而不是集體文化的影響。艾瑞克森認為佛洛伊德那群人只注意到歷史的一半。」

在一九四六年的文章中，他認為安娜在自我防衛的觀點上要比她父親進步，但他同時也批評安娜將防衛看作是機械化的適應環境，而不是一個創造性的過程，將自我與社會環境結合起來。因此她提供的是一個機械化且貧瘠的人生，如果自我是依照安娜記述的這種機械化的適應，那麼這不是自我的本質，而是接受了歷史性的改編，前提是自我還能運作的話……。實際上他嘲笑很多兒童訓練，因為他們強調適應和改變，而這有可能會成為「制式化的現代人」。

《自我發展與歷史變遷》最終是有關自我認同。他的形態論記錄內在如何與社會交互影響。「自我會綜合出一致性與持續性，而這可以持續穩固自我對於別人的意義。」自我綜合是為了包容最完美與最邪惡的原型，而在困惑的衝突中製造戰役與對策。戰役與策略的形成是因為自我認同在發展個體的持續性與穩固性。

簡明的說，艾瑞克森比任何自我心理學家還要重視外在世界，而他認為認同是自我的最重要功能。這可以理解為何他的想法在加州不容易被接受，他批評佛洛伊德父女，提出另一種解釋並且介紹認同的概念。

他在維也納就深思費登的自我界限，並在來美國前幾年研究認同的問題。而他的研究終於在一九四〇年代中期的舊金山退伍軍人復健診所成就。他寫出《自我發展與歷史變遷》並不意外，因為他在這個診所兼職，且用自我認同與認同危機來診斷病人。

心理分析師賈許·卡薩尼（Jascha Kasanin）在二次世界大戰時創立這個診所，主要是為了提供退伍軍人短期治療，針對曾被診斷為神經質的不穩定、砲彈震盪症或（且）精神性疾病者提供治療。聯邦政府與軍隊都為了這些退伍軍人的高發病率困擾。就像他的同事一樣，賈許認為應該要支持美國自由民主抵抗納粹。有鑑於佛洛伊德在第一次大戰治療退伍軍人的經驗，他請好幾位正統佛洛伊德學派分析師，並由溫賀茲（Czechoslovakian Emauel Windholz）擔任所長幫助他，他也聘請幾位灣區的分析師擔任兼職工作，例如伯非爾（Siegfried Bernfeld）、麥克法蘭等等。在一九四三年初，他請艾瑞克森擔任心理學和兒童輔導的顧問。雖然其他人都不贊同艾瑞克森的理論，但他卻成為佛洛伊德和榮格兩派人馬的和事佬，並請伯非爾（他在維也納就已經認識且尊敬的學者）不要對他的同事太批評。他在同事會議中貢獻頗著。他不贊同由病理學去診斷他們。同事們質疑如果這些人不是那些病，那麼他們是什麼問題？艾瑞克森認為心理分析對於遇到困難的普通人沒有診斷方法。他指出這些退伍軍人都在成為成人時經歷巨大變化，工作停頓、離開家庭與所愛的人、去一個遙遠陌生的地方，並且面臨死亡戰爭。他們失去了個人的一致與持續性，面臨認同危機。不能再依靠完整的自我——自我本來是可以掌控數以千計的刺激，而只需要注意那些重要的、忽略不重要的。因為失去自我認同，這些退伍軍人覺得他們的生命不再連在一起——而且再也不會。他們的認同危機，通常就像年輕人所呈現出短暫的失去：「我是什麼，屬於哪裡，要做什麼？」

當艾瑞克森向同事解釋這些退伍軍人不是生病時，認同危機的觀念（認同的失去）就馬上浮現出來。他回憶：「這個名詞和觀念就在那裡，就好像是為了我所發現的及我想解釋的而存在」，「一致持續的意識以及社會角色蕩然無存」——因為這些特殊的社會環境，但會因為環境的重建而獲得平衡。艾瑞克森發現某些人會透過軍隊中和其他人的親近獲得安慰，他們像一個家一樣生活，當他們回到家時，不再對性別角色那麼局限。可以放棄診斷性的字眼，而幫助他們重建持續感。這些標籤只會增加他們的自我懷疑和低能感。艾瑞克森建議要幫助他們重建穩固的家庭，並可以幫助他們的妻子了解丈夫的處境，地方領袖也可以幫忙他們適應生活。

他將這些會議部分記錄下來，有一些出現在《自我發展與歷史變遷》。有一些出現在他一九四五年寫給史丹佛大學有關社區領袖研習會的報告〈退伍軍人不穩定症狀治療計畫〉。這些以及其他的最終都導向《童年與社會》，表達艾瑞克森關於認同和認同危機的觀點。他推測同事們將會動搖他們的想法。他回憶那些其實沒有生病的退伍軍人，最後同事們診斷為情緒正常。艾瑞克森發現自己對退伍軍人的經驗感同身受。「我有某種程度的認同——我曾經歷過這種不連續感」。在他成為認同建構者的路上，試圖接續這些不連續感是主要過程。

艾瑞克森刻意不提佛洛姆對他的認同觀念的影響。佛洛姆是和艾瑞克森同一年來到美國的德裔猶太人。他在海德堡大學得到社會學博士，並在柏林心理分析學會受訓，他曾以副研究員的身分參與法蘭克福的社會研究計畫。較為傾向左派而且不在意的他曾研究如何將佛洛伊德和馬克斯融合在一起，也曾質疑佛洛伊德學說的父權統治。他對於疏離與根絕有興趣，主要研究德國工人的威權傾向。這也使他很在意法西斯主義的社會心理學，這些成為他的名著《逃離自由》（一九四一）。在這本書中，他討論人格認同和在群體中失去認同。現代社會控制了自我，導致失去自我意識。佛洛姆認為現代人必須在他人的認可中得到自我認同。人必須擁抱虛假的自我，失去了自我讓人情緒和心理死亡，而且變得每個人都一樣。佛洛姆沒有繼續討論自我，但他的用法和艾瑞克．艾瑞克森沒有兩樣。艾瑞克森曾在一九四三年三月在舊金山心理分析學會討論佛洛姆的書。這本書起碼在艾瑞克森研究退伍軍人時幫助他建立認同和認同危機的概念。

在心理分析圈中，佛洛姆被認為以自我認同的建立與崩解取代佛洛伊德的驅力論，這也是為何艾瑞克森一直刻意和他保持距離。除了他的謹慎和企圖心之外，他自認為自己是佛洛伊德學派。他從不認為佛洛姆和他關於認同的看法是一種社會心理現象。

艾瑞克森在多年後才可以公開討論另一位影響他生命重要的人物——榮格派的學者喬瑟夫．惠爾特。惠爾特從一開始就是他在錫安山的支持者。他們在一經介紹後就開始成為朋友，會帶彼此的太太一起晚餐，而且他進入艾瑞克森非正式的生活面。有一天當這兩對夫妻在彈鋼琴唱爵士老歌時，艾瑞克森笑著說：「佛洛伊德派和榮格派在最不可能的源頭見面了。」惠爾特讓艾瑞克森知道榮格和他的相似之處。榮格也喜歡藝術，並且重視集體經驗，而且榮格對自我的想法也和他的認同觀點很接近。惠爾特都是在幽默輕鬆的狀況下和他談論榮格。當他出版《自我發展與社會變遷》，他承認好幾位病人像榮格所謂的原型。他也認為榮格關於「阿尼瑪」（anima）和「阿尼姆斯」（animus）的見解對於自我發展很重要，也讓他更了解性別的問題。

艾瑞克森認為惠爾特是北加州的一股清流。他用素描記錄惠爾特的熱情和快樂天性。也因為他站在薄臉皮的艾瑞克森這邊，他才得以忍受溫賀茲指控他不是真正的心理分析師。惠爾特鼓勵他不只接觸佛洛伊德和榮格學派，也要接受新觀念。

倔強的德國青年

第二次世界大戰對艾瑞克森的重要性不只是他發展了「認同危機」，而是大戰刺激了國家性格的研究，特別是從心理學的角度的來研究。當時納粹和法西斯占強勢，而個人自由自治卻被掩蓋，文化歷史背景的認同需要努力。當大戰一九三九年在歐洲展開時，聯邦政府開始尋求關於文化和人格專家的建議，政策希望社會學和行為科學的學者參與研究。一九三九年秋天，國家道德委員會（CNM）組成，希望從心理學的角度研究戰爭和宣傳，用來幫助政府政策和建立美國道德。許多委員會的成員都是艾瑞克森的好友，而另外一些人則參與民間組織——跨文化會議（CIR）。而政府組織策略服務部門（OSS）的心理分支也成立。利用調查、測驗等方法了解美國、德國和其他國家，用來了解哪些成分組成人民的道德感。政府和軍方都大量投入這個領域，許多學者也開始針對戰爭來研究。在一九四二年時，共有二十二個研討會，研究範圍包括希特勒人格到大衆態度。心理學家研究數以百萬計的新兵、軍人，測量他們的抗壓性，來建議他們是否因為心理失能而不能參戰。人類學家如米德等則從研究原始社會轉為研究戰爭中的現代社會。這些學者從政府和民間機構得到資助，並且希望可以對政策有幫助，使得戰爭勝利。

當他身邊的朋友和同事都參加的時候，他也不可避免的參與。早在一九四一年十一月，國家道德委員會主席就邀請他離開麥克法蘭那邊三個月，和米德等一起研究美國態度和價值觀。之後華盛頓戰爭訊息室的班迪，要求他研究有外國經驗的小孩以了解不同文化需要的不同生活方式，以及他們如何追求。在戰爭期間和之後，米德安排他參加很多研究計畫，並教他如何去爭取研究資源。

對兒童福利組織沒興趣，而且從未真正投入門診的他，很訝異這些戰爭研究和他原來關於社會歷史影響人格發展的興趣如此相合。而且為他的新國家做事，讓他充滿熱情，想要幫助國家抵抗敵人。他告訴米德和貝特森，他很期待因為這個好原因而離開麥克法蘭的計畫和門診工作。當班迪找他時，他很高興的表示「我一直想和你一起工作」。在戰爭即將結束時，他甚至提出一個幫助歐洲婦女組織以防止戰爭的提案。但他有時還是沒有安全感，認為自己並不是夠格的心理分析師。他發現自己不能融入那些專業科學家的合作當中。他對於戰爭最大的貢獻就是對希特勒德國的研究。《童年與社會》中的〈希特勒童年的傳奇〉提供書中關於國家特性的重要背景。他的第一本書中最耀眼的部分，就是有關他童年的國家研究，它提供了一個跨文化的馬賽克。

這篇文章的醞釀期非常久，從他在一九三三年知道希特勒勢力興起開始寫起。希特勒利用德國青少年的特性。他回憶自己在卡爾緒時，必須和德國兒童一起排斥外國出生的小孩，「在第一次大戰時，我必須像同伴證明我的忠貞。當希特勒起來時，以前的玩伴都成為納粹，並攻擊我的猶太朋友，如果我還在德國，他們也會反對我。」從阿齊洪記述的維也納青年，不難理解希特勒吸引了有相同特質的德國青年。艾瑞克森剛開始撰寫這個文章純粹是為了「向我自己解釋這個現象」，而在來美國的船上，即便同行人喬治勸他應該把這篇文章翻成英文，他並沒有這麼做。

美國其他心理分析者對希特勒的研究，包括佛洛姆認為他是一個父親的形象，吸引那些非理性的跟隨者，這些人特別是沒有安全感的中低階層人民。艾瑞克森不同意這種看法。他對於那些研究個人如何和組織及事件相連有興趣。一九四一年初美國政府決策者需要知道，什麼樣的行動可以影響希特勒帶領的穩固軍心。在一九四三年唯一在期限截止前完成研究的就是艾瑞克森——他把維也納的文章重新整理。這也是艾瑞克森第一次和美國政府決策者有重要關係，也許是他日後成為全國知名學者的一個徵兆。在準備報告的過程，他不只整理文章，而且透過一九四〇至一九四二年間參與CNM的加拿大計畫，他準備了重要的資料和發現。米德和桂格找他參與這個計畫，他去訪談那些在加拿大的德籍俘虜。他在報告中說明希特勒是一位幫派領袖，吸引那些青少年反抗父母，並且認為青少年是對的，用此來掩飾他們的罪行。這種青少年的形象加上得到全國的支持，德國人把希特勒的罪行視為合理。他在報告中建議一個有效的對策，就是發揚德國傳統家庭形象，有親愛的雙親和渴望父母的小孩。

當他為政府官員和精神病學準備〈希特勒的形象與德國青年〉時，他加入「加拿大計畫」產生的「青少年意象」理論，同時研究希特勒的演講。但最重要的資料是希特勒的自傳《我的奮鬥》。其中有些不實的地方沒關係，他主要感興趣的是希特勒如何去經驗並理解他的人生。艾瑞克森利用宣傳中闡述的希特勒童年來建立「青少年意象」理論。雖然自傳中說他是位傳奇人物，但艾瑞克森認為他是叛逆青少年的領袖，同時艾瑞克森也培養了一個終生習慣，就是不停的重寫他的文章，直到合乎藝術為止。當他不停改寫這篇報告直到面世，他是研究希特勒如何吸引年輕人，而不單單指德國而已。當他對聯軍的勝利有信心開始，他就開始研究戰後重建問題。年輕的艾瑞克．漢寶，不停的修改他的木刻作品，而長大的艾瑞克．艾瑞克森則是不停的修改他有關希特勒和德國文化的文章。他在一九四二年發表最後版本為《天性、社會與文化》，收錄在一九四九年克拉克洪和牧勒的文選中。並再一次修訂為《童年與社會》並出版和再版。

不論有多少版本，一九四二年的版本是非常傑出的。主要提到希特勒這位幫派領袖，如何運用視覺印象和語言跟追隨者溝通。形象和語調成為領袖和追隨者之間的一種形態。他延伸早期研究的兒童視覺形態來解釋。這些形象和聲音結合希特勒內在情緒及社會環境。希特勒讓自己成為沒有父親形象的青少年。他跳過德國父親們而成為這群男孩的領袖……，讓他們捲入犯罪之中而永無回頭之日。艾瑞克森不是用父親和兒子的關係來解釋希特勒納粹，而是從幫派領袖的觀點。這些跟隨者失去了舊的自我，而是由集體存在代替，超越了自我意識和社會適應。他不認為德國失去自我，他當時還沒有使用這些辭彙，那些在錫安山重建中心的經驗後——他提出的認同，認同形態或是負面認同等。他認為納粹形態是破壞持續性而只有負面認同的。

在他一九四二年發表前，貝特森就對OSS的主席建議採納艾瑞克森提出的納粹取代了德國青少年所需要的親子關係的理論。而在論文中，艾瑞克森建議要用強而有力的父母形象來對治。德國父親需要有強大的內在威權，而母親要有更多的內在力量，那就不會（像他母親一樣）一時對小孩很大方，一時又背叛小孩。

他的文章非常有幫助。佛洛姆和其他學者認為希特勒最主要吸引中低階層的人。事實上佛洛姆在《逃離自由》中提到文化和存在問題，和艾瑞克森非常類似。艾瑞克森認為社會階級不是最重要的原因。他認為希特勒的魅力主要在於德國文化中父母和青少年關係產生變化，而不是經濟狀況和社會結構的問題。在奧圖．費尼卻的《馬克斯地下心理分析報》，他批評艾瑞克森忽略生產和階級問題，而且質疑他主要是用直覺在研究。除了對他的批評，學術界對於希特勒吸引力的爭論還是很多。但一些現代德國史的學者還是比較傾向艾瑞克森的說法，而不是佛洛姆或奧圖的。

他一九四二年這篇文章也對了解德國空間概念有幫助。他不是第一個提出德國的地理環境是被環繞而不易防守的人。但他提出德國的心靈不能忍受在經濟社會方面按部就班的成長，他感覺四分五裂，而且在基本價值上有不安全感。所以向外擴張是想要一個生存空間可以長生且有強大力量——在軍事、經濟和智力上。在漢那．艾頓（Hannah Arendt）的《極權主義之源頭》有提到為求安定付出很多力量。但艾瑞克森認為希特勒用軍備耐力來替代前進的形象。他舉希特勒在一九四二年九月的演講，「我們站在軍人的後面，就像他們站在我們前方一樣」。德軍在二次大戰的最大勝利——擊敗法國駐守的 Maginot 線。艾瑞克森認為納粹勝利但也失去（心理）在布里茲戰爭的形象。但他沒有說明的是德國人利用這場戰役證明他們是優秀的民族。他們需要的是可以反應出和平的自我的成熟——不只是軍備上的耐力。

《童年與社會》中有關希特勒的部分主要來自於一九四二年的這篇論文。主要的缺陷是他一直到一九四〇年代中期才發展出清晰的認同概念。而《童年與社會》中補足的另一個部分是有關德國社會的猶太人。論文中提到納粹視猶太人為娘娘腔，猶太人在德國被忽略。而一九五〇年書出版時，他說明猶太人的形象以及天才的部分。他分析有的猶太人不接受改變，然而有的猶太人可以融合地理與文化的不同而產生出屬於他們的「純粹」。他提出三個德國猶太人——馬克斯、佛洛伊德和愛因斯坦。在一九四二年的文章中，他只用簡潔和傳統的形象描寫猶太人，對於他的猶太身分較為模稜兩可。但這並不罕見，當時其他的心理分析學者提到納粹時，他們也有這種現象，較少提到反猶太情結和他們的猶太經驗。

書中有關希特勒和青少年的章節，對於戰後的未來著墨較多。他在戰爭末期提到德國集體認同的危機。每一天德國人都在驚恐、仇恨和當代罪羔羊的心情，以及後悔、希望有進展的情緒之下生活。他認為多半的德國人都可以轉變為正面的認同（即便是前納粹黨徒），要給予那些對於傳統價值敏感的人幫助。只有依舊沉迷於希特勒的罪行及青少年幻想的人才需要被隔離。

在一九四二年對精神病學會的論文中，他對於納粹後的德國描寫得和他小時看的歌德作品一樣。德國擁有分歧的獨立社會政治中心。但他對於德國軍事力量和國家文化富足有強烈質疑。在大戰結束後，艾瑞克森記錄歌德的看法。對照希特勒的形象，而以家庭城鎮和區域成為文化生活的基礎。一九四五年，他說德國未來將以區域文化自主，以及和歐洲其他國家的經濟合作為主。為了消滅戰爭，他建議永久性的歐洲婦女大會。「還有誰有這個權力和義務」，「這個工作（抵抗納粹觀念）要從婦女和小孩身上開始」。

當他開始寫德國戰後的文章時，他提到自己從一九二九年就沒有好好的待在德國，也沒有興趣回去。而當他可以開始安全的旅遊時，他選擇去海法找他母親、繼父和妹妹。他非常驚訝這個猶太國家的發展，他承認如果他不是美國公民，他會成為以色列人。從一九五一年開始，他定期去德國參加會議，領取榮譽學位。但當他第一本書出版時，他對德國政治和文化沒有認同感。

他沒有和同時期法蘭克福學院的「權威性格研究」計畫有多餘的接觸。其中有些人的辦公室甚至只和他距離幾分鐘路程。他們研究性格和政治運作者的趨同之處。雖然都是對國家性格有興趣，但他們研究所有社會中的特殊性格特質，會受到政客的煽動。其中幾位成員用測量的方法去研究這些特質。雖然艾瑞克森對這沒有興趣，他也不覺得這是錯的。他只是簡單的認為他們做得不一樣。他從沒有想過要跨越界限去了解他們。雖然有兩本這類的書在同一年出版，他只視為一個注解，用來解釋對抗外敵時的內在壓力情緒。

他不只和權威性格研究計畫沒有接觸，也和同時期相關的學者文章無關，尤其是有關希特勒的。他主要研究自己書中的字彙和概念，而沒有系統整理其他人的研究，這可以解釋為何他把《童年和社會》修改了三遍。在一九四二年版本他記錄希特勒如何固執拒絕他父親的權威，並以此延伸到他吸引德國年輕人拒絕他們的父親：

歷史上常常有極端不同於常人的衝突經歷，而為機會創造機會。因此我覺得當德國人讀到希特勒的童年時會非常驚喜。

尤其是一九五〇年的版本，他提到希特勒童年的經驗特別感動德國人，他描述一個領袖如何走出自己的困境，而為大衆解決問題。他也用這種歷史觀點解釋路德和甘地。希特勒的文章成為他寫心理傳記的開端。一九五〇年的文章顯示他自己的心態，即便他已經四十多歲，還是在解決他當年在卡爾緒的經驗。「在青少年的叛逆期，德國青年必須面對父親形象」，而父親缺乏威權會讓年輕人的反抗更加複雜。所以德國兒子會表現出複雜的公開反對和私底下的罪惡感、犬儒的罪行和柔順的服從。這會破壞年輕人的精神。就算艾瑞克森沒有罪行，但他的繼父對他沒有內在權威。泰德沒有反對他的叛逆卻暗中助長，因為他不承認自己是他的親生父親，並堅持他母親不讓他溯源。像他在〈希特勒童年的傳奇〉所謂的德國母親，會在父子之間徘徊，而卡拉是處於之間徘徊的，兩邊都抱怨是她造成他們之間的間隙。而他的高中教育稍稍減緩了這個問題。他在一九五〇年的文章中寫到德國人性化的教育在宣揚詩人般的夢想和提倡義務教條之間出現問題。這說明他高中時在服從得到很好的成績，而在其他科目很平庸，而他寫了長篇的懷舊文章（用詩的形式）。

艾瑞克森童年經驗和他希特勒的文章並沒有明顯的關連，但他提到德國父親缺乏內在權威則和泰德有強烈的相關。在他下一本書《年輕人路德》中，這個觀念更成為關鍵。雖然他自視為美國人和丹麥人的兒子，但德國和他的童年對他的影響都是不可忽略的。

美國人的認同

雖然《童年與社會》中最原創與重要的文章是〈希特勒童年的傳奇〉，但是他對於美國的著墨更多。他主要寫美國白人，書的更前面他寫美國原住民——蘇人和約克人。而他的臨床例子也是舉美國人。不同於其他的移民學者，他對於新祖國很有興趣。就像希特勒那一章一樣，他有關美國的文章也是來自於第二次世界大戰的當務之急。當他第一個提出關於德國的論文時，同時他關於美國的研究進度就落後了。他在一九三〇和一九四〇年代寫了兩篇原住民的文章。而在他一九四八年《童年與社會》的綱要中，才剛準備〈現代美國〉這一章，後來改為〈美國人認同反應〉。

他的延遲並不是特別的。其他的歐洲移民也對於研究中歐比較有信心。但是當他的好友瑪格利特·米德發表描寫美國原住民的〈且讓你的火藥保持乾燥〉時，他很驚訝的發現他可以添加一些內容。這本書寫於珍珠港事變後的夏天，她描寫現代美國人為仁慈而明智的，但是卻因為膚淺的物質主義和單一經濟競爭而衰弱了。米德認為小家庭特別是有問題的組織。因為與父母的家庭分離，讓他們對於養育下一代没有信心，所以只好用可以衡量效果的方法教養，一些標準的方法，比如說獲取財富。雖然艾瑞克森對於美國很寬厚，但也認為米德是對的。他特別同意米德認為美國具有「難以捉摸的天性」——不願在任何一方面太早定下來。艾瑞克森一直同意她的觀點，即便在一九五〇年代早婚比較常見的時候也是如此。

吉爾非·高爾的《美國人》（Geoffrey Gorer, The American People, 1948）是艾瑞克森欣賞

的關於美國人性格的研究。他是一位英國籍的人類學家，隨著米德學習，特別對於美國小家庭有興趣。他認為美國脫離英王喬治統治，是另一種的伊底帕斯脫離父權。在小家庭中，父親的地位被降低，而母親的地位上升，「很少有社會像美國這樣」。美國男人發現他們壓縮在內在的，是一個具備倫理、會訓誡批評的母親。但是「媽媽」卻要求他成為男人，盡一切力量維護他，讓他很難有友誼，而變得較容易和機器相處。

在《童年與社會》中他敘述有關美國的其他研究。身為一個移民，他覺得必須要去駕馭新國家的習俗，所以他去研究這些資料。在一九四八年七月的《美國人認同反應》中他大量引用米德和高爾的文章。他對於美國人的性格很有興趣，然而覺得要寫〈美國人認同的發生〉還是有些干擾。「對作者而言，美國人的認同建立在兩極之間的共存和互利，美國人的認同是建立在共生和兩極之間——安土重遷和遷移，個人化和標準化，競爭和合作等等。認同不是產生於一個決定，而是擁有組合的決定力」。他描寫美國退伍軍人失去自由選擇的感覺，因而失去他們的認同；非裔美人與他們封建奴僕的認同對抗。他解釋青少年如何在家庭中找尋認同，強勢的母親和疏遠的父親。美國人會在害怕自己時變得狹窄頑固而專制，但在感覺完整時會是愛國而明智的。

他在這一章的題目和他在一九四八年的綱要吻合。他認為美國人整體而言活在兩套真理之下，其中一個極端就是民主政治，同時擁有貴族政治和暴民特色（感謝羅斯福總統將他們融合）。

他在〈美國人的認同〉這一章結合了白手起家的迷思。當他討論約翰·亨利時，他寫著

「他認為英雄不論出身」，美國廣大領土提供白手起家的人成功與失敗的機會。收起過去，靠著自力更生建立認同——可以去一些地方，做一些事情，這種特質在西部開發上特別明顯，「極度男性化，但對於女性來說是無政府主義的」。美國人的認同，西進是非常基本的，限制老人旅行是不吉利的。他開玩笑（帶點嚴謹的說），拖車給老人一個機會，可以一直旅行，直到死在輪子上。

雖然他借用高爾對於母親的解釋，但他也提供了有用而更擴大的注解。當父親造就了「自由自在的兒子」，「放棄他們在家中的地位」去成就母親的功業，母親就成為家中主宰，變得很自我，而且情緒幼稚，永遠無法成為成熟的女性。但這不全是她們的錯，只要男性致力於追求成功，女人就必須獨裁的得到一些權力。她們不需要提供自然的「母愛」，那會太保護他們。男人要靠自己站起來。雖然他對於父親、母親和小孩的關係解釋得和高爾一樣，但他主要在解釋關係的形態。美國家庭不培養愛與關懷，而是為了不要干擾對方表現自我機會的妥協。這種妥協可以在教堂和政治當中看到。母親可以是母親，父親可以是父親，但是家庭、教堂這些組織都不可以妨礙追求成功。

他對於現代美國的闡述符合一九五〇年代研究美國的流行看法（甚至成為正統看法）。他發現成功的例子多是「在新領土流浪的男性」，表現出沒有根的男人，沒有母親，沒有女性。他也批評對於非裔美人的歧視，因為歧視使他們比較不「美國化」，反而可以逃離母親的掌握，擁有比較感性的童年。這些歧視非裔美人的白人兒童，比較不能包容，狹窄的眼光讓他們對於非白人的出現有模糊的不快，黑白之間的衝突就不可避免了。艾瑞克森也提到移民的兒童，尤其是女孩，特別想要模仿美國人的標準。所以在美國的下一代就成為他們文化上的父母。這些第一代小孩成為「自己的父母與掌控者」。就像漢寶家在一九三八年，凱提議把姓氏改為艾瑞克森。

艾瑞克森對現代美國文化有正面的評價。他很欣賞他的新祖國，不像其他在美國的歐洲知識分子，他對於美國很有興趣。所以當他批評種族歧視，母親、父親二分狀態和物質追求等，他也接受美國社會的開放與機會，甚至是家庭、教堂和政府的妥協態度。當書將要出版時，他正在寫一篇訪談，關於加州大學一位研究生肯尼，從他移民的觀點，他具有「美國特質」。

> 他對於自我表現很謹慎，不過很誠實；他非常積極，但很保護自己；他在思想上很獨立，不過有禮而謹慎；他有自信，但追求完美；他錯信女性，不過並不怕她們。

他關於美國的看法和一個世紀前的特集拉（Alexis de Tocqueville）於一八三〇年代寫的《民主在美國》很類似。特集拉欣賞美國的開放、機會及自治。他比艾瑞克森更強調物質化、自我追求精神；他提到「母親」，但沒有艾瑞克森解釋得那麼清楚，他預言了艾瑞克森關於「父親」長期追求自我興趣的擔憂。

一九四〇年代歐洲和美國的知識分子重新發現特集拉的這本書。他們想藉由這位法國旅行家的觀點來試驗自己的發現。他們多半參考他談的個人主義和美國一致精神，比較沒有提到關於社交和自治的部分。艾瑞克森一定在會議上讀到特集拉，但沒有證據顯示他在寫《美國人認同反應》時有看過他的文章。更確定的說，他曾引用維農．帕靈頓（Vernon Parrington）的經典《美國思想三部曲》，其中有稍微引用特集拉的觀念，令人懷疑艾瑞克森從這邊得到多少特集拉的概念。

但是怪異的是他對於美國的解釋和特集拉是如此的相似。比如有關特集拉提到神經質的美國人要比鄰居有更高的社會地位，艾瑞克森寫道「在流動的社會中地位表現了一種不同的關係，與其說平臺，不如說像手扶梯，是一個工具而不是個目標」。特集拉提到不可以向鄰居透露太多以免他們從中得利。而艾瑞克森寫道「除了他們的熱情，他們在社交活動中缺乏自我強制性跟相互關係」。特集拉讚美美國人喜歡參加志願團體，因為他們視此為追求利益的對應行為。因為志願團體代表了分散權力至不同的利益團體，他們會在參與自治時衡量獨裁者和政客的危險性。艾瑞克森也提到美國的利益團體，衆多的利益團體有時讓「正面選舉」產生困難，但可以防止任何一個團體獨裁，也幫助每一個團體不會被完全控制。

研究特集拉的學者指出特集拉的觀點來自於歐洲毀壞性的發展，尤其是他的祖國法國。因為法國大革命，他是以對於歐洲暴民的恐懼來研究美國，並且用個人主義來代替歐洲合作主義。艾瑞克森有類似的背景，他也是從歐洲觀點來研究美國。

他做的有關希特勒的研究都是抱持著美國公民報效政府的心態。例如他在一九四二年分析希特勒演講的文章中指出「清除整合美國機械天才、企業精神和傳統特質（厭惡暴君，突破和衝勁），這些都是在美國預定好的空襲行動。這些攻擊將震驚德國並和希特勒的布里茲戰役對抗。」當他一九四八年準備《童年與社會》的綱要時，他指出將會有章節介紹美國和德國，因為這兩個國家是近代最大的對比。當那些移民的兒女成為美國人時，他們帶著舊國家的觀點融合成一個超級認同。相反的，納粹德國是以無止盡的精神主權獨立來排除異己。

光是用艾瑞克森和特集拉的歐洲背景來說明他們的觀點類似之處是不夠的。畢竟，法國大革命和希特勒納粹「革命」是有對照之處的。」柏克萊年輕社會及歷史學家羅伯．尼斯伯特（Robert Nisbet）和艾瑞克森於一九三〇到一九四〇年代早期同在一個校園。在許多討論中——其中也包括「民主在美國」，他認為和他同時代的歐洲美國知識分子對於「民主組成，群眾諂媚和軍隊融入政府的干涉主義」有較清楚的認識。艾瑞克森也參與過這些討論，也許他沒讀過特集拉的書，但是他已經對於現代群眾運動有類似的解釋。

特集拉的時代較為農業化，而一九四〇年代的美國是工業大量生產的社會。特集拉看出的兩個問題：中央政府和官僚制度的一致性，以及多數專制對於個人選擇的限制；相反的艾瑞克森是對於模仿機械化的反感。

美國遇到的問題起源於艾瑞克森病人的祖父代，約十九世紀，他們發明了一些機器但沒料到它們改變了自己的社會價值。當機器漸漸占領美國，新階級「老闆」就誕生了，他們把自己當機器，也希望員工和機器一樣。功能這個價值躍升在其他的價值之上，這是國家健康的警訊。可以從媽媽養育小孩子看出這個傾向，教養都以模仿機器為目標。如果繼續這種標準化的價值觀，艾瑞克森警告，這會使一些美國珍貴的特質消失——包容、親子間的感情和個人選擇與機會。

在這段時間，艾瑞克森認為「老闆」和他們的「機器」威脅了現代美國，這些讓他想起納粹在布里茲戰役要求的——精準、效率、士兵和機器的一致化。法蘭克福學派學者如佛洛姆、阿多諾、馬卡斯和霍克艾姆（Max Horkheimer）和艾瑞克森一樣，認為官僚統治和機械化會破壞人類，但他們沒有像艾瑞克森那樣提出美國文化並詳細解釋兒童及青少年的生活，他們更沒有將美國機械化價值觀和第一代美國人的價值觀並列討論。

蘇族和約克族：最初的美國人

艾瑞克森在《童年與社會》不只在剛開始討論美國原住民，而且在討論美國現代文化那一章的序也談到，題目為〈憂鬱的部族〉，內容再次提到蘇族。主要是描寫政府組織如何提供和蘇族傳統價值相反的兒童教育，因為聯邦印第安機構錯估他們，以至於教育方式無法讓他們維持蘇族的認同，這些兒童產生失去方向和冷漠的情形。這些機構應該去學習如何維持蘇族原有的完整和整合性。他提到如果這些機構可以去學習美國早期的這些傳統和價值，他們也許可以給現代美國重要的新觀點。

他在綱要中提到他為這兩個部族發表過很長的文稿。〈發現蘇族教育〉共有五十五頁，發表在一九三九年的心理學期刊，幾乎是一本小書的長度。〈發現約克族：童年與世界印象〉在一九四三年的加州大學知名的美國考古學和民族學期刊登載。這兩篇文章濃縮成三十一頁的文章發表在一九四五年的兒童心理分析研究，以及三年後出版由克拉克洪和牧勒編纂的《人性、社會與文化》。而在《童年與社會》裡面是以兩個章節來呈現。不過最後的文章中並沒有提到之前發表的細節。耶魯的馬克．梅曾警告他原來的文章太過冗長，會讓讀者略過。不論是哪一個版本，艾瑞克森都没有提到前人的研究或是他自己的研究。他是以「臨床經驗」的方法，聽那些族人口述。他們的經驗呈現一個比現代美國要簡單而健康的認同。從這個觀點出發，他把這些文章放在書中（第二部分）和有關美國與德國認同的章節。

就像很多歐洲人一樣（尤其是德國人），艾瑞克森一直很迷北美印第安人。他在維也納的海茲就要求學生去學習美國原住民。他很喜歡班迪在一九二八年的文章〈西南部的文化心理類型〉，顯示出印第安人如何用視覺去建構日常生活，在心理與文化有豐富的連結。所以當他的人類學家朋友米格邀請他去蘇族保護區，他馬上就答應了。在他搬到柏克萊之後，他和人類學家艾佛瑞．庫伯（Alfred Kroeber）很好，他是研究北加州克拉瑪河流域約克族的專家，並曾實習過心理分析，並將心理分析原理應用在實地調查。很可惜的，當他帶艾瑞克森去約克族做四星期的研究時，聯邦政府正在處理一項土地糾紛，不准他們到村落去。最後艾瑞克森只能訪談幾位克柏曾接觸的約克族人。

艾瑞克森不是第一位和人類學家合作的分析師，但和其他人不同的是，他之後的一生都做的是比較文化及歷史面的文化研究。他發現蘇族在大地上流浪，並且以離心的方式去開拓空間。而約克族則有土地主權意識並且極度當地化。估不論兩族的文化差異，他們的生活方式都跟白種人的濫用資源不同。當他開始做文化比較，他就越不能認同工業化和現代的國家觀念。阿多諾、艾頓和尼斯伯特都有類似的結論，但他不了解他們的研究。他批評現代化，也許就是我們所謂的後殖民批評。當他將美國原住民文化和現代歐洲美國帝國相比，後者顯然有很多問題。

艾瑞克森總結蘇族和約克族文化能長久的原因，是他們有種彈性，可以把自我和身體、自我和家族、身體功能和幻想整合在一起。在制度之下這種彈性可以符合社會需求，將危險的直覺傾向導向敵人，並把可能的罪行歸諸超自然。自我和社會融合在一起並延伸至上蒼與自然。通常在整合的生活中，將人的身體延伸而成為工具。因此蘇族將他們自己、生活和文化認同為水牛。而約克族則認同為克拉瑪河及鮭魚。

相對於他們的彈性，現代美國和歐洲則是模仿機械和機械式的分工。這些個體必須要成為非自然的認同。艾瑞克森認為機器並不是身體的延伸，而是將一切成為機器化，力量成為第二……童年在某些階層也只是生命的某個分段。現代西方教養兒童都是用「利用模仿機器來操控它們」。像科學化圈養動物一樣教小孩，或是用測量機器的方法評量。蘇族和約克族親子間的親密關係，被我們以老少劃分不同的區域所取代。機器和「老闆」創造了官僚制度的階層化，破壞了不過幾十年前才形成的傑佛遜年輕美國人的民主，並和美國原住民的「獵人民主精神」相左。印第安喪失了他們的古文化，成為少數有色人種，只能希望繁忙的民主過程有一天會發現他們。

當他將原住民的彈性和整合特質與現代美國的機械化對比時，他用了一種剛到美國時所沒有的批判精神。在一九四〇年代他認為美國歡迎移民，並且在積極的領導下對抗全球經濟衰退與納粹。他發現自己變得世故了。現代美國的機械化老闆和教條媽媽已經危害到正面的「每個人都有權擁有的未知的未來」。蘇族將平原與水牛的世界定義為強壯，約克族將以河流為中心的世界稱之為乾淨，兩者都是一種超越的獨占。他還是尊敬羅斯福時代的美國，那個世界曾那麼歡迎他，是如此珍貴的，歡迎各個種族國家的人來融合成包容性的認同。但是所謂現代化的兩個例子這兩個軍事強國，美國和德國，沒有世界性的認同，而站在極度排外和世界化之間，以種族和階級代替部族，用統治世界代替全球化。不用說，德國的狀態是更危險的，美國可能可以用民主和國家教育帶領一個嶄新的世界文化。事實上，艾瑞克森對他的新祖國還是有信心，但他認為戰爭時的美國絕不比古老蘇族和約克族優秀。

如果他有舉美國一九四五年轟炸廣島的例子，那麼這個過程會發展得更清楚。事實上，他在《童年與社會》中暗示聯邦政府雇用物理學家從事「將理論發揮到極致」的工作，是超出想像的武器。他認為原子彈在這樣的社會是可以預期的，人民生活在盲目崇拜的整合社會，而且是不完全的崇拜與個人化的退化。他在哈佛一九七二年高德金演講時，提到「美國人的死亡，就是無情的濫殺別的種族，最極致的表現就是廣島」。他在第一本書中就開始這種評價，而他的跨文化觀點解釋了一切。

他在書中表達了對德國和美國的同情。相對於德國，美國社會包含了多種對立與選擇。但相對於那兩個原住民，卻又受到工業化裝配線與制度化規格的危害。如果他用蘇族及約克族的文章和〈希特勒童年的傳奇〉相比，並用來評價美國現代社會，讀者就會比較了解他的意思了。但是他在蘇族和約克族的文章後，加上八十四頁的其他文章，再接上美國的部分及德國的。這顯示了書中沒有結構。他寫得很好，但是在寫完十八年後，他的作品還是缺乏清楚的邏輯。沒有中心觀念，他是用豐富但馬賽克的方式呈現——也許他是所謂後現代主義的先驅。

但他關於蘇族和約克族的文章不應該被打折扣。芬尼是位年老的約克族巫師，他用五分之一的篇幅描寫她，足見她的重要性。艾瑞克森曾寫信給庫伯說明芬尼對他的影響。芬尼青少年時曾經歷家庭變故，她的哥哥殺了她父親，芬尼的母親希望能從逆倫慘劇中找到意義，所以鼓勵芬尼成為醫生。這和泰德希望他的繼子從醫有類似之處。同時芬尼成為巫師，以為人拔除痛苦而維生；艾瑞克森則成為心理分析師，為人拔除憂慮。芬尼替病人吸除或吞掉痛苦，而艾瑞克森幫助病人說出他們的問題。芬尼用對痛苦的了解和解釋去決定如何幫助病人，就像現代精神醫師和心理分析師一樣。她跟艾瑞克森一樣，相信告解對於任何人的內在平靜都有幫助。艾瑞克森覺得和芬尼像同事一樣，就像所有心理治療都有歷史上的關連。

但他們的背景並不是他們友誼的唯一原因，芬尼有特殊的氣質，「這位老太太擁有友善和熱情，很容易和她親近，因為她很愉快而坦直」。一個悲傷的經驗會使她如石刻般的皺紋臉龐暫時沒有笑容，但這是很正面的反應，不會是長久的悲哀。他替芬尼素描，充滿力量和完美，善良而溫暖，沒有皺紋與悲傷；擁有巫師的特徵，她的煙斗。雖然煙斗只有男人使用，但約克族文化如此深植於她。艾瑞克森並沒有對自己的文化如此緊密的相連。「我在專業上不敢與她相提並論」。他自認不像她那樣已經把童年慘劇轉為內在力量。有一天當他為了要獨自訪問芬尼而感到不安時，這位老婦人笑笑提醒他：「你已經是個大人囉。」

艾瑞克森不安的一個原因是其他的同事的批評。其他的人認為，他並不了解蘇族和約克族的父母傾向把他們的傷痛帶給子女。比如麥克法藍就批評他過度強調他們的文化背景。雖然有人類學家支持他，但他認為同事們在他的評論中發現錯誤。

基本上，批評多半認為他用浪漫的角度去了解原住民，他們也批評他認為芬尼的強烈認同可以在現代社會存活，同樣的批評也出現在米德研究原始社會時。但這些批評者不知道艾瑞克森並不是單獨研究他們的文化，而是和德國希特勒、現代美國和俄羅斯高爾基一起研究的。在這樣跨文化的馬賽克式拼圖研究下，他認為這些原始的過去比現代工業要好。像芬尼這樣的人讓他認為這樣的社會組合會比機器與德國布里茲要強。他們可以成為心理與社會認同的典範——可以讓成員的健康狀況大大提升。

蘇族和約克族的觀點對艾瑞克森很重要。這些觀點可以撫慰前殖民時代的自我和正面認同。而這種反殖民主義一直到一九六一年才開始受到重視。他不認為芬尼是被殖民或消失的，而是一個完整的人格代表——絕對可以和現代「先進」西方治療師或社區領袖相比。

年輕高爾基

《童年與社會》的最後一章〈瑪辛．高爾基的少年傳奇〉使他的文化馬賽克完整。這比艾頓討論俄羅斯「極權統治起源」，更引人注意。因為對俄羅斯不了解，他運用了以前的理論來輔助。他解釋年輕高爾基是如何在傳統的小社會中長大，而之後現代「標準化、中央化和機械式」的社會如何威脅他的認同。米德邀請艾瑞克森參加她有關俄羅斯與高爾基的研究。一九四八年初，她那以哥倫比亞大學為主的當代文化研究（RCC），由藍德組織贊助擴大，因為美蘇冷戰情勢緊張，贊助金增加新項目「俄羅斯文化研究」，簡稱「俄羅斯研究」，位於米德在國家歷史博物館的辦公室。由藍德的研究員南德・列資，同時也是米德好友心理分析師瑪沙沃夫斯坦的先生主理行政。他們組成有九位計畫人員，兩位顧問的兼職性組織，都是學者，但都對俄羅斯文化不熟悉。其中的蘇拉班特，一位在華沙學習過的人類學家，主要對考古學和歷史有興趣，最為反對心理分析。而吉爾夫瑞・高爾則和艾瑞克森最為重疊。

一九四八年的三月，米德和列資邀請艾瑞克森到紐約來就一部由Soyuzdet製片廠出片約莫十年前拍的俄羅斯電影做研究。這部描寫高爾基童年的電影是由馬克當斯基執導，為了鼓舞蘇聯民心。這部電影在高爾基，這位名作家過世後拍攝，紐約現代藝術博物館得到版權，而俄羅斯計畫暫借來播放。英文字幕非常難以辨認，所以他們請了一位翻譯來。米德知道艾瑞克森對於電影和紀錄片有興趣，加上他的藝術背景，她認為他可以提供一些分析。艾瑞克森深深的被這部電影吸引。「我所知甚少的部分，現在藉由這部老電影而落實了」。在第一次看的時候，他就非常專心並堅持演員的表情和翻譯的不同。他自己又看了第二遍，而且馬上著手開始寫論文。

在一九四八年七月，他將這篇論文列在《童年與社會》的綱要中。六個月後，他寫信給米德說這篇將是寫過他最長的一篇。他視這部電影為俄羅斯童年的傳奇，而且和希特勒的童年有對立的形象。在一九四九年的春天，他將這篇文章念給俄羅斯計畫的同事，並在舊金山心理分析學會討論。隨著論文的成形，他研讀高爾基的自傳三部曲，這是一九四九年登在美國斯洛伐克及東歐研究的文章，以及高爾基和約翰・瑞克曼共同撰寫的「偉大俄羅斯人民」。他也試著讀高爾基的《托爾斯泰》，和布克哈林在法庭上的供詞。

艾瑞克森由電影一開始敘述，是艾歐沙（高爾基童年）來到祖父母那個貧困偏僻的城市，位在沃加河畔。追述著他隨著土地和傳統農業社會面對改變，所做的旅行和系統化的思考。但是導演的角度是從傳統農業社會改革為都市化、工業化。

在電影開始，他沒有父親，是由母親帶去卡拾林家族養大。艾瑞克森發現第一個有力量的形象就是祖母卡拾林，一位高大強壯的婦女，她「代表了人們原始的信任，可以存活及持久」，而且有忍耐力。之後她表現出「原始俄羅斯中部的和平，一種接近大地的原始力量（mir）」。艾瑞克森發現這位祖母和美國印第安人不同。她們都用古老的器具和神奇的力量戰勝自然。年輕的高爾基在祖母的大裙子下覺得被保護和安全。艾瑞克森認為她代表了「失落的天堂」，想要變成或維持祖母的力量，表示要向不朽的時間屈服還有原始經濟的永恆關係。

他認為第二個有力的形象就是厚重的木頭，代表了房屋，力量和當地的個性。「木頭提供了房屋和火爐過冬，是最基本的工具。」而木頭燃燒不當的話，整個村落和樹林都會燒毀。卡拾林的男人就是「方正，厚重，呆板而值得信賴的」。這些衝動，短視，像木頭、情感上呆板但有殘忍面的形象，正說明了俄羅斯農村文化，不過這還需要說明。

他說明木頭形象的意義——俄羅斯嬰兒就像一段木頭一樣的被抱著。高爾認為把小孩的衣服綁得非常緊，而不能任意行動，緊接著又突然放鬆就像是俄羅斯的性格一樣。他們一方面極度壓抑內在恐懼，而另一方面是極度自由、狂歡和野蠻。艾瑞克森堅持他的襁褓論很重要但其實過於簡化。

艾瑞克森取而代之的是「完全的文化形態」，指出俄羅斯文化包括了「長期的襁褓壓抑，接著在解開束縛時用豐富的感情表達來代替」。形成在艱困氣候平原上的緊密社會生活，以及「春天雪融之後的季節性自由」。襁褓與解開束縛同時代表了「木頭的忍耐及農奴的生活的冷淡，代替的是季節性的裸露情感橫溢」。卡拾林村莊同時禁錮了它自己，並尋找其他的靈魂。長期自我囚禁的靈魂，其實儲藏了情感，代表人物就是林卡。這個小孩的腿不能動，但他是最有情感、豐富想像力及最依賴別人。就像一段木頭一樣，愛與恨有可能會燃燒起來。

艾歐沙和其他的小孩為他做了一輪輪椅。艾瑞克森認為這個解釋了「鋼鐵」的形象正好出現在木頭之後。輪椅不只是瘸腿的輔助工具，自行移動，而且就像是一個機械器官。他認為鋼鐵形象和木頭完全不同。木頭時代的人類及情感是縮在它的範圍內，而機器時代是由布爾什維克黨所引領的。鋼鐵雖然是由火所焠鍊，但不會因此燃燒，象徵它征服人類的脆弱靈魂及木頭時代心靈的死亡。共產黨在史達林（鋼）和莫洛托夫（錘）之下，需要鋼一樣清楚的決定，機器般的行動。共產黨取代西方式的知識分子如高爾基，代替的是有計畫、嚴密訓練的菁英，在政治、實業和軍事上都相信他們是歷史的主導者。他們是冷血而危險的敵人。

艾瑞克森的說法非常精彩，呈現了導演自己都沒意識到的俄羅斯歷史演變。要比他關於印第安人和「老闆」的說法嚴峻。但是還沒有納粹瘋子來得恐怖。

他完成《童年與社會》時，正在一種升高的紅色法西斯氣候中，認為蘇聯和希特勒德國不相上下。很多學者都認為全國應該對抗蘇聯。美國戰後外交政策主導者——喬治・祈門，他是艾瑞克森的舊識，喬治祈門在這個想法中有著舉足輕重的地位。但是俄羅斯計畫的成員們卻反對這種想法，他們認為這是扭曲了俄羅斯歷史（喬治一直到一九五六年才接受）。艾瑞克森則認為俄羅斯是遲來的東歐新教，共產黨只是還未表達而已。這種新教主義，反而是俄羅斯與美國之間的一個文化關係。

對他而言，電影中的角色正表達了這個想法，艾歐沙覺得他不應該在媽媽的家裡，他的思想正表達了俄羅斯新思想，一種俄羅斯個人主義，而這不是西方的個人主義。並沒有人來開啟他，當他長大想到大城市時，他沒有西方先進者的領導，他必須學會拒絕，去發展——一方面拒絕，另一方面發展——在這非常西方的思想中發展——新教倫理。他不像是東方的新教徒，也不是當年拒絕羅馬的西方新教，在大衆間洗禮，用科學的方法審視人生，最重要的是躲在別人的意識之後。就像當年新教徒脫離羅馬，俄羅斯新教徒如艾歐沙，需要的是自主和統一，以及工業時代甜美果實的認同。

為了修補時間與空間的藩籬，艾瑞克森鼓勵美國人不要用「我們有新奇的事物（包著誘人的自由承諾）」吸引他們。他們不需要美國人用自由來換取共產黨的教條。就像美國人一樣，他們要平等的機會去取得。「我們」美國人要能成功的取信他們，在這裡他將自己與新祖國稱作我們。他非常朦朧的希望美國人停止冷戰，而以新教徒價值、個人主義等這些他認為兩國類似的特質去搭起一座橋。

艾瑞克森沒有去過俄羅斯，也沒有增加他關於俄羅斯的知識，他的論文來自於他個人對艾歐沙的強烈認同。他關於新教徒的看法在歷史上並未在俄羅斯呈現。在他的書末有提到他和艾歐沙的個人類似之處。他們的童年非常類似，艾歐沙的父親背叛他的母親而死在異鄉，艾瑞克森也認為他父親離開哥本哈根而去了一個遙遠的國家——也許是美國。艾歐沙的母親被父親的遺棄而覺得羞恥，就像艾瑞克森媽媽也是如此。艾歐沙的媽媽之後藉由婚姻搬離到大城市，艾瑞克森的母親也是嫁給小兒科醫生，搬到他的都市去。艾瑞克森覺得艾歐沙的母親背叛他，而卡拉雖然在他身邊，但再嫁對艾瑞克森而言也是背叛。艾歐沙認為自己被錯放在卡沙林，就如同艾瑞克森覺得自己被錯放在卡爾緒，尤其是在妹妹出生之後。結果艾歐沙在家庭之外找到好友，艾瑞克森則和彼得及奧斯卡結為好友。艾歐沙離開到大城市去，艾瑞克森則離開卡爾緒到了維也納。

他們的相似處不只如此，當艾歐沙長大，艾瑞克森描寫，他不參與但是喜歡觀察。他經常跟蹤別人去看是否能像遊民或流浪漢一樣，從人生中搶奪什麼。年輕的艾瑞克森從未放棄追蹤生父。他的木刻顯示了他對別人的觀察，但他從未參與。他一九二三至一九三四的手記也顯示如此。在維也納他成為成功的老師，心理分析師，父親和丈夫，可是除了這些自我認同外，他從未放棄觀察人和狀況，透過別人和環境去滿足自我。當他到了美國之後，他也不停的搬家。最後高爾基透過文學創作來克服童年創傷。艾瑞克森提出，這種方法是離題的，可是這就很像他自己發表第一本書時一樣。艾歐沙給自己取了筆名——馬克沁，是用他父親名字的第一個字，意指痛苦。相同的，艾瑞克．沙洛門成為艾瑞克．漢寶，一直到幫自己改為艾瑞克．艾瑞克森——成為自己的父親，白手起家——成為美國人。這可能是個更痛苦的解決方法。

他認同艾歐沙．高爾基是很明顯的。艾歐沙代表新教可以改變共產黨機械社會的希望。

不過他認為高爾基受到共產黨的影響，並沒有警告他們的人民鋼鐵價值的危險性。他警告讀者這個電影沒有快樂結局，沒有愛情也沒有成功。高爾基還是成為另一種共產黨價值。他決定稱自己為高爾基（痛苦），就是他認同這個錯誤。

艾瑞克森認為高爾基死後還會有其他的新教徒，他超出現實的希望他們可以替代共產黨。若他們果真如此，那麼他們就如同美國的創建者一樣，是反抗之子、新教復興、開創國家主義和革命的個人主義。

隨著這些正面的文字，他似乎將希望放在他的下一本書，馬丁路德的新教復興，而沒有繼續討論美蘇關係。但是他的希望並沒有成真，機會也很渺茫。就像共產黨機器依然在俄羅斯，而工業機械也更牢牢抓住美國。兩強之間的冷戰依舊——沒有釋放希特勒德國的罪行。最終只有蘇族和約克族還是守著艾瑞克森的跨文化希望。

第五章 生命週期：童年與社會II

《童年與社會》包括了探索跨文化的論文，同時也是一本有關他臨床經驗的書。經驗包括了參與麥克法蘭的計畫、錫安山復健中心和他的病人。這些重要的經驗提供這本書特殊的論文基礎，同時也和本書最成功的一章，〈生命週期〉的部分相關。認同危機將臨床經驗和生命週期這兩個部分緊密交織在一起。

心理分析理論和臨床努力

為了準備臨床和生命週期的資料，他覺得必須將臨床發現和他在維也納的經驗連結在一起。也就是他必須將自己的發現和佛洛伊德連結。他特別在意他在美國病人身上沒有發現佛洛伊德聲稱的超我壓抑現象。他同意佛洛伊德認為超我包含了文化傳統，但他堅持發掘傳統和文化的本質如何將他們維持在一起。他支持水平的面向，注意病人周遭的文化、歷史和地理。佛洛伊德則是注意心理病理學，要垂直的在病人的保護層之下挖掘出病理。沒有充分意識到他和佛洛伊德的不同，他認為他治療的病人比佛洛伊德的病人正常，有較堅強的自我。

他們內在動機與超我的限制比較沒有那些中歐病人激烈。所以他的發現和佛洛伊德大為不同。

艾瑞克森同時也用歷史觀點來解釋他們的不同。他認為佛洛伊德著眼在驅力與超我的拘束上，是反應十九世紀的物理觀點——能量的機械式轉化。兩次世界大戰和科學的進步，已經使科學家、醫生和病人都改變他們的想法。簡潔的說，現代的病人面對的問題是他到底應該相信什麼——更明確的說，是他可能會成為什麼。而早先的病人面對的問題是他的想法和自我被阻止。換句話說，艾瑞克森的病人遇到「認同混淆，他不知道他為何而活」，或是更基本的「我是誰」。相反的，佛洛伊德的病人卻是受到超我的壓抑——多半是性衝動。

他在書中強調他和佛洛伊德的想法是一致的，所以他避免引用其他人的觀點，包括他榮格派的好友——喬瑟夫．惠爾特。佛洛姆的《逃離自由》影響艾瑞克森，並且提供他認同的水平範圍——外在社會力量與文化影響的道德傳統，這些都是人格發展的重心。但他從沒有提過佛洛姆對他的影響。他在《童年與社會》中提到小孩斷奶對於嬰兒焦慮的重要影響。這方面他是受到主體關係理論的學者瑪莉安．克藍和麥可．包林的影響，但他都為了心理分析正統的原因而沒有提到。

而在工作方面有更一步的進展。他在書中的論文提到透過兒童遊戲，他正被引領至一個不尋常的觀點。遊戲應該被視為分析的重要方向，因為幼兒的語言表達有限制。遊戲的語言因文化和年齡而有不同。遊戲是一個特別的「指標」，顯示生命內容，不只是現實生活的暫停或休息。壓抑的觀念在遊戲的次語言經驗中是不恰當的，那些分析成人的理論和技巧對兒童是不適合的。兒童不可以被強迫去適應語言和分級的世界。聰明的分析師應該成為兒童世界的有禮訪客，並嚴肅的研究遊戲。

佛洛伊德將夢的解析定義為「通往成人潛意識的聖路」。艾瑞克森則堅持遊戲是了解幼兒自我的最佳方法。就像成人的夢，兒童的遊戲具有它特殊的位置，而較不依靠語言。更進一步，遊戲可以在提升自我的過程中，透露出同時間所處環境中的身體和社會狀態。這對於成人並不陌生。事實上，成人也需要遊戲。

遊戲化成為艾瑞克森人格的重要部分。他中年時幽默的神態、慧黠的笑話都成為他的特色，他也塗鴉和穿著休閒。隨著他那遊戲人生的習慣與日俱增，他也強調成人應該在面對人生時要保持遊戲的態度：「我認為兒童的遊戲就是模擬日後的情境，透過實驗和計畫去掌握現實。就像小孩玩一樣，成人也需要關照以前的成功經驗，去建立日後的模範情境來調整行動。」他沒有提任何心理分析師來輔助他的理論。他舉席勒為例：「人只有在遊戲的時候才是完美的。」布雷克：「兒童的玩具和老人的推理是這兩個階段的果實」。艾瑞克森認為布雷克不只說明遊戲的尊嚴，而且指出成熟推理中的潛在幼稚。兒童透過遊戲成為大人的推理，都將狀況縮小到可以控制的範圍。

他對於兒童遊戲的態度使他這本書脫離心理分析正統派，也讓他成為不凡的心理分析師。書中好幾篇論文都解釋他的智慧與臨床能力。

在書的綱要中，他堅持所有臨床經驗都基於這三個狀態的關係：⑴生物（生物組織過程）。⑵心理（個體自我整合能力）。⑶在地理歷史影響下的自我社會組織。分析師必須照顧到這三點。艾瑞克森的臨床主要著重在寬度、確實和特殊性。在《童年與社會》中，他解釋三個例子：五歲男孩山姆、一位年輕的不具名海軍和六歲女孩珍。一方面他看待每個病例都是特殊和獨特的，另一方面他用每個例子來擴大他的心理分析理論。雖然他描寫他們為特殊而實際的，但是他利用他們作為起跑點，以生命週期發展理論建構認同模型。

他以山姆的例子作為認同危機的樣本。山姆這位小猶太男孩，隨著父母在一九三〇年代末期搬到北加州這個非猶太人區域。他的祖母在探望他們家的時候過世。而他的母親騙他說祖母沒死，只是遠行，而他看到的棺材是祖母用來裝書的。在幾天後的早晨，他因為癲癇吵醒他父母。幾個月後，他在看到院子裡的死鼴鼠後又發作。第三次在他不小心捏死蝴蝶後發作。之後他間歇性發作兩年，直到艾瑞克森成為他的治療師（他的第三位醫師）。

他很快就發現前面幾位遇到的困難。他和山姆玩骨牌，他叫山姆用骨牌堆一個盒子，山姆把有點的部分都朝裡面。艾瑞克森發現你必須在盒子裡面才可以看到那些斑點，就像是死人在棺材裡面一樣。山姆也同意這個說法。之後他問山姆，先前他攻擊他（艾瑞克森）時，是否害怕他會死，山姆承認。艾瑞克森告訴他，自己不會因為他的攻擊就死的。而山姆每次癲癇發作的時候，也很害怕自己會死。

很快的，艾瑞克森發現山姆癲癇的原因。有生物性的原因——腦子受到毒物或其他的刺激。而這個病會降低他感受外在危險的門檻。他並沒有指出發作的原因：有許多人有類似的疾病，但並沒有抽筋的現象。他較為在意山姆的心理原因，而不是生理原因。當山姆覺得自己有危險的時候，他會馬上攻擊並且問一些令別人不舒服的問題。艾瑞克森稱這類行為是恐懼對立的防衛機制。山姆的防衛基於薄弱的自我認同，以致於很難面對內在與外在的危險。

艾瑞克森比較在意他的社會環境、他的家與鄰居——他的文化和自我的水平狀態。這明顯與佛洛伊德所主張的內在垂直重點不同。除了山姆的外在環境，他跳過山姆媽媽因為環境引起的焦慮，她想要融入非猶太社區的想法造成和丈夫及婆婆之間的緊張情緒，她的內在混亂必定影響到她和小孩之間的信任及互動。

艾瑞克森刻意不注意山姆媽媽是因為這和他的外在環境觀點不符合。他追踪男孩的根，從猶太街到歐洲屠殺。面對非猶太人的敵意和暴力，山姆的祖先對於防衛態度激動，並且聚集而抵抗。山姆假設這些特色在他的衝動念頭和好鬥個性裡。因為他的家庭就是懼怕對猶太人的仇恨，所以住在非猶太區，而為了得到非猶太人的贊同，父母要求山姆是個好男孩、具有好問的特質，而山姆發現自己不能做下去了。當他的雙親堅持「猶太小孩必須是非常好的，不然就是非常壞的」；而他的鄰居們因為他的猶太身分，認為他不可能非常好；因為覺得自己對於祖母的死亡有責任，以及曾傷害他的治療師，他覺得自己非常不好。社會原因破壞了他的自我防衛，使他失去完整的個體和認同。

艾瑞克森強調山姆的社會環境是可以理解的。他從青少年起就離開他的猶太根，他可以看出山姆在非猶太世界裡感到的壓力。他幫這個男孩建立信心，他幫助山姆了解他的社會及情感環境，並鼓勵他告訴父母他的發作情形，這樣他的小兒科醫師可以防止復發。之後癲癇的發作減少到最低。他對於山姆的病例很有信心。

他的第二個例子是一位三十出頭的海軍。這次的病徵也是身體的，是定期的頭痛。而這個病發生在一個迫切的環境，說明白點，就是戰爭。這個病例發生在一九四〇年代當艾瑞克森在錫安山復健中心時。一九四二年時這位海軍（一位沒有武裝的醫兵）赫然發現自己身在當時美軍非常重要的一場戰役的灘頭——瓜達爾卡納爾島。有一個人將一把槍交到他手上，這破壞了他自己絕對不使用武器的誓言。他不記得自己當時拿這把槍做了什麼，他的下一個記憶已經在臨時醫院中，發著高燒，沒有辦法移動而且很害怕敵軍會突然來襲。他被撤離，而當他離開前線後的第一餐，他發現自己沒辦法忍受器皿發出的噪音，開始有持續的頭痛，而且不能忍受金屬的噪音。他是瓜達爾卡納爾島戰役的衆多受害者之一。

艾瑞克森研究他病因的生理原因：「高燒和中毒的情形可以解釋他第一次的頭痛，但也只能解釋這一次。」當他開始探索他的童年時，這位病人想起當他十四歲時，喝醉酒的媽媽拿著槍對著他的頭，他搶過來並且把它弄壞。他之後就離家出走，再也沒有回去，同時對自己發了一個看起來不太連貫的誓言——他永遠不要喝酒、拿武器、詛咒和有性行為。他一直遵守這個誓言，所以他失去了遊戲、實驗和放縱的經驗。但他還是一個有愛心的人，基於國家責任他參加海軍，而且都沒有問題，一直到瓜達爾卡納爾戰役。

艾瑞克森總結這位海軍的護航系統在灘頭堡破壞了，而他的自我組織能力也失去了，因此他沒有辦法分辨重要和不重要的刺激，也無法辨別真實和錯誤。可以說他失去了自我認同——「感受自己原來的持續性與一致性的能力，也因此無法運作。」戰爭破壞了他的自我平衡，他本來維持的趨策力都中止，就像起錨一樣，人生失去了方向。

就像山姆一樣，這個例子中社會環境扮演了基本的原因。如果不是戰爭，他不會如此，他的恐慌來自於突然的軍事命令、群衆恐慌和敵軍攻擊下的行動限制。這些社會原因加上高燒，破壞了自我的組織——社會環境，而不是生物原因導致自我失去。這是艾瑞克森生物—心理—社會觀點的主題；他提到生物因素但是並不重視。

透過山姆的例子，甚至是這位海軍，艾瑞克森發展出和他在維也納學習的心理分析不同的臨床觀點。他發展了他自己的水平面社會因素之自我心理面向（不是垂直面向的內在動機），建立自我認同和人格運作結構。

珍，他的下一個病例更說明他的臨床經驗。當這位六歲的小女孩和她媽媽一起來的時候，她在診療室跑來跑去，觸摸她有興趣的事物。艾瑞克森大約有一年的時間去她家裡分析，並在之後持續觀察進展。他很了解珍，但卻對她的病因很慎重。之前的醫生診斷她為精神分裂，但艾瑞克森認為她是早期自我失敗（early ego failure）。他不像山姆或海軍的例子，用生物—心理—社會的觀點解釋珍。他認為面對這樣一位缺乏自我的病人，必須先了解健康的自我。珍為心理分析理論提供一個很好的建構機會，還是有機會透過親密的人努力幫助她，這個例子和他遇到的其他例子都不同。

在《童年與社會》中他以筆記的方式開始記述珍的例子。他不願意用「幼兒精神分裂」診斷珍，但面對精神分裂的小孩是心理分析者最大的恐懼。他們的臉龐是這麼正常而可愛，但他們的眼神卻充滿「靈性」，似乎表達著深層的人生經驗，有著不屬於他們年齡的認命。面對這樣的小孩，治療師會認為只要是對的人就可以將他們拉回原來的路徑。但這是過於樂觀的想法。面對這樣的小孩，是母親、小孩和醫師之間「人類信任的最前線」。珍是艾瑞克森早期醫療經驗面對的最大挑戰。

珍第一次發病是九個月大的時候，她媽媽因為結核病而和她分開。她被護士抱著，只能偶爾從走廊看到房間裡的媽媽。她拒絕別人碰她，也害怕房間裡的物品。她不信任周遭的人和物。艾瑞克森發現這種早期精神分裂都有和母親分離的現象有關，但他不清楚這樣的分離是否造成小孩的問題，或是有內在或是體質上的原因，他也不知道是否可以藉由計畫性的替代母愛來解決這個問題。

他沒解釋自己身為珍的治療師的情形，但他很清楚這是很艱難的工作。她有自我缺陷，顯示審核系統有缺陷，她被印象所壓倒，被困擾的衝動所干擾，無法組織空間與時間。更基本的，她缺乏文法中「第二者」的意義，分辨不出主動與被動、你和我的差別。她沒有一致性的自我意識，因為她缺乏和母親及其他人之間的互信。艾瑞克森發現她無法透過和「你」之間的互動去感受自己。

因為艾瑞克森對於兒童的成功例子與他的樂觀，他接受了這個病人。他將珍從特殊觀護中心帶回珍的家中。他指導珍的母親接受一個重建母女關係的課程——重點在互動與「文法中第二者的意義」。他的母親學得很快，她開始要求珍坐在她旁邊，並且對於珍表達自己的努力給予熱情回應。最大的突破在於手指遊戲——這是艾瑞克森幾乎未曾使用過的遊戲。他鼓勵珍講每一個指頭的故事（一個指頭去市場，另一個在哭等等）。他解釋「讓她在整合不同人、不同時間在不同地點時，可以學習整合時間和個體一致性」。但珍還是無法說出「我做了這個」，因為她的認同還是有缺陷。她必須一直複習先前所學的。手指的故事必須要重新計算，以用來重新建立「事物發生時間、地點的可信度」。因為她已經會使用手指和聽覺，艾瑞克森鼓勵她在唱歌的時候用木琴。之後她開始彈鋼琴，這是艾瑞克森最喜歡的樂器，試著去學貝多芬的奏鳴曲。但不像艾瑞克森的其他病人都有長足的進步，珍的病又再發了；她拒絕這項禮物（音樂）。艾瑞克森結論，像珍這種精神分裂的小孩「會因為一個獨立的成功讓人以為整體都有進步」，這樣的小孩會記憶和算術，通常會有藝術和音樂的能力，可是他們沒有辦法整合，因為他們的自我是無能的。

珍是艾瑞克森少數的失敗病例之一。她仍然無法建立自我意識，也缺乏堅強的自我認同感。最後她甚至拒絕和同年齡兒童溝通。她必須進特殊學校，而在那裡使艾瑞克森和她母親先前的努力喪失。之後有一位年輕的精神科醫師治療她，但效果並不明顯。對於這個病例，艾瑞克森持模稜兩可的態度。他希望心理健康的專家可以在像珍這種小孩的小時候，就透過計畫好的母愛來挽救。他認為最終的缺陷來自於兒童，而不是母親或是社會環境。在這個例子，他認為沒有什麼可以阻止母子信任損壞的結果。對這種具有不穩定自我及認知組織的小孩的治療，表現出對於人類信任最前線的困難。

珍讓充滿希望的醫師變得謙虛。山姆和那位海軍對於時間空間都有組織能力，他們的自我是受到社會環境影響而受損，改變社會環境可以治癒他們。因此如果珍曾擁有過認同和自我意識，她可能也會有進步的可能，可是她面對的問題是她的自我「無能」（impotent）（艾瑞克森之前並未用過這個名詞）。他搬到加州兒童福利中心的一大動機就是研究心理健康的兒童。珍的失敗加強他針對擁有完整自我的兒童工作的想法。在《童年與社會》中，艾瑞克森除了珍之外，並沒有討論其他無法擁有自我的例子，不論正面或負面的都沒有。

這並不表示他對於珍或是其他無法修補自我的病人沒有興趣。他對於珍也許比書中其他的例子還要關心。治療珍成為夢魘，是因為這是一個未知領域，是精神藥物都不能戰勝的精神病。佛洛伊德曾預測如果心理分析師沒有辦法和病人達到最低限度的感情轉移關係，是不會有效果的，而這在珍身上得到印證。艾瑞克森的形態理論和生物—心理—社會觀點都無用。不能改變的自我損壞給他上了一課。他必須要擴大關於自我認同的觀點，面對像山姆和那位海軍的病人，長遠的效果是可能的，但他卻在珍和他自己的一位親人上失敗了——就是他的第三個兒子，尼爾。

尼爾・艾瑞克森

直到一九四四年的那一天以前，瓊・艾瑞克森一直自認為是模範媽媽。她很高興的說著她如何在一九三一年的冬夜，滑下山丘在維也納的醫院生下健康的凱。還有她如何在葛莉絲紐黑文醫院拒絕和蘇分開，開啟了母親和新生兒同住一間房的先例。醫生告訴瓊她非常健康不需要看病，她本身也贊成自然生產，因為她第一胎的自然生產讓她擁有母親的控制權和自尊。早在她和艾瑞克為《女士》（Mademoiselle）合寫的，有關自然生產可以助長母親角色和「新生兒權力」的文章之前，她就已經有了這種看法。

艾瑞克帶四十一歲的瓊去柏克萊醫院生他們第四個小孩的時候也是信心滿滿的。她的婦產科醫生很晚才到，因此瓊必須先接受藥物控制，以免在醫師到之前生產。幾個星期前，醫生有建議先做延後生產的手術，以避免早產的傷害。雖然尼爾的生產過程冗長、困難而痛苦，但還是在醫生到之前就生了。瓊接受重度鎮靜劑，但她還是要求要看她的新寶寶。醫生告訴她小孩子有嚴重的健康問題，因此必須接受特殊治療時，瓊非常的震驚。

當瓊在生完昏迷的時候，醫生們告知艾瑞克，尼爾是個「蒙古症白癡」（唐氏症兒童），他沒有脖子的肌肉因此頭抬不起來，大概活不過一歲或兩歲。他們建議把尼爾放在柏克萊一個特殊的法國醫院。艾瑞克覺得自己對尼爾有責任，他很難相信他們居然生出怪物小孩。艾瑞克那早夭的妹妹愛娜在兩歲的時候過世，也許也是出生的時候有問題。他打電話給米德，她一直是艾瑞克生命中一位強壯而有指導性的女性，他在私人和專業上都很仰賴她。米德告訴艾瑞克，醫生說的是對的。唐氏症的嬰兒待在家裡，對於其他的小孩和家庭都沒有幫助。尼爾應該放在醫院裡面，而且不要跟瓊有任何接觸。惠爾特也贊成米德的看法。如果艾瑞克當時打給其他的朋友，像小兒科醫生班哲明．斯伯克，以及其他幾位對唐氏症有研究的小兒科醫生，也許會得到不同的建議。但最後他簽了同意書，尼爾就被轉去那個法國機構。

艾瑞克在醫院等到瓊醒來，告訴她尼爾被轉到特殊的機構，之後他回家通知小孩子們。十九年後，他告訴朋友羅伯．利夫頓，他當時告訴他們尼爾死了，為了不讓他們被唐氏症嚇到，他騙他們，就像當年他母親欺騙他親生父親一樣。當時他母親也是為了保護他——不讓他知道自己是私生子。母親欺騙他的痛苦並沒有讓他今天不重蹈覆轍。當時他告訴凱，尼爾沒死，雖然凱沒有告訴弟妹，但是他們卻覺得不對勁（就像艾瑞克當年覺得不對勁一樣）。家族歷史重演了，在危機當中，情感的壓力會形成一種慣性——當時感覺瘋狂與超脫現實——卻舉足輕重。話說回來，艾瑞克身為兒童心理分析師，卻無法發揮所長。他不停的告訴家長要對兒童坦承，絕不可以讓他們互相競爭，但是他卻沒有對容和蘇說實話，而且要凱參與謊言。

尼爾的死亡對三個孩子都影響很大，尤其是容和蘇，他們覺得非常迷惘。當瓊回到家，她並沒有問艾瑞克和孩子們什麼。相反的，她拒絕討論這個話題。雖然不舒服，她堅持要去法國醫院看她的兒子。尼爾是個大嬰兒，而且正式確定擁有唐氏症的所有病徵。當瓊到醫院時，他也沒有任何反應。瓊非常痛苦。她覺得應該把自己的小孩帶回家，即便醫生和丈夫都不這麼想。但另一方面，她也理解他們的考慮，她的確沒有能力處理這個狀況。但確定的是，她不完全接受醫生所謂唐氏症兒童對其他人有害的說法，但她覺得尼爾會破壞她所擁有的浪漫形象，她在這一點的想法超過艾瑞克，她想要擁有一個健康、迷人和活潑的年輕心理分析醫師家庭。當她較為恢復體力和決定權後，她將尼爾從法國醫院轉到柏克萊附近一位專門照顧唐氏症兒童的女士家裡，但仍然有問題。所以瓊帶著這個「大寶寶」又轉去柏克萊另一位比較有經驗的女士那裡。她定期去看尼爾，有時候自己一個人去，艾瑞克在這件事裡面擔任被動的角色。當尼爾快滿一歲時，醫生建議將他轉去一個專業的公立醫院。瓊沒有多問就答應了。尼爾在那裡住了二十年。因為他們夫妻每次去探望他就很沮喪，所以越來越少去。家裡面從不討論尼爾。就像同時有兩個家庭，一個是公開的快樂五人家庭，另一個是不為人知的有問題六人家庭。艾瑞克和瓊為小孩們照了很多照片，公開五人家庭照片，如果他們曾幫尼爾照過，也沒有洗出來。

瓊把尼爾放在外面的另一個原因是她的婚姻關係（這和米德完全不同，她結婚是因為可以在事業上幫助她成長，她離婚是因為不再得到幫助）。自從結婚開始，瓊就負責孩子的全部教養和家中一切事務，她還要照顧艾瑞克的食衣住行、社交生活等。艾瑞克甚至需要她的同意才開窗或關窗。她也幫助他的專業寫作，比做她自己的還要有效率。因此她每天都非常忙碌。而現在她覺得自己不能同時照顧艾瑞克和尼爾。艾瑞克就像她的第四個小孩，而且比其他的小孩還需要她的時間精力，因此她選擇了艾瑞克而放棄尼爾，可是這卻付出了代價，夫妻關係變得非常緊張，在一九四〇年代中期時，他們甚至考慮離婚。

那個時代對於唐氏症的看法很分歧。歷史學家艾琳．泰勒梅提醒我們從一九四〇年代中期到一九五〇年代是美國嬰兒潮。當時女性的成功主要來自於成為成功的母親。社會上充滿健康正常的小孩，成為當時良好母親的一個重要象徵。在一九五〇年代從地方到國家都有智障父母的志願團體，互助以抵抗智障的汙名。他們將智障兒童帶到陽光下，尋求醫學上的重視與幫助。在這種潮流的改變下，名人如柏爾．柏克、戴爾．伊娃和洛．羅杰都承認他們有智障的小孩，而且他們又可愛又特別。在一九五四年艾森豪總統終於宣布十一月的第二個星期為國家智障兒童週。唐氏症兒童占智障兒童的最大部分（一九四九年每六千六百五十個新生兒就有十七個是唐氏症）。

因此瓊的決定（艾瑞克比她先接受這個決定）是可以理解的。雖然她知道就算他們接受外界團體的幫助，親戚朋友也不會好奇，但一九四四年當時這種組織並不多見。艾瑞克森家族就像當時其他的唐氏症家庭，一直處在沉默、羞恥及深深的痛苦當中，即便五〇年代社會看法已改，還是如此。

當時對於唐氏症並不了解，成因有很多傳說，直到近幾年才知道是因為第二十一對染色體的突變。但在尼爾出生的年代，並沒有為孕婦做產前檢查，也沒有教導父母如何照顧他們，更沒有辦法預先知道而墮胎。當時以為造成的原因是腦下垂體機能減退，或是有飲酒等原因。這種認為是父母的錯誤而造成的想法，更讓父母難以決定要親自照顧還是放在專業機構。

當時醫生的建議是合乎那個時代的認知的，認為唐氏症兒童應該要受到專業的照顧，如果把他們帶回家，會破壞家庭生活、擾亂其他正常小孩等。但其實少部分的專家知道唐氏症兒童其實可以存活較久，而在父母的照料下，他們可以學習走路、說話，是可以很可愛的。但艾瑞克就像其他的病童父母，沒有尋求不同專業意見，也許以艾瑞克而言，他應該會去尋找其他的建議，但是瓊在這方面也出奇的順從。考慮當時的社會狀況，也許就算他們去找其他的專業意見，也不一定保證能得到不同的意見。

瓊因為生下尼爾而自責沮喪，覺得自己已經四十一歲，不能再生小孩了。當時的確認為高齡產婦容易生下尼爾這種小孩，但她不知道的是唐氏症有兩種成因，第一個通常發生在年輕媽媽上，是因為第二十一對染色體的突變。第二個是發生在高齡媽媽，因為多出染色體，可是這個原因百分之二十是因為父親的關係。因此在基因上，艾瑞克（並不知道他生父那邊的歷史）可能要為尼爾的悲劇負責。

為了遠離尼爾的記憶，瓊將家搬到奧林達，那是一個小衛星城市，充滿樹木，有一個鄉村俱樂部和高爾夫球場。隨著搬家，瓊變得非常好動。她每天長時間工作，蓋了一片水果林，替蘇加蓋一個房間，這些粗活她都自己做。她為蘇買了一匹馬，還蓋馬廄，參與游泳池工程。

她也開始專心藝術創作，她設計珠寶，並成立一個區域美術中心。除了這些活動，尼爾還是常出現在她心中，雖然她從未談到他。一九五一年他們搬到麻州西部，因為艾瑞克希望離開加州大學，接受奧司頓．理格中心的工作。瓊也積極參與中心的活動，這些心靈受傷的病患在復健過程中，可以發現瓊透過工作與美麗事物找回她自己的路。瓊不久後就發現她為中心病人做的，正是她沒有對自己小孩做的。

在奧林達，他們家的成員試著拉遠彼此的距離來解除緊張。艾瑞克多半時間在辦公室，寫《童年與社會》，開會和分析病人。蘇成為不錯的騎士，而凱和容正處於青少年後半期，忙著跟鄰居玩，瓊則專心於手工和寫作。

尼爾的存在對這個家庭還是有痛苦的影響。當他們離開加州時，他們告訴孩子們尼爾的存在，他們有一個七歲的弟弟。他們解釋尼爾的狀況並不適合他們去探視。容回憶，這件事很快的改變他的生活，蘇則害怕自己有一天也會被拋棄，當時沒有辦法完全信任父母。

在搬走的一年後，瓊坐火車去看尼爾。當時尼爾看起來比以前都正常，雖然有點過動和緊張，腳上還戴了一個鍊子。瓊懷疑尼爾小時候是不是還有其他的選擇，而自己並沒有好好的為他計畫未來，但她覺得來看他實在太痛苦了。尼爾再出現在他們夫妻之間，是在幾年後艾瑞克的好朋友瑪莎和湯瑪斯．波克特有小孩的時候。雖然瓊沒有建議他們墮胎，可是她建議他們取消未婚生子的計畫。他們拒絕了，而且覺得瓊是因為拋棄尼爾而有想要補償的心理。一九五九年當蘇二十一歲的時候，尼爾又出現在他們生活中，瓊的媽媽的遺囑是將財產留給所有的孫子（包括瓊姊姊的三個小孩）。而財產將在所有小孩都成年的時候分配。因此一直到一九五九年尼爾十六歲的時候才正式分配。六年後，艾瑞克和瓊在義大利，當時艾瑞克休假去寫作，他們正在波克特家吃晚餐，凱打電話來告知灣區的醫院打電話來——尼爾過世了。艾瑞克接過電話，告訴瓊這個消息，希望瓊作主，之後他回答這是他們意料中的事情。那天晚上，瓊跟艾瑞克打電話給蘇和容，他們住在北加州，要求他們來安排火葬（這是違背猶太教義的）。這對於兒女是個困難的事情，他們沒有回來參加葬禮，蘇告訴主持葬禮的人，說她這位素未謀面的弟弟應該葬在兒童區，因為他從來沒有長大過。蘇和容都為了尼爾從未參與過這個家而難過，覺得他們沒有努力照顧這個弟弟，一直有個困擾他們的惡夢存在。

佛洛伊德認為平日被壓抑和遺忘的事情會在夢境中出現。從未被討論或想過的尼爾，一直存在「艾瑞克森」家的陰影和夢境當中。他偶爾會浮現出來。在回到美國後不久，瓊就告訴理格的同事以及朋友瑪格立特・柏曼・吉伯遜有關尼爾的事。幾年後瑪格立特的先生威廉・吉伯遜寫了一本小說《蜘蛛網》，其中描寫的一個心理醫院，就像理格和曼寧格中心，一位強壯積極的治療師，是以瓊為藍本。其中一個場景，是助理醫師在主人翁的車後座發現杜斯妥也夫司基的《白癡》。當瓊讀到這段，她非常生氣和難堪。她判斷是他們背叛了她的信任，而把她有唐氏症兒子的事情到處廣播。

雖然尼爾住在幾千里之外，他沒有被忘記，他不只存在艾瑞克和瓊的私人生活中，還存在他們的專業領域裡。他為艾瑞克的理論提供了負面的背景——在瓊的幫忙下——去闡釋「正常」的生命週期。

尼爾和生命週期模型的產生

在《童年與社會》中以章節出現的八階段生命週期，是艾瑞克在一九五〇年為「嬰兒與兒童世紀白宮會議」發表的簡短版（見第一九八頁）。當時尼爾出生的危機已經解決，他們夫妻開始一起工作，艾瑞克負責撰寫與建構理論。這個研究計畫是在一九四〇年代中期開始，也許是正當尼爾出生之後，他們婚姻的緊張期，他們從艾瑞克從一九三〇年代中的研究開始，超過佛洛伊德以嬰兒為基礎的心理性發展。他們審視艾瑞克的臨床例子，最後在瓊的領導下，以自己和孩子為研究對象，試著整合這些資料。

約莫半個世紀之後，當艾瑞克在鱈魚角的安養中心快要過世時，瓊在距離幾條街遠的家中招待客人。她述說尼爾的悲劇，這對他們的生命週期模型有影響嗎？她很確定尼爾對一九五〇年代那兩篇論文有影響：「但我不知道是如何影響的。」她已經被她生命中的這個創傷弄得精疲力盡，沒有辦法多做解釋。她一面喝茶一面微笑，似乎把這件往事說出來可以輕鬆點。不過當她說起當地的天氣和她種的植物，似乎顯得更有精神。從那天早上談話的錄音看來，尼爾和生命週期模型的確非常有關。她以一種很吸引人的方法將這兩件事連在一起，不過她自己似乎不知道。實際上她說的也許是唯一能證明這兩件事相關性的證據。

在一九四四年尼爾出生前，艾瑞克對生命週期理論已經失去興趣。在一九三〇年代末期，他把四個週期列出來——嬰兒（口腔、肛門、性器）、潛伏期、青春期和成年異性戀適應期。他的想法和佛洛伊德很接近，而他希望能將所有週期畫成表。同一時期，他畫了八個方形的圖。每一個方形表示垂直的性慾區和水平衝動的交會點。當然他希望能將這八個圖解釋為八個完整的人生階段，他覺得可以借用社會變遷和文化的觀點，但並不知道如何下手。

在一九四〇年當他為醫學百科準備《嬰兒與幼童問題》時，他對於生命週期的理解還是有阻礙，因為與山姆的合作，使他了解社會及社區的影響對兒童心理發展至為重要。而蘇族和約克族的研究更增加他的了解。但是他沒有辦法將「個人如何受到環境影響」發展成理論。像是胚胎學，他發現每個胚胎的器官都是一個接一個的出現——每個器官都適時的出現在那個位置，而且和其他器官同步。而個人發展也是如此，每個階段都適時出現，當嬰兒開始長大，隨著階段不同，「生理和文化就開始影響」。關於發展期間的兩項外在因素，艾瑞克提到兩個，一個是父母，一個是兄弟姐妹的關係。但他的棋盤圖在這裡卡住了，沒辦法繼續到童年之後。他沒有適當的辭彙解釋，從胚胎期的自我與童年直到老年死去之間的社會環境。

尼爾的出生影響他繼續原來的研究，所以他請瓊做他的共同研究人。但當時共同研究等於是一個興奮劑，瓊在《童年與社會》中不只擔任評論者而已，這項合作讓她和丈夫成為合夥人。在沒有關係調停的狀況下，艾瑞克很高興和妻子合作，走出家庭悲劇。他們在他沒辦法突破的理論上站起來，發展出具洞察力而範圍廣泛的發展理論。

在合作之初，瓊要求艾瑞克注意孩子們的關係。

「我太太觀察我們的小孩」，他曾在曼寧格同事前説過，瓊以他們的小孩作為研究基礎。而艾瑞克的病人及他的心理分析訓練也很重要。她輕視心理分析，總是認為莎士比亞比佛洛伊德在發展理論上要先進，因為他早就在角色中表現出來。

他們夫妻很喜歡互相朗讀文章。他們一次又一次的讀莎士比亞《皆大歡喜》中傑克演講「世界的舞台」提到人的七個階段。他不只從出生討論到死亡，而且似乎以社會和道德而不是性的角度定義他的七個階段。他們回想起當時以傑克的演講去解釋艾瑞克早期的理論和棋盤圖時，有多興奮。較大的年齡範圍使他們可以將病例如山姆、珍、海軍軍人和他們的孩子包括其中。他們用社會—倫理的觀點讓艾瑞克森獲得解脫。在莎士比亞的階段中少了兒童這個階段。

加入莎士比亞的觀點後，他們覺得還少了什麼。有一天當瓊開車載艾瑞克從北柏克萊到舊金山南邊（是長途旅程），他們在車上檢視生命週期理論，試著找出遺漏的部分。「嘿，我們把自己忘了！」瓊叫出來。他們將自己歸類為莎士比亞說的「愛人」階段，卻忘了他們已經到了生產繁衍階段。他們生養小孩，在扶養小孩的過程中，瓊是在生產繁衍階段，艾瑞克工作及準備第一本書也是生產繁衍階段。生產繁衍階段不只生小孩，還包括兩代之間的滿足——是成人階段的重要工作。當他們到達目的地時，他們希望自己已經超越佛洛伊德和莎士比亞，艾瑞克原創性的生命週期正走向它的嶄新方向。

當艾瑞克稱「我的生命週期理論」是屬於「我們的」，這其實是個比較保守的說法，因為尼爾在這裡有舉足輕重的影響力。他們夫妻是透過合作來走過尼爾出生的創痛。他們的唐氏症嬰兒屬於「沒長好」、「不完全」、延遲發展的受害者。瓊愛他，也許艾瑞克也愛他，可是他們也怨恨他的出生。他比一般人需要更多的幫助才能生存。如果他沒有出生就好了。瓊記得她必須努力不去想尼爾是過著如何可怕的生活。很明顯的，他不在他們夫妻建立的生命週期中。

他們認為自己創造的是健康與正常的模型，某種程度上是他們和他們的小孩的模型。畢竟這是以他們為基礎建立的，在最私人的部分，這是艾瑞克森家五口健康和正常的寫照。更可以確定的是，這個模型中尼爾處在邊緣地帶，就像是現實社會中，他們和尼爾保持的距離。

瓊在此的地位非常重要，她記得很清楚，多年來她一直鼓勵艾瑞克研究正常小孩。在尼爾出生後，這也成為艾瑞克的想法。他們家五口的正常模型不包括尼爾——起碼生活當中一定沒有，也許記憶中也沒有了。

建構的過程不可不提艾瑞克最初的想法。在一九四〇年的《嬰兒與幼童問題》中，他認為正常發展和身體器官的大小及功能有關，如果正常的頻率和次序不對，那就會過與不及。艾瑞克觀查尼爾四歲的狀況，是兩者都缺乏。他們不敢相信自己怎麼會沒有生一個健康寶寶，而尼爾的症狀在唐氏症中是屬於嚴重的。當他們研讀這方面的醫學報告時，瓊記得他們討論正常頻率和次序。這些負面特徵讓這對悲傷的夫妻轉向研究正常人的「八個發展階段」。

整本書中沒有討論唐氏症。模型中最基本的是「信任與基本的不信任」。嬰兒依母親的存在和幫助建立「內在確定」和「外在預期」，讓他可以看不到母親而不會焦慮，因為他相信母親一直在那裡而且對他有助益，建立一種初期的自我認同。珍就是因為沒有基本信任而得到精神分裂。治療的方式就是重建信任——這在山姆的例子有用到。在《童年與社會》的最後一章，艾瑞克提到要用自然生產——最低限度的影響——以建立母子間的信任。兩方都盡量不用藥物而保持視線清楚。當母親和寶寶眼對眼的時候，可以建立互信，這在瓊生凱的時候可以看到。而尼爾的生產過程就有醫學的干擾，當瓊醒來時，尼爾已經被送走，他們沒有建立信任，雖然瓊堅持她很愛尼爾，而且恨別人叫他「白癡」。不過艾瑞克因為欺騙另外兩個小孩好幾年，而失去他們對他部分的信任。

生命週期：全部的呈現

尼爾的出生對於親子間的關係是個破壞，卻同時將艾瑞克與瓊拉近，給他們精力與誘因，最後發展出生命週期模型。

隨然瓊在理論發展中很重要，但艾瑞克是撰寫人及主要的發表者，他從一九三〇年代就開始研究這個主題。隨著他一九五〇年發表這個理論，他的觀點開始流行，學者、電影製片和作家都把他的八階段理論視為一種教科書。雖然他有時有點陶陶然，可是因為兩個原因卻覺得很沮喪，因為這些宣傳他理論的人輕視了許多前輩的研究，包括莎士比亞、范戴克的畫、佛藍期、柏克萊的同事布倫斯基、佛洛伊德、阿伯漢和安娜·佛洛伊德。雖然他自己沿用這些想法卻沒有告知他們，他覺得很不好意思，因為這些宣傳者沒有看出來他的模型擁有人類科學的悠久歷史傳統。

另一個原因是他覺得這些人對這個理論有基本的誤解。他將這些階段以斜的方式表達，而不是垂直的，就是記錄相對兩極的衝突是存在生命之初一直延續到之後。重點不是時間的序列，而是每個階段如何相似而重疊。後一個階段其實就存在於前一個階段，擁有共同的問題——都要面對改變自己以及與別人發生關係的部分。他不高興那些人把他的理論解釋得非常死板而精確。他也許應該用「方向」、「分段」或「趨勢」來替代「階段」這個名詞，更可以解釋理論中的運行和不可分割性。他覺得自己只是得到生命週期的一個概念，但外界卻渲染成一個最終的形式。

而最可惡的一點是外界忽略了家庭中不同世代之間的關係。因為瓊的影響，艾瑞克著重於討論親子關係甚過個人的心理發展。艾瑞克森的生命週期在於研究親子間的信任與分享，進而影響到青少年認同（第五階段）和老年統整（第八階段）。沒有其他的心理分析理論曾直接談到這些人際連結。

艾瑞克的生命週期一開始討論「信任對不信任」，接著是「自主對羞愧及懷疑」。這些代表了自我的意識，而且和他人的意識分不開。這與傑克．拉肯的「鏡中階段」非常類似。自我的意識起源於小孩和他人（通常是父母）相視而笑的共同認知。在那一刻，他知道他對於特定的人有特殊的意義。這最初的客體關係（人類發展的起源）是代間的——在嬰兒與父母之間有聯繫的。母親對嬰兒需要予以敏感照顧，以及在他們溝通方式的信任架構之下發展了強烈的可信賴感，給予嬰兒信任和信心以建立「認同意識」。隨著信心，他開始接觸周圍環境，一種預設的、與父母間的依附形成，促使嬰兒信任進而自主，並開始「緩慢的成為父親（母親）的過程——傳統的延續者」。在這過程中，可以看出，「兒童的成長過程，就是走向自律」；也可以衡量「兒童超我的發展就在他是成人時，他對待小孩的方式」。因此在兒童早期因父母的反應而形成信任和自主，會喚起兒童的模仿能力，學習他的父母。

艾瑞克森生命週期早期的階段著重父母，而第七階段和最長的階段則基於對子女的關懷。

佛洛伊德對於成人生產繁衍沒有著墨太多。而艾瑞克和瓊則建構這階段，不以創造和生產的想法為足，而是一種「超越生育與照顧」。這階段著重在「指導下一個世代」，和對於社會的「父母責任」。如果沒有生產繁衍，成人會傾向於停滯和人際關係貧乏。這樣的父母會在那個階段表現出生命還虧欠什麼，因此沒有辦法給予下一代的情況。這種成年人不知道施比受有福。這個階段主要的任務是撫養小孩，使他們的小孩發展信任與自主。在艾瑞克的觀點，世代間的關係是他和正統佛洛伊德派的分歧。他和瓊以養育凱、容和蘇的驕傲及沒有照顧尼爾的心情寫出父母和子女的關係，對於艾瑞克，只有泰德給他平淡的父親記憶，他成為自己的兒子，試著做到最好，就像自己是「自己唯一的小孩」。

生命週期中最重要的階段，第五階段「認同」，是由孩子在早期階段與父母在生產繁衍階段的代間關係而產生。他最初是在治療海軍和像他自己的這些病人時開始使用這個名詞；他在《童年與社會》和白宮會議中解釋，自己花了很多年發展出這個由代間關係產生的中心思想。他回憶安娜在一九三九年的自我及防衛機制中，描寫青少年會有一個階段拒絕妥協，並且反對父母。還有費登的「自我界限」理論，但沒有人提到自我是代間互動的產物，他覺得這是他自己的創見。

他認為自我認同不是一個固定的東西，是一個激勵人類方向的過程。當小孩回應父母的生產繁衍行為，會建立「零碎的認同」。這些零碎的認同表現出「覺得自己是什麼」以及文化中期待的人格。這兩者整合成為完整的認同，像是童年到成年的一段過程。一個人透過內在的一致和持續性，以及他在別人心目中的一致、持續性得到堅強的意識，就像是一個志業。

而認同混淆代表了這個一致持續性的破壞（比如海軍的例子）。用傳統心理分析來解釋，就是青少年的後期，成熟的自我「整合早期的自我和早期超我的自主」，以建立認同，如果沒有這個整合，超我將會和剩餘的潛伏早期超我結合。艾瑞克森認為，在青少年期的認同掙扎中，有兩項特殊現象屬於美國文化，是在世界上其他文化沒有的。第一個是在找工作時的強烈搖擺不定；第二個是談戀愛的時候會投射自我形象在他人身上。當形象投射在所愛身上，艾瑞克覺得有時候會因此闡明自我。因為建立意識的掙扎，有時會使人失敗或造成認同混淆，他建議臨床醫生要注意到這些失敗的時候。

當他解釋認同屬於發展階段時，他缺乏對於整個生命週期的系統看法。前四個階段是針對認同，但後面三個階段則由合併的認同所主宰。問題在於，如果認同必須要考慮到文化和歷史因素，這將會是一生中持續進行的過程。尤其如艾瑞克森提出的，在美國這樣的環境。這種社會中，安康是指隨著永不停止的調整而重新適應。對於一個移民美國但沒有真正安頓下來的人，他很清楚這一點。必須要一直調整適應外在的改變。認同變成很多個不連續的階段，而且存在整個生命週期中。在美國，這稱作變化特質。

他的八階段模型變得如此死板成為主要的問題，但這也跟他自己有關，因為這與他將自然生物發展和道德及倫理連結在一起有關。

在老年階段這個問題最嚴重，人生的最後階段被形容為一個統整的概念——個人將他的生命週期視為一個有意義的歷史，如果他之前建立信任、擁有自我認同、擁有生產繁衍關係——這一切都符合他的環境文化，他將成為他自己的父母，死亡也不再是個痛處。榮格所稱的人格整合可以達到極致，他克服了依賴和不信任。當一個成人可以將生產繁衍階段導向整合，對死亡不再恐懼，他甚至可以因而建立小孩的信心。「當父母不再懼怕死亡時，他們也會不再懼怕生命」。艾瑞克森在解釋死亡這段，似乎稍嫌輕率，艾瑞克森解釋如果在最後整合階段不成功的話，他會將自己嬰兒時期的恐懼轉移給子女。恐懼包括「輕視自己」，通常隱藏著不愉快和輕視別人。這種絕望的心情會阻礙與他接觸的年輕人，讓他們無法得到信任、互惠和認同。

雖然他用生物發展的觀點解釋理論，但他認為一九五〇年發表的生命週期是一個環狀概念而不是線性。他的圖表中表現出社會的輻射影響，這和佛洛伊德垂直深度發展不同。他認為在最初的階段，是母親和新生嬰兒。接著隨著社會輻射的影響，開始有父親和其他重要的遊戲團體、學校老師與同儕。他在《童年與社會》（以過度嚴苛甚至是任性的態度）強調每個階段都和當時的歷史及制度有關；嬰兒的信任與「宗教制度以及自主問題，都受到基本政治組織和經濟秩序的影響」。他加上「工業和技術有關，認同和社會階層，親密和關係形態，生產繁衍和教育，藝術和科學，最後，整合和哲學有關」。同時他希望將八個階段重新組合為一系列，就像是人類生命。每個階段表現出當時社會的教育狀況。透過這個重新組合，艾瑞克森希望能建議家長為兒童社會環境建立一個深層和身體的信任。這種由家長給小孩的社會意義，是最佳防止精神病和幫助健康發展的方法。

雖然他有許多觀點和維也納佛洛伊德派不同，但是卻和正統佛洛伊德派對於性別的看法一致。他在波士頓心理分析學會的同事艾佛·漢瑞，批評他在白宮的論文並沒有指出男性女性的差異，艾瑞克像佛洛伊德，認為男性發展是正統的。他的批評不盡然對，在一九五〇年提出的圖表中，有提到性別的不同，但是他還是追隨佛洛伊德的觀點，認為女性的發展比較低。在第三階段中，他提到女孩發展時缺少一個東西：陽具。當男生擁有外顯陽具時，他可以將它和成人的夢連結；但女生則因為內縮的性器官，所以只能保持性平等的夢。因此當男生開始學習攻擊，女生則開始打扮自己，試圖變得迷人。因為這種器官的內縮性，女生開始「抓住」別人的注意力，有時甚至有奪取和惡毒的行為。艾瑞克森對女性發展採用一種他自己沒料到的負面觀點。某方面來說，他這種佛洛伊德派的性別觀點，和他解釋女性是人類關係的核心相牴觸。隨著歐洲與美國的女性主義興起，艾瑞克森將開始受到攻擊。

完成《童年與社會》

雖然因為唐氏症兒子激起他重拾舊日的論文，但他在一九四八年的《童年與社會》綱要中並沒有提到生命週期。是他在一九五〇年為了白宮兒童會議——這是為了響應羅斯福總統提倡兒童的重要性，因而每十年舉辦的重要會議——使他將這些筆記和想法整合為一個完整的論文。這也成為他本書中最重要的一篇文章。

從一九四六年開始的四年，他的專業寫作形態改變，他四年只發表一篇文章〈自我發展與歷史變遷〉，以及一篇為班迪而寫的文章。全職的心理分析和教書讓他沒有時間寫作。他覺得必須要騰出時間，將他來美國之後的文章整合為一本書。

他一生中從沒有這麼想要在論文中找出他的主要理論。他覺得綁手綁腳，因為他不會使用打字機，而必須僱請昂貴的打字員。更重要的，他整理之前那七篇文章有困難，一九四八年他決定要把另外六篇没發表的也加進來，問題在於他想說的太多，時間卻太少。一九四八年七月他還在整理綱要階段，没有著手修改。他當時說：「我正好要寫一本書了。」如果他可以將訓練分析師的工作暫停一或兩個月。他應該可以在秋天寫好。在一九四九年六月，他寫好書的初稿，並在七月渡假時整理好。他當時在柏克萊剛由講師升為教授，他感覺身為教授應該要出書。

因為感受到壓力，他用前所未有的方式運用時間，雖然家裡有一架鋼琴，他也没有時間彈。他每天寫作好幾個小時，如果天氣許可，他會在野餐桌上寫作。一週一次，他會與喬瑟夫見面，並且與當地心理分析學會會員見面，但都是為了將他手稿中的內容念給大家聽。就連抽幾個小時去海邊，他也把稿子帶去。瓊堅持他應該要真的休息，每個星期二固定留給家人、鄰居和朋友。這一天他會在游泳池邊，喝他喜歡的冰紅茶，開始說他那些笑話。

一九四八年中，隨著書的詳細綱要在手，他準備要找出版商，然而他對於商業出版的想法非常天真。他問社會學家大衛．瑞斯曼：「出版商會預付錢嗎？」如果這樣，他可以減少診所業務，專心寫書。大衛做過律師、高等法院法官羅斯．班迪的書記，當時為芝加哥大學社會學教授，在一九五〇年出版《寂寞的群衆》，這本書成為社會從衆的經典研究。在艾瑞克森治癒他女兒後，和他成為好友。他在艾瑞克森出版《童年與社會》時給予很多專業和出版的建議。艾瑞克森向他解釋，無論有没有預付款，書商都不願意跟他簽約。哈柏和克諾夫都拒絕他，因為他們認為這本書無法成為一本連貫的書。哈佛精神醫師卡爾．并爾和記者凱瑞麥克威廉卻非常欣賞這些論文，他們向諾頓推薦。諾頓一向以出版佛洛伊德的《新序演講》及法蘭茲·亞歷山大《心理分析之醫學價值》為傲。并爾的推薦很有幫助，因為他是書店老闆斯朵·龍特的好友。

龍特檢查艾瑞克森的綱要，他的評語與哈柏和克諾夫一樣，認為論文集賣不了多少本。不過并爾的評價對他很重要，加上他詢問卡薩琳·巴諾的意見，她是負責諾頓心理書籍的編輯，是一位將事業放在婚姻之上的人，她的智慧和高貴使她不像那些古板的老處女，她非常欣賞艾瑞克森論文的深度和豐富性，建議龍特可以修改後的版本與艾瑞克森簽約。不過她和龍特都不期待能賣多少。為了降低成本，龍特要求艾瑞克森要刪減兩萬字。而艾瑞克森準備的那些漂亮彩色圖表，也在降低成本的要求下被改成黑白或簡單的圖樣。因為急於出版，艾瑞克森答應這些要求。龍特給他的約是很普通的——前五千本以四·七五美金計算，抽成百分之十。之後五千本抽百分之十二·五。如果有賣到一萬本以上，那就每本抽百分之十五，當然這沒有任何預付款。在一九五〇年五月，艾瑞克森寫信給龍特：「我需要錢，一年之內要寫一本書。我剛升為教授，還要付前一年的稅金，這不容易。」龍特寄給他五百美金作為這本書的預付款，日後這本書成為諾頓出版史上最重要的幾本鉅著之一。

龍特和巴諾非常訝異艾瑞克森在英語非母語的狀況下，可以寫出如此多采多姿的文章，以他一位近五十歲的移民，英文居然可以這麼好。但他仍然希望能夠有一次完整的校稿，他詢問：「艾瑞克森太太可以做這件事嗎？」艾瑞克森馬上回答：「我希望由我太太來完成細部校稿。」瓊校對艾瑞克森的每一篇文章，很仔細的不去改變他原有的意思和他獨特的風格語調。並且捍衛他那些冗長，但他認為必須的句子。有瓊作為編輯，艾瑞克森認為她就好像米爾達的太太，坐在米爾達對面以他的意思寫出美國人的兩難。瓊了解他的藝術風格並幫助他完成這本書。「這是將藝術幻想轉變為寫作」，艾瑞克森這樣回憶。寫作空檔——在奧林達散步，舊金山灣區風景有助於這個轉變。同時，瓊將自己視為匹也托，希臘的信仰女神，幫助普羅米修斯、奧魯斯和蘇格拉底傳達訊息。

她不只幫她先生整理文稿，她還幫艾瑞克森找尋聽衆。她一直不喜歡佛洛伊德追隨者的用語和企圖，她希望艾瑞克森能夠脫離這些分析師，去接觸大衆讀者。艾瑞克森覺得佛洛伊德正是以寬廣的視野和避免專業用語達到這一點。明顯的例子是取消了一九四八年綱要中的一篇文章。這篇是檢視佛洛伊德有關夢的文章，艾瑞克森提出不同的見解，認為不只是潛意識驅力，而且融合了社會和文化的原因，瓊覺得只有分析師會對這個題目有興趣，她也擔心這會加重他和佛洛伊德的差別，會影響到日後事業。大衛不認同，他認為這篇文章可以解釋佛洛伊德觀點的文化關連。艾瑞克森考慮大衛的建議，但他最後聽瓊的，轉而發表在一個心理分析期刊。大約同一時間，他們決定將白宮會議發表的生命週期模型（人生八階段）收錄在第七章，而衆所周知，第七章是佛洛伊德《夢的解析》中最重要的一個章節。艾瑞克森從沒有與佛洛伊德一較長短的意思，安排在第七章是個美學與融合的概念，不是刻意的安排。

雖然他不限定自己是寫給心理分析師的，但他鎖定的讀者大約是心理醫生、心理學家、社會工作者和醫生。他猜測讀者應該是美國人，而沒料想到這本書出了多種譯本和成為大學研究所的指定讀物。除了考慮讀者，他希望能夠建立這本書的主題。龍特覺得他的第二版草稿雖然還有些鬆散，但已經有整合的感覺，不過他還是無法看出這本書的中心思想。

艾瑞克森自己比龍特要求還嚴格，他告訴諾頓的職員，他們提議要放原住民小孩的照片，這樣太狹隘了——這本書不是關於原住民小孩或是光談小孩的。他自己不停的更新中心思想，在接近完稿時，他將主題擴大，在他準備給諾頓的宣傳文案上，他說這是「兒童教育和文化的關係，並且和童年恐懼及社會焦慮有關」。但他又覺得這太空泛了，所以又提出主要的章節是關於「兒童焦慮、美國原住民冷淡、退伍軍人困惑和年輕納粹的傲慢」。但考慮到沒有提到其他的內容，他又補充說明他的論文是由四個部分組成——心理分析理論的生物基礎、急迫的社會問題、自我和青少年。在出版多年後，他還在為這本書繼續加入主題。當他知道自己被喻為認同的建構者，又補充說：「認同將這些論文抓在一起。」

他這本書有的部分非常明確，有的部分則模糊不清，在蘇族和約克族的部分有仔細的田野調查，而在國家性格和生命週期部分缺乏確實資料。書的最後，他說：「這是一本主觀的書，一個概念的記錄。」顯示出他不同的經驗和取材。

在第一版提出其中一個最整合性的主題是「有關自我與社會的心理分析書」或是「社會組織中的自我之根」。某方面來說，他將笛卡兒的相對兩極之間建立一座橋，連接內在主體和外在客體。書出版的兩年後，他在一個研討會發表這個理論，他用一段話很清楚的解釋書中的觀點：運作中的社會，透過傳統機制（家庭、學校）使個體信任（透過兒童訓練）進而試著給予持續驅力和能力。當個體與環境成功的建立目的的共通性時，一系列正向態度產生，可以幫助社會和個體。

他是解釋自我和個體及社會的關係，而非一個單一的主題。如果一定要找出這本書的最重要主題，可能就是這個吧。書末，他提到，「我只提供了一個看待事物的方法」。這個方法指的是形態的觀點。他研究藝術品，用來觀察個人的內在如何和外在環境互相影響。當他寫綱要時，他希望在心理分析之外還擁有藝術性：「我試著讓讀者除了想，還可以看。」在完成書的時候，他感覺「形態」的分析已經完成，他可以將外在社會和內在情緒世界連結起來。形態觀點使他的臨床經驗和藝術方面得到和諧。

形態觀點也同時讓他成為真正的美國作家。蘇珊·克齊在她著名的《心理分析學》中表示，將內在自我和外在社會連結是美國人的特質。個人和社群的關連，成為美國性格的中心。

這本書幫助艾瑞克森定義自己的專業身分、國籍，並透過看待事情的方法將藝術和他的臨床天分融合。作家可以將心理分析和人類學田野分析結合，治療師與社會科學家結合，甚至挽回他和瓊之間的婚姻狀態。透過瓊的幫忙，他成為「寫作的心理分析師，而且再一次的使用非母語」，他開始「償還我欠佛洛伊德家的，不過是用我自己的方式」。

除了整合他這些興趣和職業之外，他也覺得完成這本書讓他完成了工作的第一個階段。他在寫給大衛的信上說他已經「離開兒童階段，而參與像你這樣的成人階段研究」。他想要開始研究生命週期的其他階段，並開始對宗教有興趣。當他開始研究人類發展的基本信任，他對於宗教有些看法，也促使他寫下一本書，有關馬丁·路德的書。他寫第一本書時，適逢羅斯福總統時代，一切都非常有希望，而在他寫到美國那一章時，他已經開始對這個新祖國有些保留。終於這些保留在多年後，促使他去研究第三世界的領袖，以作為進步改變的模型。

出版之後，他寫信給巴諾（Katherine Barnard）「你真好，照顧了一位徒步旅行者的需求。」完成這本書的過程讓他不再旅行，發掘一個遠離家鄉的地方。這麼多年後，他在寫作中得到方向和安慰。這枝筆使他走向艾瑞克・艾瑞克森，認同的建構者。

艾瑞克森的聽衆

因為他將文字刪減及省略彩色圖表，諾頓得以用低於五塊的價錢出售《童年與社會》。第一年賣得很普通，大約是一千五百本。諾頓向艾瑞克森參與的心理分析的社團推銷，但是最快表達興趣的是政治科學家、社會學家和人類學家。幾年後才有心理分析家表示興趣。社會工作者比心理學家表現出更大興趣。一九五五年一月，共賣出一萬六千本以上，三分之一來自於大專院校——多半來自於做研究的校園如哈佛、密西根、印第安那、約翰・霍普金斯和柏克萊。這個銷量超出諾頓的想像，甚至開始有譯本發行。一九六一年十一月到達五萬本。直到一九六三年為了針對指定讀物的需求，他們發行一本三・四五元的平裝本。

艾瑞克森一直對於書的銷售很擔心。他告訴龍特他不知道印製與銷售的狀況。他告訴巴諾：「人們似乎在花時間看我的書，可是卻遲遲沒有回應我。」他一直要求預付版稅，這表示他的生活開銷超過他的診所收入，其中也包括尼爾的開銷。當他希望版稅可以幫助他的收入時，前幾年他是失望的。《紐約時報》在一九五一年春天登出書評，而艾瑞克森對於書評終於出來很激動，他認為「這是最差的一篇」書評。而心理分析學會評他偏離佛洛伊德觀點也讓他很沮喪。「我只是將我從創立者那邊學到的，用我的話說出來而已。」

但是如果看早期的書評和他朋友的來信，他應該比較寬慰。一般認為他寫了一本非常重要的鉅著。如預測的，心理分析改革派和社會傾向的戰後精神派欣賞他的社會觀點。但這並不表示所有的讀者都欣賞這本書。艾瑞克森很傷心，但對於安娜·佛洛伊德並不喜歡這本書並不驚訝。他們的關係自從他一九三三年離開後就很冷淡。為了在知識上的獨立，他質疑正統心理分析對於社會環境之下內在心靈生活的觀點。而安娜也不會忘記他離開時的狀況。她私底下認為這純粹是一本社會學的書。他維也納的另一位老師厄尼斯特·克里斯認為這本書和佛洛姆的一樣，都是脫離心理分析思想。分析師——人類學家基薩·赫蘭指控他軟化佛洛伊德術語，鼓勵個人配合社會需求，也使艾瑞克森很難過。

不管是好評或是壞評，這些書評和信件都忽略到幾點。第一，從沒有人質疑他最重要的這章是否需要一個大綱或是生命週期理論太過教條式，沒有人質疑所謂的道德是否和發展的自然意義相抵。再來，沒有人遵照社會批評的傳統去評論。他類似韋伯、佛洛姆甚至他的朋友瑞斯曼，發掘出現代社會隨著工業化、官僚和高科技而影響到個人，但並沒有人注意他這些研究。當本書出版時，美國正處在納粹集中營陰影，和原子彈轟炸日本之中，但沒有評論者提到他曾提出這些悲劇發生的可能性。

同樣的，即便是稱讚的人也沒有注意到他使用形態觀點。他使用的是新穎開放的搜集資料方法，甚至用此解釋笛卡兒的主客二元論，但是直到一九五〇年代中期，都沒有人認為這是《童年與社會》的基礎。遲來的讚美，就像是他很晚才成為名人一樣。雖然這是他最重要的一本著作，但卻經過一段時間才受到討論重視。一九五〇年代才開始有日文、瑞典文、德文、埃及文、西班牙文、法文和特殊的英國版本。一直到諾頓推出平裝本，銷量才開始起飛。艾瑞克森從一九五〇年代開始，收到讀者回信，他才了解學生們從他的書中找到深度和意義。直到一九六〇年代末期和七〇年代，他成為校園激進學生的英雄。羅伯·寇報導，那些爭取民主權利的學生似乎奉他為圭臬，而不是學校教授。隨著平裝本問世，艾瑞克森成為一個校園中家喻户曉的名字。

在出版《童年與社會》到成為文化英雄的十年之間，他一直在找尋自己的聲音，並試著解釋麥考錫時代的本質。這些經驗可以說明他的聲音和作品的共鳴，也可以說他呈現了「六〇年代的種子」。

A 階段	B 健康性格的軌範								C 社會化的範圍
I 口腔與感覺期	基本信任 v.s. 不信任								嬰兒與母親分別存在。與母親的關係
II 肌肉與肛門期		自主 v.s. 羞愧與懷疑							與父母親的關係
III 移動與嬰兒的性器期			主動 v.s. 罪惡感						與父母、手足及遊玩的團體的關係
IV 潛伏期				勤勉 v.s. 自卑					與小學老師的關係
V 青春與青少年期					自我認定 v.s. 角色混淆				與同儕團體、社會原型及兩性的關係。
VI 成年前期						親密 v.s. 孤立			
VII 成年期							生產繁衍 v.s. 頹廢遲滯		
VIII 成熟期								統整 v.s. 絕望	

表一　嬰兒與兒童世紀白宮會議所發表的生命週期理論

I 口腔與 感覺期	基本信任 v.s. 不信任							
II 肌肉與 肛門期		自主 v.s. 羞愧與懷疑						
III 移動與嬰兒 的性器期			主動 v.s. 罪惡感					
IV 潛伏期				勤勉 v.s. 自卑				
V 青春與 青少年期					自我認定 v.s. 角色混淆			
VI 成年前期						親密 v.s. 孤立		
VII 成年期							生產繁衍 v.s. 頹廢遲滯	
VIII 成熟期								統整 v.s. 絕望

表二　《童年與社會》中的人生八階段（1950年）

第六章 聲音與真實：一九五〇年代

艾瑞克．艾瑞克森在寫給亨利．牧勒的信上提到，為了慶祝佛洛伊德百歲冥誕（一八五六），他在出生地法蘭克福演講，就在德國總統前面，他聽到自己從麥克風傳出的聲音。他也提到他剛剛寫了一本關於德國人馬丁．路德的書。在書中，他試著抓住「年輕路德的聲音」，路德以直接、沒有任何不好意思的和上帝對話的方式，解決自己的危機。在一九五〇年代，對於艾瑞克森自己，聲音成為個人力量、溝通和真實的象徵。在他筆下的路德，聲音正代表了他改革的一切準備。

宣示危機

他是在一九四九年得到柏克萊教職後開始對聲音有興趣。那一年加州大學是全美最大的教育機構，而柏克萊校區則是全世界最頂尖的研究中心，擁有豐富資源、圖書館和六個研究量很大的研究單位。

柏克萊的心理系是個中翹楚，系主任艾德華．陶曼（國際知名的實驗心理學家和認知心理學的先驅）將一九四〇年代的十一人單位擴充到擁有二十五位專家。其中好幾位是行為學家，比如說耶魯的克拉克・霍爾，陶曼希望能將行為主義和心理分析結合。他聘請了歐洲移民學者艾利司・法蘭克布倫斯基和美國人納威特・山佛。他接著想要網羅艾瑞克森，那時艾瑞克森在他們系上偶爾教授研究所的課。

人格評量和研究中心（IPAR）在一九四九年創立，是心理系的分支機構，由官兵遴選計畫（OSS）延伸出來的，最初是負責在二次大戰評定官兵及人才的機構。ＯＳＳ的負責人牧勒，是以他在哈佛的實驗室為樣本設計，找他的哈佛博士班學生唐諾・麥基農去計畫評定美國駐外人士的理想人格。戰後，陶曼（在山佛支持下）邀請唐諾主持ＩＰＡＲ建立人格評定計畫，找了十六位研究所學生，但還缺一位研究員。雖然遭到麥克法藍的反對，但他還是希望能夠請艾瑞克森來參加他的計畫。

藝術與科學院應陶曼和麥基農之請求召開院會討論聘請艾瑞克森的事情，院會建議以心理系出百分之六十和醫學院出百分之四十薪資的方法聘請他。但是院會也考慮到艾瑞克森不喜歡採用科學方法做研究，不過他們更不希望耶魯得到他，當時耶魯提供他副教授的頭銜。柏克萊財務單位因為他缺乏科學責任，而不願意出資聘請。當時身兼院長和校長的羅伯・斯伯爾（Robert Sproul）贊成財務單位的決定，但因為洛克斐勒的支持，以及陶曼和麥基農的堅持，艾瑞克森得到心理系正教授的職位，兼任精神病學系講師。這等於是他的一個升等，而且每年有美金四千三百二十元的薪水。

艾瑞克森知道自己缺乏正規學位，而且他的猶太血統也會阻礙他的學術生涯，但是他現在已經贏過佛洛伊德，佛洛伊德終生沒當過正教授。雖然曼寧格基金的薪水超過柏克萊，但那裡沒有正教授的頭銜。他當時求教於米德，該如何在柏克萊和耶魯間取捨。米德建議他去柏克萊，因為那邊的薪水和執業加起來錢比較多，而且考慮他的移民身分，一直搬家並不好，他應該在灣區長住下來。去那裡除了擁有較高專業地位，艾瑞克森也很高興陶曼等人雖然知道他的缺點，還是願意讓他以自己的方式研究。他告訴安娜·佛洛伊德，他越來越不喜歡北加州「心理分析機構中的醫學機械化」，而柏克萊給了他獨立自主的機會。所以他在一九四九年接受這個工作。

同一時期，麥考錫主義開始盛行。當時共產黨員或是同情共產黨者，都很難擔任教職。整個國家的教育系統蔓延著以宣示忠誠來抵抗共產主義的想法。一九四九年初，加州議員傑克·潭尼建議加州大學也要宣示忠誠。加州大學傳統上要求教職員工宣誓效忠聯邦政府和加州政府，潭尼的建議威脅到校園自主性。校長斯伯爾建議以另一種宣誓代替，獲得董事會同意，就是所有加州大學教職員工，必須簽署宣誓不屬於或支持任何反美國政府的組織。在一九五〇年初，董事會將這個宣誓加在契約書上，如果教職員不簽署，可以在會議上口頭宣誓，不過董事會也許會建議終止或扣留契約。

教職員對於宣誓的態度分歧，大約有九十位拒絕簽署，因而影響到四十八門課沒有教授講授。不過大多數的人採用「簽署，留下來繼續抗爭」的態度，也就是簽署然後留下來繼續抗議。最後只有幾位國際知名的教授如厄尼斯特·坎托維奇和路德維基·艾德斯坦拒絕簽署，不過他們很容易就可以在別的地方找到教職。

在柏克萊校園，心理系和IPAR是反對簽署的大本營，在宣誓的要求下來不久，陶曼就宣布他不會簽，他帶領學術自由組織，給予不簽署者財務和道德支援。有幾位跟隨陶曼，但是在學校會議上口頭聲明他們不是共產黨員的教授，也得以繼續留下來。不過陶曼和山佛拒絕口頭作證，認為這不關校方的事情。他們提出隱私權問題，最後被校方驅逐。他們警告年輕的教職員，如果沒有經濟支援，那麼他們宣誓自己非共產黨員並不違反道德。他們強調現實上留下來的必要，以及本土政治氣候的危機。他們比較重視反對簽署的想法，至於那個人實際上簽署也沒關係。陶曼和山佛就很欣賞麥基農，即便他在表明有多討厭宣誓的同時簽署宣誓文件。

而艾瑞克森正處於這個暴風圈之中，他眼看著陶曼、山佛和其他系所的朋友都是積極反對者。如果他失去這個工作，只要擴展診所業務就可以維持生計，況且他也不喜歡系所那種制度化、方法導向的研究方式。可是另一方面，他很喜歡在研究所教書，而且更以教授的資格為傲。他發現學術性的演講非常有激勵性，面對有興趣的聽眾發表更是一種自我肯定。他覺得「學術生活成為我的必需，可以平衡診所生活，也是一個智慧交換的形態」。他詢問家人們的意見。他們很擔心因為他之前在左派的加州勞工學校上課，會被視作親共派。而且在他〈高爾基青年的傳奇〉中，曾試著在西方與俄羅斯「新教徒」中搭起橋梁（這在出版前就引起廣泛討論）。不過他們很高興看到孩子們對這件事的反應，容在一篇文章中表示美國公民不應該宣誓，而凱也認為不應該簽署。當時《童年與社會》正在準備出版，又有其他工作機會，因此幾個月之後，瓊勸艾瑞克不要簽。

雖然有家庭的支持，但艾瑞克森還是有些徬徨。因為他的移民身分，讓他覺得這個國家當初接受他，他總是虧欠國家什麼，而他很願意宣誓效忠他的祖國，又覺得拒絕宣誓是否對國家忘恩負義。而且他也擔心自己是否真的了解美國政治文化中宣誓的意義。他並不想苛責自己的新祖國，但是他又覺得宣誓這個動作違背了聯邦法律中的精神。估不論詹姆士·麥迪遜的懷疑論，他覺得聯邦政府代表信任與平等，而宣誓這個動作違背了這個精神。宣誓成為對於「美國認同的試驗」，因此他必須反對。最重要的是，有鑑於「在歐洲發生過的（納粹與法西斯）」，他可以預見麥考錫時代將會走入同樣結果。

其他柏克萊的歐洲移民學者也感覺宣誓與納粹的類似性。艾瑞克森的兩位心理系同事，艾利司·法蘭克柏斯基和納威特·山佛都曾參與極權主義人格計畫，研究什麼樣的心理特質會吸引人們走向極權政治，也許是對於文字和理論的寬鬆，他們都覺得加州大學的舉動無疑的是極權主義。艾瑞克森則將極權主義和希特勒年輕時代做比較，他意識到歷史上在在說明，有時候不肯表明態度比說出來更危險。

艾瑞克森最終還是沒有簽署。他在一九五〇年春天在校方會議上解釋原因，他帶著一份寫好的聲明並且大聲朗讀出來。他也將這個聲明寄給美國心理分析學會，並在《精神病學期刊》這份知名的刊物上登出來，這是他第一次以公開計畫好的方式表達他的政治意見。

艾瑞克森是以推翻共產主義為前言，這提供校方會議繼續聘請他的基礎，但這是指此時此刻，而不必然長久，兼顧平衡性之後，他才說出他直率的理論。

他提出他拒絕簽署是與年輕一代團結的象徵，給學生們正確的示範。如果他簽了，學生們會以他為榜樣而「懷疑別人」，背棄人類的信任。他們也會因此看到他的偽善之處，將政治理念當作客觀的事實。相反的，透過拒絕承認這種「正式的真理」，他鼓勵他的學生們「思想發展上的深沉及根本懷疑是必需的」。他並沒有提到那些年輕的教職員因為拒絕而被解雇，但卻表明這是他永遠不會認同的一個原因，簽署就等於背叛他們，他會與他們同一陣線，做好辭職的準備。

他提到的另一個原因是他的研究領域包括「歇斯底里，這包括私人的和公開的，個人的和文化的，而現在國家就處在這種歇斯底里當中」。他教學生什麼是大衆歇斯底里，而他決定不參與其中，「我的意識不允許我在宣誓要盡一己之力教書之後，再簽署這項文件」。

校方決議繼續聘雇艾瑞克森，因為他不是共產黨員。但當一位沒有自信的知識分子，終於大聲把自己的想法說出來之後，這種宣布無罪對他已經沒有意義了。校方人事資料顯示他在一九五〇年六月三十日辭職。是在《童年與社會》出版前三個月。他的公開說法是，當那些年輕教師沒有回復工作前，他沒有辦法繼續教書。

在他辭職的六週後，麥基農寫信給洛克斐勒的理格，詳細解釋加州大學宣誓政策導致他喪失研究人員，並且要求財務補助。他提到艾瑞克森在這一年已經受夠了，不過他提到「艾瑞克森為了能夠在中心以副研究員或顧問的身分工作，願意簽新的合約」。當時校方以新的合約替代舊的宣誓，這個新的合約中，職員需要證明：「我不是共產黨員或參與其他反政府組織，我尊重學術獨立性和追求真理的自由」。在艾瑞克森之前提出的聲明，他不只反對宣誓，也反對任何保證。當時有些教職員認為前一個誓言令人非常不快，而這個新的代表了道德上的勝利，因此願意簽署。但是多半的IPAR成員則視此為詐術。

在加大的檔案裡找不到艾瑞克森簽署這份新合約的證據。但他的同事唐諾・柏朗記得他在一九五〇至一九五一年間和艾瑞克森為同事，可是他卻沒有出現在校方資料上。在一九五〇至一九五一年學年度開始前，麥基農寫信給理格，說他需要基金支持兩位被校方開除的研究員，而艾瑞克森需要能夠繼續他的工作不受打擾（可以假設因為他已經簽約了）。在兩份文件中，艾瑞克森在一九五一年稱自己為加大教員（他當時已經正式辭職一段時間），一直到他在一九五一年秋天離開柏克萊，參加理格中心為止。

幾乎可以確定他簽署了這份新合約，他因為簽署新合約從校方得到一些好處，但是這也造成一些不安，他對於受到公衆矚目感到不舒服。山佛則認為這是他認識艾瑞克森十五年來他表現最勇敢的一次。他和陶曼在抗爭的過程中，幾乎不覺得艾瑞克森有退縮過。

在開除三十一位教職員之後的一九五一年十月，加州大學必須停止這項宣誓合約，因為州政府下令所有州政府僱員必須簽署那威寧誓言（Levering Oath），而加州最高法院宣判加州大學之前提出的兩個宣誓因此無效。學校不得要求僱員簽署任何州政府判定無效的誓言。這些被解雇的人可以回到校園，不過他們仍需要簽署那威寧誓言。加州政府並沒有說明如果在警察的權力之下簽署是否有效，也沒有提到這是否違背聯邦言論自由。因此陶曼的決定並沒有破壞當時麥考錫氣氛。

當時許多美國知識分子及教授視陶曼和山佛為英雄，他們也認為艾瑞克森是同樣的英雄角色，好幾位自願幫艾瑞克森找學術性工作。他被塑造出一個比本人要英雄和有利的角色。

艾瑞克森很感謝這些幫助，但他從不認為這是一個偉大時刻（拒絕簽署最受爭議的那份，卻簽了「新的那個」）。他幾乎不談這段往事。「這是一件痛苦的事」，他對瑞斯曼說。他希望了解自己在宣誓事件中的角色，以及美國文化是如何受到瑞斯曼《寂寞的群衆》鼓舞。他要求巴諾把《童年與社會》中有關加州大學教職的部分刪去，因為他已經打算離開那裡。他想要把這些爭議丟開——不過這只是他的希望而已。

一九五三年當誓言事件依然備受爭議，麥考錫主義還是盛行時，艾瑞克森在美國藝術與科學學會一個討論極權主義的會議上發表論文。他的主題是「完整性與全部性」（Wholeness & Totality），其中很清楚的描寫德國納粹和蘇聯的全部性解決方式，但同時也提到美國的麥考錫主義。「人民一般來說，泛指青年以上的人，需要感覺完整。」他以一種很平淡的語氣說道，完整性來自於「一種持續與一致性，慢慢的將內在與外在結合」——內在情緒和外在社會環境——可以讓一個人有清楚的認同與強烈的信心。不像「完整性」（心理上的界限是開放而流暢的），與其對立之「全部性」總是喚起一種絕對性的形態，強調「不屬於內在就一定是外在，而不是外在的就一定由內在包容」。當人們，尤其是青少年，覺得支離破碎或是危險時，他們會找尋一個完整的認同（極度的國家主義、種族主義或是階級意識）。艾瑞克森很害怕美國具有走向極權的潛力，但他覺得國家中的移民可以帶來希望，透過他們的分歧性和多樣化可以為美國帶來新的世界形象——一個包容所有人類的形象。這是完整性的形象（之後艾瑞克森稱之為宇宙物種——排除表面的分野，而成為融合的人類）。他認為他的新祖國，終會排斥麥考錫，走向完整性。這樣的聲音可以促使他更靠近自己的真正內在，他似乎混合了他青少年時的德國浪漫主義和戰後美國真實主義，主張了「真實」自我的可能性。

斯達克布爾基

一九五一年艾瑞克、瓊和蘇又開始了搬家之路——回到他們一九三九年剛移民來的時候住的東北部。容留在西岸完成高中最後一年，而凱則準備要念大學了。身為維也納訓練的心理分析師，一本重要著作的作者，操著流利的英文，艾瑞克森擁有好幾份工作的機會。耶魯仍然希望他能加入，另外好幾個單位也希望他能夠去。

早在一九四七年羅伯·耐特做曼寧格的理事長時，他就注意到艾瑞克森。當他因為發現自己在這個家族性的機構中不會有前途，而在同一年離開時，他就像是一個繼子的身分。這種想法似乎將他和艾瑞克森綁在一起（一位繼子）。他接受了麻州西部的斯達克布爾基的奧司頓理格中心的邀請，而在一九四八年帶著曼寧格心理部門好幾位研究員一起去，包括大衛·拉伯特、落伊·雪佛、馬格立特·柏曼吉伯遜，和墨頓·吉爾。當艾瑞克森擔任曼寧格顧問的時候，這幾位就最欣賞他。耐特在自己確定要去理格之前，就有邀請艾瑞克森，雖然他兩邊都拒絕了。當拉伯特和柏曼吉伯遜知道艾瑞克森拒絕簽署誓言時，他們就建議耐特可以再去邀請他。他打電話給艾瑞克森，提出誘人的薪水，還有很長的假期可以寫作和旅行，他也答應艾瑞克森每隔一星期可以有幾天去匹茲堡大學的分支機構——西精神病學中心的阿耳森學校和班哲明·斯伯克一起工作，他可以被聘請為匹茲堡大學的教授。

他幫艾瑞克森爭取到教授職位是很精明的一招，艾瑞克森正為了失去柏克萊的教職而感到失落，另一份教職對他來說很重要，而其他的條件也很吸引他。地點更是一個原因，理格中心所在地是一個優美的新英格蘭小鎮，在一七三四年因為當地莫希干人設立學校而建立。這麼多年的演進，這裡聚集了頂尖神學者、知識分子和藝術家。這裡被形容為美國碩果僅存的小鎮，沒有被購物中心和交通所汙染。

理格中心是當地的經濟命脈。這是一個管理良好而開放的醫院環境。沒有警衛，病人可以隨意的走到鎮上，這裡的開放吸引艾瑞克森，「我內向的個性正適合斯達克布爾基，在都市叢林總是需要帶著警戒心」。在經過宣誓事件和唐氏症的兒子後，他和瓊都希望去一個比較平靜的地方。本來擔心這一帶的公理主義對猶太人的影響，但這在鎮上和理格院區都不是問題。而這裡可以在可負擔的範圍內，擁有大房子，裡面有很多房間和書房，並且有一塊自己的林地。而且在耐特之下工作也比較容易，他了解艾瑞克森自由研究的習慣，不強迫他參與團體計畫，也不需要遵照科學方法。對於艾瑞克森，耐特是一個實際的人，融合果斷與熱心、效率和忠誠，長得高大帥氣，是位新教徒並且善於社交，擁有艾瑞克森認為的美國特質，也擁有他想像中丹麥父親的特質。當他告訴艾瑞克森，他和拉伯特因為他可能要來而興奮時，艾瑞克森知道自己會去的。他告訴瑞斯曼他的決定，但是強調他會定期去旅行，尋找其他可能的學校分支機構。

從柏克萊搬到斯達克布爾基還帶來實質的好處。在一九五〇年代，艾瑞克森的年收入約莫兩萬美金，這對於一位臨床的心理學家來說是無法想像的。雖然不是非常富裕，不過他在經濟上過得很舒服。耐特要求他一週參加幾個研究員會議，看二到三位病人，主持幾個分析訓練。這些工作以研究員的負擔來說是非常輕的，艾瑞克森因此有時間培養他的最愛——寫作。

他在斯達克布爾基郊區的農舍裡寫作，並且可以眺望到到瓊將糧倉改成的手工藝店。他說：「身為一個移民，只有很少數的地方可以讓我覺得像家。」而斯達克布爾基正是其中之一。每次當他離開家，他就會想起這裡的風景，就像是「移民們想念歐洲家鄉一樣的感覺」。和耐特及拉伯特散步談論心理分析也是美好的回憶。這一區還有一些知識分子是他會去拜訪的，他通常都把話題引導到他的新作品，以測驗文章的吸引度。劇作家威廉·吉伯遜就住在附近。艾瑞克森的治療能力對於友情的穩固更有幫助，因為他比其他治療師更能照顧朋友們的親戚和子女。

在加州，他和子女的關係因為尼爾而變得緊張。搬到斯達克布爾基，只有蘇住在家裡，兩個男孩都留在西岸念書，他比較沒有壓力。就在他試圖改善關係時，他發現自己在過去避免了一個很棘手的問題——就是長久以來，他任憑瓊把三個小孩教養為不太虔誠的基督徒。

他覺得和凱相處最自在，他追尋的路和艾瑞克非常相似。凱畢業後曾做輔導青少年犯的社工，之後他在芝加哥大學念社會學碩士和博士。瑞斯曼這位知名的社會學家幫助凱進入學術圈子，通常人們最常問的就是他是否為艾瑞克森的兒子。他們父子一起在芝加哥評論雜誌上發表一篇有關青少年犯罪的論文，就像是艾瑞克當年在維也納跟隨阿齊洪的腳步。這篇論文表現出艾瑞克森對於負面和正面心理認同的觀點，不過凱加上社會結構的概念。這項合作對於父親和兒子都很重要，象徵著為期一生的知識交換。艾瑞克曾對一位工作上的朋友表示，

「很希望和他一起工作，但當然，要讓他走出自己的路」。凱很快就憑自己的能力成為重要的學者，陸續在匹茲堡、艾墨瑞和耶魯任教。不過他一直都很重視父親的觀點。

艾瑞克和容的關係就比較困難。凱像是中年的他，容則像他早年藝術傾向的時候。雖然艾瑞克了解，但他卻從沒有和容分享他年少時的經驗，一直到容快中年的時候，艾瑞克才給他看他年輕時做的木雕。他就像繼父泰德，要求容像凱一樣念大學。但容不是做學者的料，他在學校念農業機械，中間經常去旅行，之後又從軍。在他一九五八年終於從柏克萊畢業後，他參加洛杉磯藝術中心一個營隊，又在加州電影廠找到工作。而在接下來的幾年中，一直徊在這個工作和他的最愛——出國旅行之間。艾瑞克一直找很多語言治療師，希望能治好容的口吃。他找了很多，如果他曾找到一個好的，也許可以讓容的生活更好，也可以讓父子關係像和凱一樣融洽。

雖然蘇是唯一和父母搬去斯達克布爾基的，但是她覺得父親和哥哥們比較接近，而母親也沒有給她親情的補償。一九五三年的一張照片中，艾瑞克摟著兩個兒子，而一個樹幹把瓊和蘇跟他們隔開了。當蘇長大變漂亮了，艾瑞克會開始稱讚她，但是瓊依然對女兒很嚴苛。蘇在中學過得很好，覺得比在家裡舒服，老師覺得她念得很好，讓她跳過八年級，直接念九年級，而她輕鬆就念完九年級。可是艾瑞克和瓊不顧這個學校對她的意義，就將她轉去佛蒙特的學校，在那裡老師不讓她念十年級，又要她回去念九年級。這件事讓蘇很沮喪。她直到一九五〇年代念歐柏林學院時才比較高興。她念哲學，但卻不願意看同學都在看的《童年與社會》。艾瑞克和女兒的關係一直有問題，在他自己身為兒子、父親和沒有父親的兒子的生命中，他似乎沒準備好要養育一個女兒。

瓊因為尼爾出生引起的痛苦，直到斯達克布爾基才獲得喘息。她發現除了幫艾瑞克修改論文，自己還有另一個工作。一九五一年當理格一位活動治療師辭職，瓊接起這個計畫並且重振它。這是附屬於心理治療的一個計畫，醫生會讓病人在面臨發洩衝動的情況下，有時讓他們參加一些健康活動。瓊把這些活動搬到醫院外的商業中心。她並不視他們為病人，病人代表有病，她將計畫導向他們做得好的部分。他們成為手工藝家、藝術家、戲劇家、木匠或是任何可以增加自信價值的活動。認同自己的正面部分，這些「工作者」從來沒有在活動中傷害自己或是別人（不論他們在精神病學的診斷結果有多嚴重）。

瓊慢慢的將這個計畫擴展到整個鎮，這些手工藝人組織電影放映、舞臺劇表演、讀書會、寄發新聞信，並且舉辦展覽，最重要的是他們組成當地小孩的看護學校。這是一大成功，小孩們和這些人共同創作，好幾位透過接觸這些小孩，喚起童年的創傷回憶。如同艾瑞克和瓊的生命週期模型，這間看護學校解釋了代間的交流貢獻。有鑑於瓊這個計畫的成果，耐特鼓勵理格的醫生在正式治療中建立病人的自我力量，這比原來著重在病人問題處理更有效果。醫生們也不再只注重語言。他們發現用一些材質創造新的形式也會有效果。從這個計畫實行的幾個月開始，瓊就持續觀察其中幾位「工藝家」很多年，直到他們可以離開斯達克布爾基這個保護的環境去面對外界世界。

艾瑞克自然是這個計畫的最大支持者。他發現病人視自己為當地的工藝家，可以建立「真實的共通認識」。理論上，他注明，瓊的努力加強了「自我接受，對於變動的情形提高真實感」。這個計畫「也讓我了解治療，以及工作對於治療所扮演的角色」。這也使他了解馬丁・路德（下一本書的題材）對於好工作的重視。

瓊計畫的中心點是人類正向發展的重點——信任，堅強的認同，代間的幫助或是相互關係。他也了解到這個計畫為何對瓊這麼重要，它彌補了瓊沒有照顧自己小孩的遺憾——幾千里之外的尼爾。瓊很感謝艾瑞克的支持，他們夫妻的感情也變好。那個時期的照片他們都是手勾著手，笑咪咪的。他們參加職員的華爾滋比賽而得獎。艾瑞克開始對基督教義和新政教運動（受到藍霍德（Reinhold）和烏蘇拉・尼爾柏（Vrshla Niebuhr）的影響）有興趣，和瓊討論「最終的部分」。瓊在一九五七年因為一個良性腫瘤而動喉嚨手術時，艾瑞克很擔心她的聲音不會回復，再加上容的口吃，家裡面兩個人聲音都有問題，這對於艾瑞克森特別造成困擾，尤其在宣示忠貞危機後，他對於發出聲音特別留意。

他很高興搬來這裡後跟瓊及凱的關係變好，然後和容及蘇也部分變好，不過隨著年齡增長，他的健康開始有問題。一九五四年初，他的右眼對焦不準，之後他動手術將部分突出的胃放回胸腔。他經常穿藍色運動服走在校園，彩色的領帶，鹿皮鞋子，很健康的樣子，熱忱的臉色，醒目的白髮，他比其他的研究員都要閃亮。他開始喜歡吃冰淇淋、巧克力泡的咖啡豆，喝一杯干邑酒，在西斯達克布爾基長途散步。通常他看起來自信而幽默。有一次年輕醫生馬格立特・柏曼吉伯遜發現他正從她的游泳池爬上來（顯然是常來），卻沒有穿泳褲，艾瑞克把自己藏起來而且臉都紅了，雖然馬格立特堅持沒什麼，但是艾瑞克卻笑著糾正她：「這不太謹慎，不過我沒什麼好遮的。」他向一些幽默家如拉伯特和耐特學習笑話，並且自己加入新的。在一九五八年鱈魚角心理健康顧問的會議，他講了一個公貓的笑話，這隻公貓本來每個晚上性方面都很活躍，但最近被閹割了，其他的貓很好奇他已經這種狀況，晚上還出去那麼晚做什麼。「我是個顧問。」艾瑞克還裝出貓咪的聲音說這句話。聽衆都被逗笑了。他用自我認同和學術涵養，以許多的笑話建立一個「開懷大笑者」的形象。

科學實驗：追蹤年輕人路德

他搬來的一年後，他將理格中心和阿爾卑斯山上的一個療養所比較，湯瑪斯．曼（Thomas Mann）稱這裡為「神奇之山」。但他覺得有時離開神奇之山去匹茲堡會得到煥然一新的感覺，那裡有豐富的泥土和營養的塵土。他是用誇張的方法比對這兩者，他每兩個月去兵工廠看護學校做顧問，並且定期去兩個機構——西精神病學中心和當地心理分析學會——這兩個都附屬匹茲堡大學和匹茲堡市。看護學校主要針對勞工階級的子女，這些勞工多半失業，一半為黑人，其他多半為歐洲移民，住在城市的老區域。艾瑞克森從未研究過種族分歧和低收入家庭的小孩。他形容這裡「是一個我喜歡的地方」。他注意到這些移民大家庭和工作中的地位不能適當的幫助他們。這些中歐移民的小孩在經濟壓力之外擁有一種力量。有時候他會將自己的移民經驗和他們相比。但是他在黑人兒童身上找不到這種活力。他開始嚴肅的思考種族問題，注意到非裔美人的小說家，如李察．萊德（Richard Wright）、羅夫．艾力森（Ralph Ellison）和詹姆士、包德温(James Baldwin）。有一個故事特別感動他，是描寫一個四歲的非裔女孩試圖把皮膚上的顏色刮掉，再漆上白色。這個故事喚醒艾瑞克森，非裔美人的兩難認同，「生來就覺得和別人不同，法律的保障也只是長期痛苦、內在重新定位的開始」。

學校的主事者班哲明・斯伯克在一九五〇年代初期邀請艾瑞克森來。他們在一九四〇年代因為心理學家卡洛林・沙齊介紹認識，但直到白宮會議上才開始建立友誼。他們都很注意正常兒童的發展。都認為現代經濟組織太過競爭而社會組織卻沒有效率，在這種無能之下，青少年會覺得恐懼、沮喪沒有安全感。兩位都希望藉由愛、彈性、安慰和看護可以有所助益。當艾瑞克森來到匹茲堡，斯伯克不只視他為學者和發展論家，而且是一位傑出的醫生。佛瑞得・羅傑，當時一位年輕的助理研究員，在發表他那著名的「兒童電視節目」（Mr. Roger's neighborhood）前也同意這個看法。斯伯克稱艾瑞克森「總是比實際治療的醫生還了解那些病人」。他認為艾瑞克森激勵所有的研究員，提出精闢的見解。艾瑞克森在那裡遇到一位聰明傑出的研究員，之後對於兒童早期發展有卓越貢獻的人，就是瓊娜・斯理福卡（Jonna Slivka），之後和他的兒子凱約會。艾瑞克森和瓊娜一起走過匹茲堡的移民區，兩人都覺得這些青少年是很難得的學習經驗，同時艾瑞克森這個沒有父親的兒子在想，如果他可以成為瓊娜的公公不知道會如何。

匹茲堡提供他一個腳步的轉換處，事實上在他之後的生命中，都對於匹茲堡很有興趣，不過他的研究重心還是在理格中心。在一九五〇年代中，理格的病患數有顯著的變化，病人年齡的中位數也從一九四八年的三十六降到一九五〇年代末的二十歲。症狀從重的精神病，到性格失序（包括沮喪）以及早期精神分裂。很多病人以臨床術語來說是在邊緣上——也就是說比重度的精神官能嚴重，但並沒有精神分裂那麼惡性。很多年輕人是在生活中遭遇問題，如同艾瑞克森多次在院方會議中提出，他們符合認同危機和認同混淆。傳統的理格治療法僅用些規範和戒條，但這些對於年輕病人沒有顯著效果，因為他們本來就痛恨社會教條。因此院方開始用開放式的治療，讓他們享有較多自由。病人可以用責任代替教條，並且參與活動規劃和制定條例。隨著醫院的改革，一些重度需要密集看護的病人被推薦到其他組織。這裡一個月的治療費用是美金一千八百元，平均約需住院三至六個月。

艾瑞克森是以資深心理分析師和傑出作家的身分來到理格，主要是督導年輕醫師，訓練心理分析師。寫作成為他生活一大重心。但他同時發現自己對病人的興趣，因為他們可以提供人生發展模型的有用資料。模型中的第五階段——由青少年到年輕成人階段，包含認同和角色混淆——成為這個模型的關鍵。面對理格的病人，艾瑞克森和瓊發現自己越來越注重認同危機階段。在一九五〇年代，他們拋棄許多傳統的精神病學術語，而以「加劇發展危機」替代。危機會隨著時間、深入和了解而渡過。在治療方面，艾瑞克森堅持要建立內在力量，治療的目標是「找出良好工作經驗，或者一個滿意的調整，而讓這個滿意的經驗在外面世界可以重演」。解決認同危機的方法就是建立病人的力量，這改變了傳統治療重點。英國知名兒童分析學家唐諾．溫尼卡特（Donald Winnicott），對艾瑞克森所知不多，但是他也提到這個觀點對於他臨床治療的影響。

在理格的十年中，他大約擔任八至九位病人的主治醫師（非常小的工作量）。不過他在會議上對於很多病人提出建議。會議中，耐特負責決定接受這個病人或是批准出院和主持會議。同事們多覺得耐特的結尾富含智慧經驗並且非常公平。拉伯特負責提出心理分析報告，並且對於治療提出質疑。艾瑞克森不常說話，但他似乎觀察每一件事。他的評論中通常包括藝術性的塗鴉。他有一次畫一個醫師對病人吊書包，對病人說「你不在乎有伊底帕斯情結嗎？」他另一個素描「病人的父母」，描寫父母拉長著脖子，搖頭不願意給年輕人發洩情緒的空間。他很少開口，但如果開口會帶著德國腔，大家都會稟神傾聽，就算他不同意某位醫師，他也會先表示自己欣賞他的報告，這符合他的臨床觀點——建立個人資產。他緩緩道出那些條理機制，然後鮮明的講解出心理測驗中沒有顯示的病人特質。因為他喜歡使用「認同危機」這個辭彙，耐特曾詢問是否要列入院方正式診斷辭彙。艾瑞克森不希望這樣使用這個名詞，直到最後其他心理衛生組織都開始用「認同危機」這個詞彙。他講完話之後，通常會緊接著一片靜寂，一些人視他為教授。拉伯特會打破這個神奇的靜默，贊同艾瑞克森。事實上，耐特在正式診斷書上常使用「認同危機」和「認同」。

從艾瑞克森在會議上的評論可以看出他當時發展的理論。即便面對最困難的病人，他總是可以找到治癒的希望。比如一位二十五歲男性，被診斷為精神分裂的界線邊緣，但艾瑞克森卻覺得他沒有那麼糟。這個年輕人「希望有人能幫助他」但卻拒絕幫助，因為他覺得他「必須自救」。治療的人需要耐心，因為他需要時間來接受幫助。另一個病人是一位五十幾歲的女性，艾瑞克森建議不要使用傳統的方法，因為那樣只會記錄她的問題，卻忽略她原來擁有的整合性。在一九五〇年代，他的笑話和幽默動作都表現出他的臨床自信。例如艾瑞克森說一個猶太老男人每天早上起床都吐，當醫師詢問他是否真的一起床就吐，病人看起來很疑惑的回答：「不是每個人都這樣啊？」當醫師們聽到這個故事笑出來而比較放鬆的時候，艾瑞克森開始解釋他的看法「這個人其實是很關心自己的健康，所以他會問『不是每個人都這樣啊？』」

除了積極和幽默，他的評論中還加上視覺部分。他很注意病人如何走進和走出診療室，臉上的表情、身體的美感、能量和大體的狀況。他堅持社會—文化習慣會影響人們生活。

雖然《童年與社會》對於宗教信仰沒有著墨太多，但他在理格中心的會議上卻指出這個方向，透露他對於宗教漸漸增長的興趣。信仰有時候可以將病態想法具體化，進而讓這個人正常一陣子。從天主教徒病人和他所知的中世紀信仰，他對於信仰中根深柢固的傳統表達敬意。有幾次在會議和其他機構中被問到是否為猶太人時，他回答「部分是」（表現出他對於這方面認同的模稜兩可）。但他不認為一個猶太人一定要申明信仰——不論是病人或是醫生，除非和一些正面及絕對的價值有關。一個人也不需要聲明他的猶太教，只為了對抗反猶太主義。艾瑞克森提到，猶太病人的信仰的確在生命中提供力量。

最後，他強調病人的聲音。這跟他之前的宣誓危機，以及容的口吃有關。但這也是因為他的一些病人是公衆知識分子，如果他們大聲說出他們的想法，可以嘉惠整個社會大衆。在這個觀念之下，艾瑞克森開始他的第二本書，描寫世界歷史上最重要的公衆知識分子之一。

《年輕人路德》一開始並不是一個心理傳記，而是理格中心好幾位年輕病人的紀錄。原來的書名為「認同混淆的變化」，主要描寫五位病人。其中有個最有趣而且感動艾瑞克森的病患。他二十出頭時，是神學院學生，並且受訓準備將來去亞洲，但他卻崩潰好幾次，在許多次治療失敗後求醫於理格。

理格的醫師診斷他為精神病邊緣，之前包括嚴重沮喪、過動、自殺衝動和妄想強迫行為。他的父親是一位成功的醫生，並沒有給他足夠的溫暖。他覺得和母親及外公比較親近——一位擁有老馬和四輪馬車的鄉下醫生。精神科醫師認為他的問題來自於和母親的關係，他覺得母親總想掌控他，並在情感上閹割他。精神科醫師建議由心理分析師來接手。在會議上，大家都把艾瑞克森的辭彙掛在嘴上，而這個年輕人又似乎受苦於「認同混淆」。身為認同觀念的建構者，他成為接手治療的人選。他在中心內治療他一年，並在之後持續治療兩年。

在六個月的心理治療後，他跟艾瑞克森說了一個驚人的夢：「一張大臉坐在那輛老舊的四輪馬車上，整張臉是空白的，長滿了細細濃密的毛，我很確定那不是我媽。」之後的研究都是基於這個夢，而艾瑞克森終於了解這個夢的多重意義。這輛他外公所有的馬車，表示了這個病人的長久穩定認同。他之後對於公理會主義、聖公會和天主教的興趣，就像其他理格病人一樣，是認同混淆。他描述的上帝的臉，有時候照耀著人們，有時候把臉轉開。考慮到這位神學院學生對於宗教的疑慮，和他的家族歷史，他「希望能夠突破認同的提供者」，這個提供者跟他念書希望達成的目的有關。艾瑞克森覺得如果可以解開空白臉的意義，雖然不能解釋為何他會在精神病邊緣，但是起碼可以知道他為何有認同危機。

艾瑞克森感覺那些臉上的毛是艾瑞克森自己臉上的毛，因為在他去開刀時，病人覺得被遺棄。但他不以這個解釋為滿足，一定還有別的。祖父的馬車載著這個臉，表示他想要替代母愛。在這一點之下，空白的臉有多重意思，病人堅持「這不是我媽」，其實它就是。艾瑞克森記起佛洛伊德如何用梅度沙魔女的形象、憤怒的臉、蛇頭髮和張大的嘴，表達男性對女性的恐懼。這個年輕人長期和他母親抗爭，媽媽一直威脅要吃了他，或是切了他。至此艾瑞克森了解空白臉的意義，「對於個體認同之危機」。他從沒有和母親建立信任的關係，他總在她眼裡看到對自己的否定——那才是自己真實的認同。這個空白的臉，代表「認同混淆」，也正是他這本書所要寫的。這個神學院學生想要將自己（自己的臉）和母親分開。

解開這個「梅度沙之夢」，艾瑞克森體認到這個個案是五個當中最重要的。雖然這個年輕人最後背叛宗教訓練，投向「提供者」的職業——醫學，但這個病例還是給他留下深刻的印象。在一九五七年的公開演講，他以另外四個個案作為背景，而以這個個案出發，書中著重在馬丁·路德，一位年輕神學院學生的認同危機。「梅度沙之夢」加深艾瑞克森對於宗教的興趣，也平息他長久以來認為研究宗教會背叛佛洛伊德的疑慮。這名神學院學生透過祈禱和教會工作去追求自己的認同。艾瑞克森了解宗教的表達和心理分析的內涵不會是相反的。

這個病例讓他對於臨床更有信心。他有一天發現這個病人在吹薩克斯風，他將母親的溫暖聲音和他自己嬰兒般的聲音混合在一起。在他經歷過宣誓危機之後，他發現自己的個人經驗可以幫助他了解這個神學院學生。

這個病人在一九五七年，經歷四年的治療後正式治癒。到這個時候，艾瑞克森覺得自己可以在臨床成功之下，說明他的理論「紀律的主觀性」（disciplined subjectivity）。他在麻省理工學院的演講，題目為「臨床證據的本質」。他認為紀律的主觀性發生在臨床病人和醫生互惠之間，當「兩個主體擁有規範性的了解，並且對於治療運作認同」，不像科學家要以客觀的方法「找出我們可以做什麼」，臨床醫師可以從病人身上學習「試圖為他、和他一起做什麼」。成功的治療是治療師和病人溝通良好，直到病人對於自己有強烈責任感。這也是艾瑞克森和神學院學生一起做的，他們說明各自的內在理解和主觀想法，再一起解開「梅度沙的形象」——兩人都不是英雄，而且解開之後可以一起大笑。這個年輕人從沒有和母親建立過信任，卻和治療師之間建立信任。同樣的，艾瑞克森也因此建立自信，可以去治療理格其他面臨崩潰「邊緣」的病人。這個例子也讓他去研究另一位神學院學生，使他儼然成為一名歷史學家。

《年輕人路德》

轉換這本書的計畫並不困難，最初路德的部分是作為結語的。但這個部分一直擴大，直到原來的個案漸漸轉為背景。對於艾瑞克森，路德代表「具有多面向的歷史邊緣例子」，而艾瑞克森對於宗教和理論投以對病人一樣的疑慮。就像神學院學生和其他的理格病人，路德年輕有才華，但在情緒上有困擾，但因為他是歷史人物，他不會像其他病人那樣看到書中描寫他們的細節。

艾瑞克森覺得即便在理格只有一點點工作，他還是需要離開一年來完成這本書，因為這是一個醫療機構，幾乎不可能請公假，所以他需要從別的地方得到財務支持，精神病學研究基金資助他一年。因為這個基金的規定使他一年後必須回理格，所以他拒絕了其他學校的機會——起碼在一段時間之內不會去——雖然其他學校的休假政策和寫作時間都很吸引人。

他本來選擇去加州海邊，但是那邊的氣氛不適合這樣嚴肅的寫作。他需要身處在一個傳統的天主教氣氛中，而不是加州海邊。他選擇墨西哥，那裡的天主教堂類似路德時代的風格。將自己和現代美國隔離，是因為路德的一生和作為帶來德國與全球的關係。就像他的朋友們，他覺得身為一個戰後知識分子（不均衡的猶太人），對於世界大衆的價值有忠誠的義務。他開始相信世界觀念會因為高漲的美國國家主義和道德偏頗性而破壞。

一九五七年初，他和瓊住到恰帕拉湖旁邊的小漁港阿濟濟。藝術家和文學家在這個安靜的小地方完成許多知名的作品（最有名的是D.H.勞倫斯）。這成為另一個「神奇之山」。因為海拔五千尺的高度，瓊長久以來的静脈竇得以舒緩。她很容易就和當地手工藝家成為朋友，並且又開始做珠寶。他們住在一棟有高牆和樹木的漂亮房子。艾瑞克森可以在他最喜歡的户外寫作。休息時，夫妻倆一起游泳和散步。艾瑞克覺得當地美國人和歐洲人的亂交很有意思，在一封給理格同事的信上，他開玩笑的寫到「幾年前，我們聽説有一個美國人因為和他自己的太太睡了一個晚上，這個醜聞到現在都讓人忘不了」。在《年輕人路德》，他堅持除了那個時代的統治氣氛之外，總是有自我秩序存在……那些理性的人們可以很健康而正派的過活。阿濟濟就像是這樣的地方，而他也因為在這樣的地方，可以在一年內完成如此豐富複雜的書。

從某些角度來看，他寫得這麼快是因為他並没有勤奮地做很多研究。這和他臨床治療病人時不同。當米德知道他没有讀很多路德的相關資料，她為艾瑞克森準備了英文版的路德資料，包括完整的例證，因為他住的小鎮没有跨館借書服務，安排他可以到墨西哥的大圖書館借書。但艾瑞克森從没有去那些圖書館。不像《童年與社會》，他在完成前和許多學者、醫師及知識分子充分討論過，這一次他只有和瓊討論。確定的是，他已經廣泛的閱讀德文有關中古世紀和文藝復興的歐洲的文獻。更甚者，他覺得應該從拉丁文翻譯過來，「我這一次必須非常歷史性」，他取笑著說。沒有因為尋找證據拖慢他的寫作速度，同樣的，理論考據也沒有。他告訴拉伯特他並沒有去發掘「我描寫的所有理論關係」。

他又使用自己的方法研究。當研究路德的童年和成年時期，他著重在路德二十歲到二十幾歲末。這段時間始於他一五〇五年進入厄佛特的修道院，一直到他一五一二年在維藤堡大學演講。艾瑞克森認為他在這幾年經歷了認同危機，他當時需要發掘意義背後的意義。最顯著的例子是他在一五〇七年的唱詩班中昏厥。這個昏厥是因為他當時苦於尋找所謂的意義，艾瑞克森將此定義為個人真實性。這個尋找過程一直到他在一五一二年的塔中聽到天啟為止。艾瑞克森多年好友和導師牧勒曾提過一個名詞為「後設傳記（metabiography）」，是解釋生命中特別的事件會幫助一個人了解自己的存在。這個事件是一個轉捩點，同時也引出之後所有的行為（一種強烈的簡化前提）。對牧勒而言，個體用這個事件給了生命完整的「統一執行區」來解釋重要事件。受到牧勒影響，艾瑞克森以這些代表性的事件來建構路德一五〇五至一五一二年這段期間。他發現路德在追尋個人認同以及追尋特屬於新教徒的「真實」（authentic）和「真正」（real）。

艾瑞克森不要寫一個浮泛的自傳，也不是寫學者傳統的「個案史」或是「生命歷史」——記錄病人的情緒和身體狀況。他要寫一個「心理分析歷史的研究」，將路德個人的認同危機，和中古世紀末期歐洲的基督教危機連在一起。他不是很情願用「心理史」這個辭彙，他用很多引用記號和畫線來注明它的暫時性。艾瑞克森注解，很多臨床醫師和歷史學家，都開始將特殊個案和大的歷史發展整合。他覺得沒有必要特別注明一個副標題。

艾瑞克森對於引領或是參與心理史運動沒興趣，他只是專注在自己的主題，希望歷史學家和心理分析師能夠理解路德是這個時代的先驅，而這個時代依然存在：這是文化發揚、法治以及自由的時代。這個「印刷文字的時代」堅持「試著說它的意義，以及表達它所說的，並透過所有努力提供認同」。艾瑞克森批評心理分析同事沒有注意路德留下的遺產，他們沒有理解時間和空間的關係以及歷史的關係，但是專業的歷史學家不應該忽略年輕路德的貢獻。艾瑞克森覺得歷史學家較少評估路德，因為他們對於兒童和青少年時期的稀少資料太謹慎。就像是臨床醫師無法得到病人的所有病徵時一樣，歷史學家應該學習針對可疑的資料大膽假設。他嘲笑這些歷史學家，局限自己在所謂的「客觀資料」中，這麼自以為高興的寫世界史，卻少了婦女和小孩。歷史學家應該放棄所謂死資料的客觀性，而去廣泛的預測、假設歷史。艾瑞克森不經意的成為歷史學家，才發現他正改變從十九世紀末歷史學界所沿用的客觀性標準。

他並不是粗心大意，然而很多歷史學家卻從這本書中找出錯誤。因為這本書著重在路德對於認同的掙扎，艾瑞克森覺得他必須要解釋他在唱詩班昏倒的情形。他記錄路德當時是二十三歲，在第一次彌撒中充滿自我疑問。這次昏倒之後是痛苦漫長的自省，接著是聽到天啟，獲得新的自我。他強調路德這次昏倒的結果，是導引到「完全的整合，標記著他的認同的發生，就如同真實的宗教般同質」。路德「記述」的奧妙和真確性，正表達了「人類知覺和責任決定性的一步」。

這裡有個問題，而且牽涉到艾瑞克森的學術地位。那就是路德本人從沒有暗示過他曾在唱詩班昏倒過，而且當時那三位記錄這個事件的人並不值得信賴。不過艾瑞克森推論這「是極可能發生的」，因為路德已經擁有其他幾個「嚴重的心理徵狀」，會導致他「哭泣、流汗及昏厥」（這是他當時被記錄的狀況）。艾瑞克森也了解這個昏倒的事情可能是傳說。但是這在歷史學術上是需要被提到的，因為這是「真實的問題，並且產生和心理學理論相同的意義」。不論是真的，部分是真的，或只是一個傳說，這個事件幫助後人理解「路德一生功過資產負債表」，同時這也是他努力想要找尋的真實性自我。

艾瑞克森在這本書當中以大膽的角度思考路德的歷史意義，他認為路德（和米開朗基羅及唐那太羅）幫助「建立文藝復興時代的精神」。他是現代人道主義、文化啟蒙和個人自我肯定的先驅。他激發的復興主義，「一直持續存在很多領域，是多面向的革命，新教徒人格仍然存在多種職業中」。事實上，艾瑞克森認為這個精神還依然存在當代。他告訴瑞斯曼（他並不是路德迷）他現在從事的反核武運動，如果沒有路德所開啟的傳統，這個運動是幾乎不可能存在的。他試著描繪路德，這位年輕的新教徒，是現代個人自主和強烈自我力量的開端。某種程度來說，這地位表示了西方個人主義傳統的發生。但是他卻忽略一些證據顯示，在路德的年輕時代，他認為人類是沒有自我意志的失敗象徵，並沒有能力靠自己的力量成就任何事。

艾瑞克這麼做是有動機的，他將路德放在德國的歷史經驗上看，德國總是處於邊界上，比如理想主義和天主教與新教徒宗教之間、西方與東方世界，以及……資本主義和共產主義。在德國人的認同上也是如此：地方性和國家性，知識性與軍事性，感性與殘酷，浪漫與組織化，謙虛和傲慢。他認為美學及情緒性的強制力將路德的生命劃分成：文藝復興的年輕時代和專制獨裁的老年（像希特勒般）。基本上他將路德的年輕時代放在與希特勒相反的邊界這一邊，而把老年時代放在另一邊。他自從寫這本書之後，終其一生沒有因為其他歷史學家而改變他對於路德年輕時代的看法，即便如佛洛姆的《逃離自由》中提到路德的權威性和反猶太主義，他在拜訪佛洛姆的時候，也只有談他的漂亮粉紅色臥房和院子的鸚鵡，而沒有討論這個部分。

他是以歷史變遷的角度來作為本書的研究，這是他在一九四〇年代寫關於希特勒影響德國年輕人的文章就使用的觀點。簡言之，他用路德去強調一個創新的領導者會為廣大的社會帶來大的歷史變遷。他解釋路德可以了解他當代的問題——因新發現帶來的恐懼，掌權機制腐敗的焦慮，以及最重要的存在空虛的懼怕。對於這些痛苦的理解，領袖會努力的找出解決之道。像路德，他追求痛苦、失敗和罪惡，試驗這是否會毀了他，又或者他要破壞現有的一切，以建立一個新的。如同他在維藤堡提出的九十五個理論，這位領袖是要找出一個答案。這個答案會用「磨利我們的眼界」的方法，重新檢視現有的想法。

他對於路德的研究解釋了如何透過領袖的人格，以新的內在資源導引傳統創造出全新的個體、新一代和一個新的世紀。透過解決自己的焦慮，這位領袖告訴整個社會他們也可以如此解決他們的。艾瑞克森展現出歷史學家賞識的特質：鮮明解釋的能力。他豐富的心理和歷史故事是本書的中心，也是在心理學角度的歷史觀點中最突出的特質。

路德的改變以及完成《年輕人路德》

艾瑞克森了解路德的發展問題是出在認同混淆。就像他其他的病人，路德沒有「內在安定」。二十二歲時在大雷雨中宣示加入修道院成為修道士，他覺得自己的驅力失去了控制，需要極端的制度思想和那些文字給他的內在一個秩序。對於艾瑞克森而言，路德苦於「性刺激以及過度敏感的意識導致腦中的認同混淆」。他發現路德具有內在力量，不過這個力量並不夠，因為如同其他的年輕人，路德「一知半解到錯誤的以為自己是某種人，這個年輕人很努力的希望環境接受他。」威廉・詹姆士提出「成長危機」（growth crisis），設計「轉變」年輕人的「個人力量……的中心」。艾瑞克森解釋為「認同危機」的開端。

路德是在找尋一個力量與智慧的父親形象，以便將自己的生命連結起來，當然這也是艾瑞克森自己所追尋的。他解釋一個父親可以守衛著「小孩的自主性存在」，這個人可以影響到小孩正在萌芽的自我。他從未覺得自己成熟為一個像父親那樣的個人，雖然這個父親他從沒見過；他有時覺得自己有一半已經滅絕了。年輕的路德也是如此，他的父親漢斯，希望小孩們能夠追隨他們家的經商傳統，而且希望小孩子順從他。路德試著順從父親，但不失去自我或是違背父親，而且不至於讓父親失去自我。在這個過程中，他變得比較像路德家的人，而不是馬丁，比較像個男人，而不是一個兒子，是一個領導者而不是追隨者。他要求父親答應他去聖奧古斯丁教會，但被父親拒絕，漢斯最後答應是因為他當時已經失去兩個兒子了。

不過路德很快就發現父親不是真心的答應他，這使他接受「教條式的清晰」（creedal explicitness），以及一九五〇年代所稱之的「真實性」。在漢斯答應的三年後，路德受到史道皮茲（Dr. Staupitz）教授的影響，他是一位代牧師，資助路德參加聖奧古斯丁教會。史道皮茲成為「好父親」和治療師，讓有困擾的年輕人傾吐他們的問題。他很欣賞「孕育路德心中那些真實宗教性的部分」。他就像一個專業的臨床醫師，建立路德在嬰兒時期曾擁有，但已經失去的信任。透過這個信任，路德開始去孕育自己的認同，去檢視當下內心深處的想法。他發現新的自我力量，而且成為艾瑞克森稱之的「自由手工藝家」，去發覺並昇華內在的慾力，並且去創造它。他開始學習「和上帝對話，直接而且毫無羞怯」，新教徒主義也就應運而生了。

路德的認同危機和解決之道都圍繞在男性的關係當中：父子、老師和學生，就像艾瑞克森受到導師耐特的幫助一樣。女性呢？艾瑞克森幾乎是為路德辯解：「路德為西方男性認同加入許多新的元素……但他為新女性提供了一個認同——牧師的太太。」艾瑞克森抱怨幾乎沒有路德母親的資料，不過他確定，「如果他母親沒有為他唱過天堂的事情，一個人之後不可能如此講解唱述天堂」。事實上艾瑞克森認為路德能造就復興運動，除了積極的主動性，他也擁有女性的被動特質，可以讓他聆聽內在的聲音。路德發現《聖經》中母親代表的女性被動特質是「大方的敞開自己，傳給別人，或基本的，由母親給兒子」。艾瑞克森不算是榮格派，不過他引用榮格的世界觀，強調「被動與主動新陳代謝」的需求。

佛洛伊德也提過女性特質與男性的結合，但艾瑞克森在這裡提到的母親和女性有很大的自傳意味。他解釋路德的轉變也是如此。他描寫路德「悲傷的孤立」，還有他母親唱歌給他聽，都非常類似他自己的情形。當艾瑞克森在卡爾緒是小孩子的時候，他就和年輕路德產生關係，一晚他在朋友家聽到路德的禱告語，他經驗到「完整性」。這個經驗「和我那布爾喬亞家庭（漢寶家）的所有東西都不同」；就像年輕路德，「我想要與衆不同」。但他並沒有寫明他轉向新教徒主義，只是提到大浩劫中的歐州猶太人「漂白的骨頭」，就像是指他的漢寶家庭。他是在猶太與基督教間徘徊。他一方面在《年輕人路德》中提到自己傾向基督教，又無法逃避的被新教吸引。另一方面，他就像同時代的歐洲猶太知識分子，大浩劫使他產生猶太意識，很嚮往以色列，那是他母親和妹妹住的地方。

年輕路德最吸引艾瑞克森的是他發現了「賦予意義」（meaning it）的意義。賦予意義是當一個人信任上帝之後，他隨之擁有的信任別人的想法。這是重新拾回嬰兒時期的基本信任，重新發現「嬰兒心中父母印象的指導聲音」，這是重新得到真實性。路德發展內在信任和自信，讓他可以放手讓自己走時，他學到「賦予意義」。當他擁有這個能力之後，他就可以面對「他那個時代人類存在意義的問題」。在威廉．歐康的作品中，路德贏得對於上帝不需要仲介者的個人信心。他攻擊官僚制度和那些儀式、教堂建築，以及其他模糊上帝形象的事情。終於他在任何一個特殊時刻都可以說「我站在這裡」，他強調個人意識成為之後所有個人自由主義的出發點。

當艾瑞克森描述路德由認同混淆走向自我主宰，他很驚訝於這個人的強烈、自我肯定的聲音和語言。路德解決自己認同危機的方法主要在於發現他自己的聲音。他說著他自己的語言，艾瑞克森定義他為「文字的僕人」，「不知道自己到底在想什麼，直到他聽到自己說出來為止」。這個聲音和文字的意識型態和路德的認同，以及他對當時的影響糾結在一起。艾瑞克森浪漫的視個人的聲音為個人真實性的形式，並且和早期的新教主義連在一起。他並不是這麼想的第一個知識分子。

除了發現他自己的聲音，路德還產生了他另一個共鳴：「他的語言」。路德參加的拉丁學校禁止德文，但是他反對修道院、羅馬教廷和教宗的限制，他「透過翻譯而創造了生活的語言」。他將聖經翻譯為德文，當然這並不是第一個德文版，但這是最具有藝術性和感動的──最釋放自我的。路德的佈道（用德語說）、餐桌祈禱和理論性著作都是用德文。當他翻譯、寫作和說德文的時候，他發現了他語言上的天分，在英文上有相對地位的就只有莎士比亞了。「語言不是少數人的詩，而是大家生活上的一個啟發」。透過語言，路德成為一個歷史動力，一個道德的力量。艾瑞克森很欽佩他重新創造德文，透過語文，他在自己在卡爾緒的童年和年輕路德之間，創造了直接的聯繫──「對於任何事而言，德文絕對是我最重要的一個部分。」

在創造了「他的語言」之後，路德最傑出的成就是把它發揚光大。路德父親和他的學校都壓抑即席演講和演說，結果他開始學習說話，將不能對父親和老師說的，以報復的方法全部對教宗說。在試著說出的過程，他學習信任自己的想法，信任上帝。他發現一件事不說得那麼優美但真實是比較好的。

艾瑞克森有次對他在斯達克布爾基的鄰居翰墨·特渥說，很多讀者將《年輕人路德》看作一本講年輕認同危機的個案研究，這是對的。但其實這是一本講一個年輕人找到自己聲音的書。文字和語言，透過聲音，是路德新發現的認同。某種意義來說，這個發現加深了艾瑞克森對於聲音和「賦予意義」的浪漫想法，以及他視為真實性和完整性的結果意識。

艾瑞克森從一九五〇年開始注意聲音，直到一九五八年這本書出版，顯示出他對於形態的興趣已改變。他開始從注意兒童的玩具轉移到寫下的文字和說出的話。在《年輕人路德》，他更前所未有的將文字視為第二種形態，不過他依然將內在精神與外在社會環境連結在一起。文字，就像小孩玩玩具，是從內在出發而指揮外在產生的。他尋找文字的結構，找出底層的形狀和設計，就如同他研究玩具一般。在出版前曾刪掉的章節中，他比較兩種形態，一個是南方的文藝復興，以藝術和視覺為主，一個是北方的文藝復興，以聲音和音樂為主，這是由路德發起的「德文自由」和「巴哈加冕」中得到的靈感。

他在書末將十六世紀初的德國革命家和二十世紀初的佛洛伊德相比較。他們都「在一生中做苦工，將人們的意識專注在物質和科學上」。他們都「透過內省增加人們的內在自由，進入最深的矛盾中」，都是幫助人們達到完整。艾瑞克森對牧勒解釋「路德透過找出真正意義來表示一個人的完整意義，佛洛伊德的意義是因為分隔意義而沒有意義」。當路德努力的「賦予意義」時，佛洛伊德挖掘「道德和真實的潛意識」，兩位都是研究「父親情結」。

艾瑞克森這樣解釋他們兩位，是暗示將新教和心理分析做比對。他的問題在於佛洛伊德將宗教視為無望的倒退狀態。他同意宗教有時候是退回到嬰兒時期的狀態，但是他質疑這樣一個運動承襲的病狀。他指出，「我們在夢中也是退回，但那卻是健康而且必須的」。宗教

「在最佳的創造狀態」是和啟蒙相提並論的，因為它回歸人類基本的信任，活化這個時代完整的象徵。在這個意義之下，宗教是和佛洛伊德的心理科學等同的。

艾瑞克森並不認為自己是新佛洛伊德派，他只是一個獨立者，質疑主流的心理分析。佛洛伊德父女是他的導師，可是他發現路德對他有很大的意義。他認為新教徒主義剛開始時，一定也是像佛洛伊德創立主義時一樣大膽和積極。解釋路德和佛洛伊德時，艾瑞克森描寫人類需要英雄和傳說，他也忽略了佛洛伊德對於錯覺的負面態度。

艾瑞克森的書顯示他正脫離佛洛伊德派，艾瑞克森的兩個朋友在看完手稿後發現這一點。社會學家瑞斯曼認為他的視覺導向是對佛洛伊德的分析方法採強烈保留態度（分析師應該坐在病人後面，避免眼神接觸）。艾瑞克森提到視覺接觸，如路德和斯陶匹茲之間，是用眼神建立信任，而且艾瑞克森自己也是這樣看診，瑞斯曼鼓勵艾瑞克森公開的攻擊「佛洛伊德式合理性」。莫非是心理學家，他認為艾瑞克森對於「自我與其他事物之間的關係的認同問題很有興趣」。雖然佛洛伊德對於自我的概念「非常原始」，但也不會允許艾瑞克森在這方面深入研究，他的手稿顯示這個限制以及超越佛洛伊德的必要，艾瑞克森必須知道他已經超越心理分析正統派。

但有趣的是，他們都沒有在這份多處處理父子關係的文稿中，提到一個最明顯、違背正統派的點，那就是佛洛伊德提到父子間的伊底帕斯壓力，是為了爭奪妻子或母親的注意。但是艾瑞克森卻關注在兒子找尋真正的父親——不論存在或失踪——更廣義的部分是與天父對話。女性的象徵在這裡不是重心。他似乎不願意去發掘和母親、妻子、女兒間的壓力，而這些壓力卻在他自己的生活中很重要。

擺開這些，他開創了一個新境地。他的書主要在述說渴望的聲音，並且說明了他自己對於心理分析正統派的保留。當他描寫路德達到一個真實性和充滿力量的境地，他也許是在暗指他自己。

在賈里斯科半年之後，他幾乎完成《年輕人路德》。他和瓊在另一個藝術性的地方——陶斯，新墨西哥待了兩個月，他在那裡完成手稿，由瓊校閱之後，哈佛神學院教授詹姆士路德亞當斯找出其中的學術性錯誤（私下而且匿名）。之後艾瑞克森把副本寄給很多朋友，希望他們找出沒發現的錯誤。這和《童年與社會》相反，在他自己都沒發展出一個全貌之前，就已經請同事檢查很久。他覺得在任何人看之前就寫《年輕人路德》，可以擁有很多安靜時間，而且卸下心中重擔。這就像路德在修道院，而他需要在墨西哥小鎮，寫完之後越過美國邊境，以新教徒「真實」的聲音向美國知識分子、神學家、心理分析和歷史學家傳送這本書。

他的書到達諾頓出版社時已經是完稿。龍特很喜歡這本書，覺得這比《童年與社會》更加精彩。但是在指派一位聰明能幹的編輯喬治．柏克維後，龍特並沒有給艾瑞克森如同前一本書一樣的合約。出版社的人似乎沒有盡任何特別的力氣去推銷，也似乎不知道應該接觸哪一個學術領域。也沒有請《紐約時報》做書評。在艾瑞克森努力下，只有心理分析國際期刊、美國心理分析協會期刊評論。《童年與社會》曾在剛出版時放在基本書迷俱樂部區，這可以刺激銷售。但是這個俱樂部沒有接受《年輕人路德》。只有一些小的書籍協會接受。很多大書店將它放在非暢銷區，如同艾瑞克森擔心的。諾頓也沒有將它放在教科書打折書單上刺激銷售。一九六四至一九六五學年度，《童年與社會》已經賣了二萬八千本，而《年輕人路德》只有九千九百本。這讓艾瑞克森感到受傷而且生氣。他問柏克維：「出版商沒有告訴別人這是一本什麼書嗎？」他懷疑自己是否應該再和諾頓合作。

可以說，《年輕人路德》如同《童年與社會》，吸引了一些視野廣闊、跨學科的讀者，而很多讀者的評論都很好。查爾斯．伊闊夫特（Charles Rycroft）在《觀察者》（倫敦）上稱他為「沒有實現的藝術家，不是完全接受美國心理分析運動」。帕森（Talcott Parsons）表示同意，而且指出他不同於其他分析師，他不只注意內在情緒，而且利用社會結構及文化解釋路德是「擁有創造力的宗教領袖」。約翰．奧斯朋（John Osborne）可能太捧場了，他將這本書改成戲劇，大大的吸引倫敦的觀衆，但沒有注名出處。

也許因為艾瑞克森被視為心理分析師和心理學家，剛開始的時候，這本書並沒有受到歷史學家的注意。但威廉．藍格，美國歷史學會會長，認為這本書內容很有趣。更重要的是，《歷史與理論》請年輕學者唐諾．梅爾做了一個很棒的書評，他是加州大學洛杉磯分校歷史系的青年才俊教授，他了解並且欣賞艾瑞克森，將這本書給同僚作為模範，認為這本書提供了一個新的方向，可以彌補個人和社會的鴻溝，他說這本書「非常精彩」，並指責其他歷史學家對於這個發現的狹窄觀念：他的書不是基於新資料，而是將資料重新整理，從壓抑中解放，重新創造。雖然他的資料不廣泛，但是具有深度和創新。李察賀夫斯特（Richard Hofstadter，美國戰後最具影響力的歷史學家）也很欣賞他的書。在一九六〇到七〇年代，這本書吸引了很多歷史學家。有的人因此也決定讀《童年與社會》；有人開始用他的方法研究；有的人鹵莽使用，他們的心理學歷史和心理傳卻失之平淡。艾瑞克森認為這些研究過量。當歷史學家對於心理生活更為注意時，他希望「心理歷史」這個標籤可以消失。

沒有歷史學家和社會取向專家解釋本書中提到的內在自我和真實性，其實也存在一九五〇年代美國的文學作品中。這些作品都說明工業社會中，個人自主性的降低，從生產的意識轉為消費風氣。艾瑞克森也有追隨者，這些社會文化評論家，也在維多利亞傳統和消費資本主義之外追尋真實性和自主性。

幾乎所有的神學家和宗教研究者都沒有注意艾瑞克森的第一本書，不過他們都很重視這第二本。因為對於心理分析和他所強調的「性」的不了解，有些人覺得本書中有侮辱之處。不過艾瑞克森的鄰居同時給他分析過幾次的藍霍德．尼爾柏覺得「這是我讀過最有趣的書之一」，並且替本書大宣傳。牧師李察波克報導，紐約市的路德教派每週定期聚會，討論如何把本書應用在工作上。但是耶魯的歷史教授，復興時代的專家羅藍．拜頓（Roland Bainton）卻提出攻擊：艾瑞克森只在書中稍微提到他那先驅之作《我站在這裡——馬丁路德的一生》，而且批評他「沒有考慮到心理方面」。拜頓攻擊艾瑞克森資料有偏頗，試圖從路德的學生記錄的《老年路德的餐桌祈禱》描述出年輕路德，而且艾瑞克森認為他只是追隨導師斯陶匹茲，是對於路德宗教上的侮辱。如果真如艾瑞克森所稱，路德的死亡觀是和他與父親的關係有關，為何伊拉斯謨斯（完全不同的身世背景）也有這種看法？更廣泛的說，當時德國的思想特質不可能僅是年輕路德個人擁有的，艾瑞克森是一個差勁的研究者和歷史學家。

艾瑞克森對於傷害性比較大的評論都會起草回應，但是多半只有寄給朋友或是私底下寄出。他寫一封信給《當代心理學期刊》想要公開發表，但是最後決定不寄。他的拒絕公開回應，阻止了對於這本書的公開討論機會，但這並不是他沒有安全感，而是他正經歷一個轉折點，他在私底下捍衛這本書，表現出他前所未有的內在力量。他寫了〈拜頓書評記錄〉，發給朋友們，裡面認為這位知名的路德學者「對於心理分析的看法毫無啟蒙」，而且他沒有欣賞他提出最重要的一點，路德以個人的方法說出當代面臨的問題，而不只是預示社會問題（拜頓認為的）。他也批評其他的評論者，他曾對一位猶太教牧師抱怨讀者中「有些猶太人」還是認為路德是反猶太者，因此拒絕了解路德「在精神歷史上獨特的地位」。

艾瑞克森對於讀者、同事，甚至是偏向他的書評最大的抱怨，就是他們只看到這本書的第二個目的，研究路德、認同危機和復興時代。但是最重要的是他持續（現在注重在聲音和文字方面）去解釋生命週期。「我對於人類生命週期要比對傳記的興趣大多了。」他對一個朋友說。從他在一九五〇年和瓊一起準備白宮會議的論文，「人類生命週期和其他與它相關的，就成為我最主要的興趣。」

他這個批評也許對讀者不盡公平。因為自從他到理格中心，就一直專心於青少年問題和認同危機。這本書的六章都在解釋路德在神學上、自傳上、歷史角度上的認同危機。而對於路德的中年到老年則是匆匆帶過。因此他覺得自己需要再寫一本關於成人的心理和社會方面的書——生命週期的下一階段。他將會寫另一本有關中年革命的書。

因此在寫完這本書之後，他覺得必須馬上對於整個生命週期本質提出論文。他在書完成之後去旅行幾次，其中一次在墨西哥，看到革命家荷西・馬羅（José Morelos）的雕像，「他的右手高舉，就像是路德在沃爾姆斯演講時的樣子」，這是一個「頑固的新教主義」對抗現代人類開發的手勢。如果人們知道「真實的人生——人類是生命週期的主宰」，就不會需要這些革命家了。當人們了解生命週期精義時就可以主宰自己——人類自己一生中的週期階段——他自己的生命和成長必須和其他年輕及年老者相關。透過照顧他們，人可以擴大自己的內在力量，讓自己不至於過度開發。他大量使用男性的「人們」，表示他接受當代對於性別傾向的看法。

當書評發表後，他寫信給朱利安・賀立（Julian Huxley），因為他覺得朱利安研究的動物儀式也許可以和他的生命週期連接起來。他向朱利安解釋，他正在研究人類發展階段，而這些和「最終價值」有關，比如說信仰、希望、真理、理由等等。他首度探險，研究宗教經驗的心理學使他確信這些價值觀需要從「道德的重量」中解放，然後才可以擴大這八個生命階段。從一九六〇年代初到中期，他正準備一些重要的論文，用以擴大他生命週期模型的範疇。

平行的軌跡：和「佛洛伊德領域」競爭

艾瑞克森給這本書的副標題是「一個心理學和歷史的研究」，雖然他對於自己跨越學科的界限沒有什麼悔意，但是他依然認為自己是心理分析家。然而幾乎沒有心理分析家對於他向賀立提出的內在價值有興趣，也幾乎沒有心理分析家對於中老年的心理學有興趣。更糟糕的是安娜・佛洛伊德對於他這第二本有關生命週期的書也不欣賞。艾瑞克森為她的評語而困擾，因為他總是很在意強勢知識女性的意見。這段期間他們的關係很緊張。不過另外一位這個領域的重要學者很重視他的書，那就是大衛．拉伯特，他在信中告訴艾瑞克森，這本書讓他很興奮。他知道但沒有寫出來的是艾瑞克森已經走出他自己的路，艾瑞克森一方面是忠實的佛洛伊德學派，一方面已經試著展現出自己獨特的聲音，他感覺到脫離佛洛伊德是這本書最令人興奮（和驚人）的部分。

他們兩人的友情始於艾瑞克森剛寫完《童年與社會》，正面臨宣誓危機時。拉伯特也是一位歐洲移民學者，他是少數得到蒙特梭利學位者，在布達佩斯的皇家匈牙利大學拿到博士學位。他和耐特一起搬到理格，當他讀到《童年與社會》，非常欣賞艾瑞克森的內在直覺，還有他將文化列入心理分析中考慮的方式。他也敬佩艾瑞克森公然反抗宣示的行為。當艾瑞克森考慮搬到理格時他寫道：「親愛的艾瑞克，沒有人比我更期待這個機會，可以將我的系統性的呆板和你的非系統性直覺合在一起。」他成為艾瑞克森最親密的朋友，聊天散步，甚至在艾瑞克森去墨西哥寫作時抱怨瑞克森的不在讓他「空虛悲傷」。

他們非常欣賞對方。艾瑞克森幫助他稍微離開德國學術傳統的沉悶，而拉伯特彌補他學術上的一大缺陷——沒有理論性，而用他的藝術性非線性方式表達自己。艾瑞克森開玩笑，他總是嘮叨的「把我的辭彙理出秩序」。他們的友情很有意思，拉伯特擔心艾瑞克森那些不完全的研究和輕率的文章會招致心理分析越軌或新佛洛伊德派的攻擊，他以自己在心理分析圈的地位來替艾瑞克森辯護，但是卻發現他越來越難保護他。佛洛伊德的《夢的解析》中，談到他的女病人艾瑪的夢的章節是最重要的部分。艾瑞克森本來針對這一章寫了論文要發表在《童年與社會》，但是他最後沒有加進去。他在一九五二年重新整理這篇論文並且寄給倫敦《心理分析國際期刊》發表。這本很有分量的期刊是由他的老朋友威力．賀夫編輯的。問題在威力將這篇文章給很有分量的英國心理分析家厄尼斯特．強斯（Ernest Jones）審查，強斯曾寫過《佛洛伊德傳》，他反對艾瑞克森由佛洛伊德描寫自己夢到艾瑪，「猜測」佛洛伊德的心理狀態（特別是他可能被艾瑪性吸引）。他認為這位理論建構者太重要，而不能用這種私人可能性、有破壞性的方法去對待他。賀夫告訴艾瑞克森強斯的反應，建議他最好完全不要發表，因為可能危及他在心理分析界的地位，但是艾瑞克森拒絕他的建議而且堅持全文都要發表。他這麼堅決，是因為他在私底下得到和強斯相提並論的大學者漢斯．哈特曼（Heinz Hartmann）的支持，他認為艾瑞克森的觀點很有用。艾瑞克森跟賀夫說：「我的論文比較注重這個歷史性夢境的代表性和合理性，而不是特意質疑佛洛伊德的生活。」如果強斯或其他人建議他重寫有關佛洛伊德生活的部分，他很歡迎。不過編輯群偏向強斯，因此否決發表這篇論文。雖然安娜不屬於編輯群，但是賀夫和她私交很好，他早將這篇論文的綱要給她看，幾乎是全篇文章，也許也給予她否決發表權。安娜也同意強斯的觀點。她的反對背後反而證明了艾瑞克森的猜測，就是佛洛伊德對於艾瑪有慾望（事實上這刺激了長久以來許多心理分析家猜測的，佛洛伊德在妻子懷女兒的時候，對於艾瑪有慾望）。這件事情後，艾瑞克森向拉伯特抱怨他受到傷害，而且他的論文沒有什麼好改的。他是美國《心理分析學會期刊》編輯中唯一的非醫學院背景者，他覺得他們會對他比較公平，而且耐特在那裡很有影響力。一九五四年初，他們發表這篇論文，而且年後耐特在理格中心的期刊中再一次發表。

在美國發表後，安娜向心理分析學會抗議。這讓艾瑞克森很困擾，覺得他已經在心理分析領域和安娜及安娜的父親切斷關係了。拉伯特鼓勵他，說佛洛伊德觀點依然深植在他心中，這個勸慰有效。他覺得自己是直接寫給佛洛伊德看的，他似乎建立了堅強的內在力量，就像路德在幾世紀前向他的心理分析同僚們展現他是「當真的」。

他這篇飽受爭議的文章的中心點，反而沒有佛洛伊德私生活那般受到重視。他的基本論點是希望檢視佛洛伊德關於清晰表現的夢和隱諱不明的夢境中包含做夢者深層情緒的分際。因為清晰的夢包括許多形狀和形式，所以更加重要：就像好的調查者，我們必須專精於地理表面，也必須了解向下的部分。這個觀點很清楚表達他「水平面」的傾向和佛洛伊德的「垂直面」相反。夢的表面包含了很多——包括辭彙、知覺、空間、世俗、身體、人際關係和感情。這些面向都和做夢者的外在世界有關，也同樣和他的內在情緒世界有關。透過清晰的夢，可以了解做夢者是如何「將外在世界拉進內在之中」，那些深層的希望和夢想都會藏在清晰的夢中，反應出做夢者全部狀態的傾向。

當艾瑞克森討論到佛洛伊德解析艾瑪時，尤其是清晰的夢境，他發現佛洛伊德也試著用「自我認同」。佛洛伊德用「內在認同」來解釋生命中一致和持續的意識，同時他的夢代表了生產繁衍。當時佛洛伊德的太太正在懷孕，他同時也經歷「正要生產出一個新的想法」的過程——創造《夢的解析》。他在這篇文章中也試著為認同、生產、形態、「水平面」這些他看重的心理分析論述找到定位點。但是強斯和安娜都誤讀他的文章。他並不是要挖掘佛洛伊德的心理生活，進而表現出自己獨特的聲音，他並不認為自己是新佛洛伊德或是文化學家，不過他也不想只是做初創者的傳聲筒。

拉伯特了解他的想法，但是勸他以後寫文章要謹慎，對政治敏感點。某種程度上他有聽拉伯特的意見。《心理分析國際期刊》在一九五五年給艾瑞克森一個機會，請他評論一本書，關於佛洛伊德和威廉·富理斯在一八八七至一九〇二年間的書信往來。德文本早在幾年前出版，這是英文翻譯本，書名為「心理分析起源」。他覺得書名有點問題，因為本書透過他和朋友交往的信，記錄他在闡述心理分析時的掙扎。書中只有部分是佛洛伊德寫的（佛洛伊德晚年把富理斯寫給他的信都燒掉了），艾瑞克森認為這些信表達某種程度的情緒：選擇過的自白和習慣性的坦白。但他卻注意其中私人情緒受到的社會環境影響，以及當代知識分子交往的狀態。

另外他也發現這個翻譯沒有抓住精髓，忽略了佛洛伊德那些細微的個人寫作風格，他建議讀者查對原文找出這些細微差別。二十七年後在《紐約客》中布諾·貝托漢（Bruno Bettelheim）解釋了這點。

對於艾瑞克森，這本書最重要的是，心理分析科學並不是從佛洛伊德腦子裡出來的，就像亞當和宙斯那樣，而是由他的神經、情緒、智慧、創造和心理發展中衍生出來的。艾瑞克森還是對於內在和外在有興趣，同時也注意到生命週期中的認同問題，他很想獲得這份期刊和安娜的好感，不過卻不能壓抑自己的想法。他已經不是早幾年的他，他已發展出自己的聲音和較為全面的表現。

在發表兩篇有關佛洛伊德和心理分析的文章後，他得到了一個心理分析家難得的殊榮，就是在海德堡大學佛洛伊德百年冥誕紀念會中演講，是由法蘭克福社會研究中心和海德堡大學贊助。他和另外幾位世界級偉大的分析家同臺——法蘭茲．亞歷山大、漢斯．哈特曼和瑞內．史匹茲。哈特曼認為這場紀念會將是德國戰後自我檢視的一個轉捩點；艾瑞克森覺得他可以透過回到法蘭克福以及藉由公開推崇他職業上的建構者完成移民的週期。

雖然他很感激這個機會，但也覺得很有壓力。他對於戰後的德國很沮喪，同時公開演講對他也有困難。他可以降低德國的殘酷性嗎？他要背叛佛洛伊德和米茲林其（Mitscherlich）的好意，在中歐重新建立一個心理分析運動嗎？

他經由西德總理介紹上臺，講佛洛伊德和心理分析，就像拉伯特的學生般。他說自己並未辜負佛洛伊德派，他在佛洛伊德很老而他很年輕的時候認識他，覺得自己對他有種很特別的情感，佛洛伊德「發掘出人類內在世界」卻依然保有藝術和形式的欣賞。他同時說明佛洛伊德也是凡人，受到懷疑和疑慮所苦——有個人認同的問題。最重要的，他認為佛洛伊德很像摩西，「是至高無上的製法者」，透過治療自己，而給予社會新的「人類原理」，這位英雄透過心理分析定律了解並治好自己，同時也治療社會。

艾瑞克森覺得自己表現得很好。他著重在佛洛伊德的深度和天分，讓別人再也不能批評他是新佛洛伊德派，而他也關照到他的人性面。艾瑞克森的演講並沒有〈夢的模型〉中複雜，但是他已經發展出自己的聲音。「我突然聽到自己在麥克風前面的聲音。」他這樣告訴牧勒。一位聽眾告訴他，我們已經有幾十年沒聽過這樣的德文了。艾瑞克森覺得自己不再局限於心理分析教條，他的聲音就像新教徒一樣肯定。

一九五九年拉伯特用論文介紹了第一卷的心理學議題，一份討論一般心理分析理論和研究的期刊，由國際大學出版社印行。這份期刊旨在收錄有書本長度的專題論文或是同一個作者的相關性論述。他收錄了艾瑞克森三篇論文：〈自我發展與歷史變遷〉（一九四六）〈健康人格的成長與危機〉（一九五〇年白宮會議有關生命週期的論文），這兩篇曾節錄於《童年與社會》中，及第三篇〈自我認同的問題〉（一九五六）。這篇論文呈現出對於路德更仔細的研究，更重要的是，呈現出他在一九六〇年代早期和中期對於生命週期的更大視野。

雖然這位藝術家總是重新整理他的作品，而且沒有真正完成的時刻，他卻覺得這三篇論文在一些新的注解和斜體字部分有增長。他似乎在找尋、修正一些規律——將這些傑出的文章發表，之後再集結成冊。《童年與社會》就是如此，《年輕人路德》是個例外，他終究是個論文家。他的下一本鉅著，《甘地的真理》，又返回到這個規律，不過有一個貫徹的主題——印度大聖人。

他很感謝拉伯特將他這三篇沒有系統的論文合在一起，成為可以理解的文章，他也開啟了「認同和生命週期」，而且用「心理分析理論和老師們的成就」來固定這個理論。拉伯特希望他能夠和兩位前輩——佛洛伊德和哈特曼一起建立後心理學關係。可是這幾乎是不可能的，他們注重內在精神世界，但艾瑞克森卻重視外在環境的影響，認為這和內在一樣重要。拉伯特的文章〈心理分析之自我心理學的歷史研究〉中試著減低艾瑞克森脫離主流的印象，他延伸佛洛伊德和哈特曼的觀點，試圖和艾瑞克森拉近距離。認為佛洛伊德曾暗示過「人際關係（心理社會）」，而哈特曼的自我適應理論也呈現那個方向。他認為哈特曼和艾瑞克森都是發揚佛洛伊德的理論，佛洛伊德的火炬就從哈特曼傳到艾瑞克森。

從另一個觀點來說，拉伯特把艾瑞克森放在主流中是對的。如同蘇珊．克什娜（Suzanne Kirscher）在她精彩的跨國比較論文中提到的，整個美國心理分析理論在過去的二十五年中，著重在自我發展、自主自我的本質以及成熟關係的能力，而傳統的內在情緒生活比較不受重視。艾瑞克森的作品注重在生命週期、認同和水平社會觀點，反而比較在主流中。因此他和佛洛伊德競爭，在正統派中失敗，但是卻贏得了另一個席位，在那裡，佛洛伊德的基本假設已經失去現實性。

卡拉．阿伯翰．漢寶

因為「心理學討論」，艾瑞克森的聲音得以傳誦到全美，但他常常回顧並從自己的生命中取材。進入中年之後，他似乎開始注意自己的轉捩點。他在一九五〇年代最重視的就是父母和收養議題，顯示出他依然在意他的生父。他在《年輕人路德》和在理格中心都表現出對於沒有父親的小孩的重視。他認為沒有父親的小孩受傷最大，因為他們沒有父親可以認同或是幫助。而一個養子永遠都會去尋找他的生父。

這個想法直到一九六〇年一月卡拉過世時到達高峰。卡拉死在海法，艾瑞克森沒有去追問生父的下落，似乎顯示出卡拉是被勾引或強暴的可能性很大。她經常去探訪在美國的兒子和女兒，而且很高興艾瑞克森成為知名的學者、作家。艾瑞克森曾對安娜承認：「她是一個令人敬仰的母親，但是具有很傷害性的人格，對於兒子很嚴厲。」

他很敬佩母親，自從他繼父一九四九年過世，她就向德國索取戰爭賠償。德國要求收入證明，她就舉出證據證明泰德在當時的月所得，而且她還提出證據要求卡爾緒賠償她丈夫當時兩項保險費用。她並沒有在這項長期爭取過程中得到很多，不過比其他當時移民的猶太人都拿得多，並且向德國當局顯示她是一位堅強、有毅力的老婦人，大聲的說出她的想法。

艾瑞克卻不同，他可以質疑佛洛伊德，卻完全不能和像他母親這樣的堅強女性相比，他沒有勇氣去問卡拉關於他的生父的事。很早以前卡拉說他的生父是渥德馬，之後他再也沒有跨越過這條線。他也沒有跟卡拉提過，她在見到新丈夫時，是如何把他撇到一邊。他患退伍軍人症的病人曾夢過空白的臉，就是表示無能推開母親的控制，病人在了解之後解決了這個問題。某種程度來說，這個病人已經超越他的治療師了。

在卡拉死後，他在哥本哈根的親戚寫信來告訴他們知道的片段，因此拼湊出渥德馬不是他的生父，他生父應該是個丹麥人，非猶太人，來自良好家庭，具有藝術天分。他告訴瓊、兒子、女兒們這個故事，成就這個家族羅曼史。即便他質疑心理分析正統，但是這卻給了他這個沒有找到「賦予意義」全部意義的人希望。

得到這個消息之後，他也許會去丹麥找生父的證據，但是他並沒有這麼做，他什麼都沒有做。母親的死成為巨大的陰影，讓他沒有能力做其他的事情。一直到卡拉死後兩年，他才去找在哈佛醫學院的親戚賀曼．巧克，請他去丹麥找，他比艾瑞克森小六歲，但是精通丹麥語。賀曼要艾瑞克森一起去，但是他拒絕了，因為他擔心如果找到生父的家庭，他的出現會給這個良好家族帶來尷尬的醜聞。

賀曼去丹麥試著找，最後知道一位表哥斯凡德可能知道。但是因為他自己的行程，以及斯凡德的健康狀況，他並沒有見到他。他回到美國告訴艾瑞克森這個情形，艾瑞克森非常鎮定，也沒有多問什麼。又過了幾年，斯凡德的健康狀況更差，艾瑞克森這次請他的妹妹愛倫去哥本哈根查，但是斯凡德在愛倫到了之後就死了，因此他的生父的事情就永遠成為謎。艾瑞克森之後也沒有試圖去找斯凡德的兒子看看有沒有可能知道。在這十年當中，他走了很長的一段路試著找到真實性的聲音——埋藏在自我當中的獨特意識。追求這個真實性，正符合當時美國文化和知識界的潮流，因此讓他在一九六〇年代哈佛大學教授期間成為公衆人物。某種程度來說，他解釋了真實性聲音能幫助他建立自己的聲音。他的聲音和真實性意識都和男性有關——兒子和父親。雖然他描寫路德公開對抗父親和聖父，他自己對抗佛洛伊德，但是他卻沒有辦法對抗生命中的堅強智慧女性——安娜、卡拉、愛倫．克資，米德，和他的妻子。聲音和真實性可以在男性的世界運作，但是卻不能幫他在卡拉的禁止之下，追尋他生命中最重要的事情。

第七章 教授和名學者：一九六〇年代

六〇年代多半給人社會、文化和政治交雜多面的印象，很自然的，對於不同的評論者而言有不同的特質。有些人解釋這是從五〇年代開始的一系列交互發展，持續維持二十年。社會評論家多特・麥當勞（Dwight Macdonald）認為六〇年代的精神是人權理想主義、學生運動、對於抗議的浪漫想法及社區意識。非裔歷史學家勞倫斯・瑞迪克（Lawrence Reddick）認為最能代表六〇年代精神的就是一九五五至五六年的蒙哥馬利市拒乘公車運動，金恩領導的這個活動代表「梭羅和甘地的哲學可以成功」。文化歷史學家小拉蒙（W. T. Lhamon）認為，六〇年代的運動是啟蒙於五〇年代。對他而言，六〇年代是普遍失去人性的象徵，個人消失在企業和機構中，家庭和社區的腐敗，越來越感受到個人無能追上時代腳步。

從一九五〇年代到七〇年代初，數以百計的文章描寫「包圍之下的自我」（self under siege），以及基本的改革。啟發性和大視野的書，例如瑞斯曼的《寂寞的群衆》（一九五〇），尼斯柏特的《追求社群》（一九五三）和艾瑞克森的《童年與社會》（一九五〇）成為校園書店和教室中的熱門書籍。一方面是因為出版界平裝本的革命，以低價達到大量販售的效果。米德廣泛的討論這些書，特別提到《童年與社會》（一九五五），她堅信一個新的認同理論正被接受。這將會成為當代最燃眉之急的問題之一。她預測艾瑞克森，認同的建構者，將個人和社會群體結合，將會成為社會公衆中心人物。

她的預測是正確的。在一九六〇年代末到一九七〇年代初，許多美國人發現在現代生活中，自我、意義和認同已經在官僚的環境中成為矛盾。特別是認同，用來解釋個人信仰和價值會受到外在環境的影響。這個認同並沒有形成「艾瑞克森的時代」，不過他的其他幾個基本觀念——比如說認同危機、代間關係——在這些年代發揚，特別受到年輕人和學生的重視。身為這個時代的教授，他特別針對這些群衆演講寫作。

同時個人存在性的需求也在發展，活得自由、快樂、冒險通常解釋為是活得有「深度」。泰德・羅紮克之「創造反文化」（六〇年代著名的藝術品）解釋了反文化是追求存在性，同時也打擊人們像機器般客觀和效率，及對於魔力、精神和快樂沒有障礙的迷思。這些觀點都可以在艾瑞克森的演說和文章中找到支持點。

最後，公衆和私人生活的界限被侵蝕，「個人的就是政治的」是著名的標語。心理分析的自我心理學被用作連結公衆和私人生活的理論工具，因為它研究人格最深處的內在（自我）和外在社會限制（超我）。艾瑞克森的書和文章成為自我心理學家最重視的書，因為他大聲疾呼自我和社會的關係。他在這個時代成為一位主要的學者和公衆人物。

艾瑞克森一九六〇年從孤立的理格中心搬到學術中心和都市後，開始參與美國社會的文化和想法演變。他在柏克萊因為宣誓事件失去教職時，幾乎沒有考慮那裡的學術地位。但即便搬到理格後，他還是希望可以在大學任教。他信任瑞斯曼，希望可以他替他留意學術機會。到了一九五六年，他跟瑞斯曼抱怨他沒有機會接觸中心外面的同事和學生。瑞斯曼在這幾年中從芝加哥搬到哈佛任教，他安排艾瑞克森和一些大學部的學生接觸，艾瑞克森認為非常滿意，並且希望能夠得到永久的職位。雖然他曾考慮過哈佛校長在麥考錫時代並沒有一直支持人權，不過那個時代已經過去。而且哈佛在一九五〇年代末，對於美國學術界非常有影響力，擁有聯邦大量資助，校園中包含了許多專家學者、教育實驗、社會服務以及接近政府權力中心的顧問群。艾瑞克森面臨的抉擇很簡單：留在舒服、受保護的理格；或是面對哈佛的學術環境，那對於一個學者和老師是充滿挑戰、不確定性和機會的地方。

雖然理格在宣誓危機時提供他一個保護的環境，對他很重要，但隨著時間過去，這已經沒那麼重要了，看診生涯也對他沒那麼有吸引力了。他必須離開理格才能專心寫作《年輕人路德》，而寫作正是他的最愛。他向安娜抱怨：「當我年紀變大時，診療在邊緣界限的病人，比如那些兒童，變得比較辛苦。」他需要學術圈的自由時間，以及和不同領域的學者接觸。拉伯特在一九六〇年心臟病突發過世，這給艾瑞克森的生命留下一個裂縫。雖然瓊在那裡的活動計畫已經落地生根，但是她一向把艾瑞克森的事業放在她的事業之前，所以她也贊成先生回到學術圈。

他對於這次的變動很謹慎，他先接受麻省理工學院的兼職訪問教授，看看自己是否能適應波士頓區域的教書工作。他每週開車去那裡，主持研究生的課程，這個課程也開放給其他學者。他們以《年輕人路德》為範本，每一位針對一個革命性歷史人物研究其一生歷史。他很高興看到這些年輕學者不受傳統心理學限制，像他一般，以生物學、心理傳記分析角度做廣泛跨學科的研究。

他那些教授朋友幫助他在這個全國學術頂尖的學校得到終身教職，絕對不是個小成就。由於他並沒有正式學位，又沒有一個系所完全適合他，對於他來說社會關係系比較適合，這個系創立於一九四六年，包含臨床和社會心理學，社會學和文化人類學。艾瑞克森認識系主任羅伯・懷特，但是在被任命的時候，有些教授對於他缺乏正式學位有所保留。最後他去找教務長班迪，希望他能以獨立非系所名義聘請。

班迪一九五七年就是以此名義聘請瑞斯曼，開啟之後以私人基金聘請獨立於系所教授的風氣之先。他們拿比較高的薪水，而且較短的教課分量。他們代表了教務長對於傳統學術的影響，他堅信跨學科研究和創新的指導，讓這些教授對抗傳統課程，作為他將學術重心從系所轉移到跨學科中心的運動。麥克・馬考比，一位年輕的實驗心理學博士班學生，被認為是一位關係良好的教務長助理，他對於聘請瑞斯曼居功頗大。他也很敬仰艾瑞克森，因此替他找到基金贊助以支持他直到他退休。不過在這之前班迪就已經支持艾瑞克森，幫他找到學校之外的支援。他只是在等待那些因為聘請艾瑞克森可能發生的辯論出現。

學校的反應非常兩極化。艾瑞克森的缺乏學術背景是爭議的一點。有的人嘲笑他只是心理分析師而已，有的人為別人拉票，或是批評用同樣的薪水，哈佛可以請好幾個可做實驗研究的學者。但是他在校園內的朋友為他辯護，認為他是美國當代最傑出的心理分析家；他可以帶給哈佛許多豐富思想；瑞斯曼的支持是最重要的，他認為艾瑞克森像是有著外國人舌頭的康拉德，他雖然不善群體研究，但他是一個知識的轉接板，可以將不同領域的人們匯集在一起。

雖然有許多意見，但多半不是針對教職而來，而且支持他的人占多數，所以班迪決定提出一個聘請方案，而且他知道校長會答應的。他在一九六〇—六一學年度給艾瑞克森一年兩萬美金（薪水會逐年增多），這已經是教授薪資的最高級。理格提供他的退休金是每年七百五十塊美金，班迪擔心這不能保障他舒適的退休生活，學校將每年提撥薪水的百分之七．五作為退休金（非常高），而且預先從薪水中扣除。提供他校園旁一間便宜的宿舍，他也可以看診和收版稅以作為財務所得。因此艾瑞克森如果接受全美最傑出大學的教職，他將會在物質上過得很舒服。

瑞斯曼預測艾瑞克森會接受，雖然他對於走出醫院之外有些不確定感，但這些年來，他已經發展出內在力量的自信，認為自己可以擔任老師，人家的同事和一個研究者。在班迪的安排之下，他先對一些大學部的學生演講，試試看這些年輕人是否吸引他，而這證明的確如此。艾瑞克森寫信給米德，認為自己可以為這些學生搭起實驗和教育的橋，而且他可以在課堂中實驗他寫作的想法。透過在哈佛以他自己的方法和年輕人溝通，他可以「從我們的內在想法中創造教學的架構」。

他主要被任命為人類發展系的教授，同時也在精神病學系授課，而在社會關係系他得到非正式的資格。班迪告訴魏德那圖書館長保羅・巴克，因為艾瑞克森是非常傑出的人，請給他一個研究室，讓他可以研究並且會見學生。他給艾瑞克森的那間研究室原本是查理斯・艾略特・諾頓的，後來是艾德蒙・威爾遜的房間，擁有新的家具和大書架，同時在班迪的幫助下，他還擁有一間小會議室，可以每週會見研究所學生，也可以見他的私人病人。最後班迪准許他第一年的春季和夏季，在福特基金贊助下可以請假專心寫作。他非常感激班迪為他做的一切，所以他給班迪看他為大學部學生授課的綱要，班迪很欣賞這個綱要，但他告訴艾瑞克森把綱要給教務長看是不適當的。當艾瑞克森感激他在哈佛得到的特殊待遇時，他仍不了解身為一個資深教授應該如何自處。

一項專業的嘗試

缺乏正式學術訓練，而且在柏克萊只有小型研討會的經驗，讓他很在意在哈佛教授的第一堂課。課號——社會科學139。這是一門針對大學部的導論課程，一個星期兩堂，一堂一小時，外加討論部分，並且有一位助教。因為艾瑞克森心中正在思考生命週期第五階段以後和認同的問題，所以這成為課程的主要架構。但是他該如何向這一百五十位以上沒有臨床經驗的學生講解呢？更基本的，是他這樣一位治療生病年輕人的醫生，該如何面對這群跟他的病人同年齡但卻健康的學生呢？他的子女已經長大離家自立，而他似乎已經準備好要面對這群年輕人，他跟安娜解釋：「也許透過治療年輕人的經驗，我可以教他們些什麼。」瑞斯曼了解艾瑞克森遇到轉變期，需要他的幫助，因為他自己剛來到哈佛時，也面臨到沒有博士學位的境況。他給艾瑞克森看他自己教授社會科學136的課程表，有關「美國之性格與社會結構」和他的教學心得。他將自己的首席助教肯辛頓安排給艾瑞克森，並幫助他搜集資料。他試著以這些社會關係的議題吸引艾瑞克森，但沒有成功。所以他就針對艾瑞克森自己搜集的跨學科資料給予建議和支持，他也常常去參加他的課題讓他安心。

他和肯辛頓在斯達克布爾基的家準備了幾個禮拜，在瑞斯曼的指導之下，他就開始上秋季課了。不同於哈佛教授一般穿著的深色保守西裝，他經常穿著藍襯衫，格子花夾克，一頭醒目的白髮和鬍鬚，以及紅潤的臉龐，雖然他左耳帶著助聽器，但是看起來非常有自信。他很高興學生們覺得他很優雅迷人，因為外在還是對他很重要。很多學生覺得他非常迷人有魅力，任何年齡的女人都喜歡他，有些女學生甚至覺得他很性感。他操著清楚的英文，帶著紳士有禮的德國腔，經常透過一些笑話來解除緊張的氣氛，試著讓學生把臨床和學術連在一起。他舉了猶太牧師的笑話：當一個太太去向猶太牧師抱怨先生時，他說：「你說得非常對。」而當先生去向他抱怨時，他也說先生非常對。太太發現到他居然同時贊成他們兩個人時，去質問他為何如此，他還是說：「你說得非常對。」艾瑞克森在開始他的新教職時，非常高興而且輕鬆許多。

因為他不屬於任何系所，剛開始他對於不能參加系所會議有些不自在。但是不久之後，他就參與了很多活動和責任。他成為哈佛在瑞德克利夫理事會的代表，對於那裡年輕女性的教育非常有興趣。接著百年歷史的劍橋科學俱樂部以匿名方式投票通過邀請他參加。他很喜歡每個月一次和校長及其他國際知名的人類學者們吃晚飯，討論知識和文化的題目。不過他的課程就成為他最大的壓力。

在一九六〇年，新學年度開學的時候，他提出了完整的課程表，而大約有兩百位學生選修。在肯辛頓的幫助下，他提供了一份資料，而且維持好幾年沒變。他沒有要求考試，而以作業代替，作業並不是要求描寫定義或是邏輯的論述。就像他們的老師，學生們可以自在的用印象派或藝術的方式，去視覺化和強調重點。在教室裡找不到線性邏輯思考，幾週課程下來，艾瑞克森要求學生放下筆和筆記本，好讓他可以和他們面對面的溝通，「當你們寫筆記的時候，我看不到你們的眼睛，我就像和我自己說話一樣」。指定讀物也很少，「學生們應該讀得精而不是多」。基本指定讀物是他的書和幾篇文章。他就像年輕時身為藝術家時一樣，把他的作品開放，學生們可以像參觀藝術品般參觀他的作品。他還以電影和經典作品如威廉・詹姆士、佛洛依德和皮亞傑的作為補充；還有他朋友們的論文，如米德、克拉克洪和瑞斯曼。

課程主要圍繞在人類生活，包含「人類的邊緣界限」和非人道行為的危機。他的八階段生命週期是基本架構，包括人類在不同年齡的互相依存。他的臨床經驗是課程的中心，但他除了解釋臨床經驗，還特別提出討論柏格曼的《野草莓》。這部電影研究「一個老男人在事業高峰面對的突發性統整危機——發生在那命定的一天，生命中的關鍵位置」。在一天他和媳婦的汽車長途旅行中，他回憶他在前七個階段中如何與不同年代的人和價值觀交流。《野草莓》代表了他講授的這門課，也幫助這位五十九歲的教授和那些比他小孩還小的年輕人之間建立關係。他以自由和感性的方式討論劇中人如何以回憶、幻境和夢捕捉過去。他讓這些學生透過討論和自己的深層感覺接觸，許多學生都從未有過這種經驗。

他在這個課程中開宗明義他的主要目的是增加對於異文化和時代的神入。有的時候他似乎是為了獲得麥克波蘭尼所謂的心照不宣的知識——了解別人是從經驗得來，是不可言喻的。他強調在臨床和歷史學中的混合神入，這是一個很大的目標，而他覺得學生單憑他們的力量可能無法達成，因此他找了很多認識的人（許多是他的朋友）客座演講；如小兒醫生班哲明・斯伯克、人類學家米德、詩人艾倫・金斯柏格和醫生傑羅・賀頓。而那些助教們更是居功厥偉，由二十五位學生組成一個討論組，由羅柏・寇、潘蜜拉・丹尼爾、卡羅・吉利根、理查・史耐特、史提夫・伸東、馬力・凱薩林貝特遜和其他幾位擔任助教主持。這中間多位都成為日後的重要學者和公眾人物。

克里斯多福・傑克和瑞斯曼的美國高等教育個案研究中，除了打分數、主持討論會並且接受學生各式的抱怨，助教擔任了一個緩衝器的重要角色。艾瑞克森的助教對於這些大學部學生也是非常重要的角色，但卻不是緩衝器，特別在一九六〇年代初，是這些助教在教學過程中指引艾瑞克森。

在教授朋友們的建議之下，他雇請的首席助理（通常是女性）負責聘請其他助理以及分配工作。肯辛頓是第一個擔任的，身為心理學家的他，還負責在理格中心艾瑞克森的病例中找出教學材料。之後是由社會關係博士班學生喬登・費曼接替，他對於現代印度的文化和政治特別有興趣。他和肯辛頓都發現瑞斯曼對於課程方針與做法都非常清楚，只要助教們配合他達到他要的結果，艾瑞克森則沒那麼權威，事實上，他還常要求他們給他建議，某種程度來說，他們是在照顧他。

艾瑞克森在一九六〇年代初換了幾任首席助教後，直到潘蜜拉・丹尼爾才固定，她是政治學的博士班學生，但卻被系所要求的計量分析和理論綱要所拖延。蘇珊・魯道夫是她系上的非永久性教授，擔任她的導師，她提出艾瑞克森可以在傳記和歷史方面滿足她在印度國家主義的興趣。他當時已經開始研究甘地，在一九六三年春天，丹尼爾懷孕八個月的時候和艾瑞克森見面，討論印度國家主義領袖，話題圍繞在艾瑞克森對於代間接觸和幫助的興趣。艾瑞克森、丹尼爾和肚中的小寶寶形成一種關係，丹尼爾回憶：「懷孕不但沒有影響我，反而讓我更適合教授這門課。」之後的幾年，她成為艾瑞克森首席助教，而且滿足他長久以來依賴堅強、智慧女性的部分。她同時也負責修改艾瑞克森的文章；一遍又一遍設計學生的功課，使他們更可以學習利用艾瑞克森的形態心理社會角度；她甚至替學生準備推薦信，艾瑞克森只要簽字就好。因此艾瑞克森稱這門課是「我們的課」。他非常高興丹尼爾是少見可以融合而表達理論，並且實用他們，又可以和學生做良好接觸的助教。如果沒有丹尼爾，他覺得他自己沒有辦法處理這麼一大班資深學生。

但同時丹尼爾自己的事業目標就被忽視了。在配合艾瑞克森需求的情形下，她的博士論文幾乎沒有進度，這也說明了他擔任導師的態度。雖然因為他不屬於任何一個系所，所以不能正式評審論文，但是很多助教都視他為真正的導師，但他從來沒有指導過他們的作品，藉口是因為沒有受過正式訓練，對於導師這個角色沒信心，但真正的原因是他覺得自己的時間不夠。他一心一意的想要寫作和教課，而比較不注意博士班學生的進度。不同於瑞斯曼將博士班學生納入他指導的研究計畫，制定時程，還為他們找工作，艾瑞克森卻只是衷心的希望他們好而已。比如說費曼提供研究資料給艾瑞克森和艾立克斯・英考，但只有英考替他找到工作。類似的，當蘇珊和她先生想要得到終身職時，艾瑞克森卻只提供了一個推薦信，而沒有強有力的支持，他完全沒想到在大學裡面，提供一封有利且仔細的推薦信是對資淺教授的義務。

他也沒有管理他的助教會議，都由首席助教來處理，因此通常他們都依照自己的興趣各自發展他們帶領的討論課程。艾瑞克森從未抱怨過這樣會偏離課程表及上課的主題。他也沒有管分數的浮濫，雖然他會否決太誇張的給分，但他並沒有要求他們給分要更為嚴謹。

艾瑞克森跟助教們的會議多半是輕鬆而沒有衝突的。當他們第一次參觀他的研究室，赫然發現牆上掛著一個十字架，他們從來沒從在和他的接觸中發現過宗教的蛛絲馬跡，難道他成為基督徒了嗎？他們自問，有些人從《年輕人路德》中發現類似轉變經驗的解釋，而在課程有感覺出艾瑞克森基督徒或是新教徒的口氣嗎？不過他們知道，他不是一個虔誠的基督徒，他幾乎不和瓊一起去參加禮拜。當費曼鼓起勇氣問他十字架的問題，問他自認是猶太人或是基督徒時，他回答得很不清楚。「如果你是一個反猶太主義者，那我就是一個猶太人。」

在他上課的前幾年，他大約每學期起碼會去參加學生的討論課一次，仔細聆聽學生的想法和他們的認同需求，以便融入他的寫作當中。不同於一般大學教授，把研究生當作教學重點，他很在意和大學部學生的關係。到一九六〇年代中，都有一百五十至二百五十位學生選修，而且多半是大四學生。他們每週湧進教室兩次，有時還需要請消防隊來清除走廊和出口。他認為照顧和幫助這些學生正是他身為教授的首要目標。

幾乎有四分之一的大四學生修他的課，作為社會科學通識教育中的指定高級課，許多人都對道德和政治議題有興趣。他們多半都主修人文科學，好幾位負責哈佛紅色刊物，而且選修的女性比其他課程多。跟其他教授不同，艾瑞克森從來不會歧視他們，他反而特別重視他們的想法。外國學生很喜歡他跨文化的觀點，還有他對於他們習俗信仰的興趣及尊重。

他並不是即席演講，在一九六〇年開課前，他準備好所有的筆記並且重新整理過。容記得他在前面開車，父親在後面整理他的筆記。這些筆記與其說是文字，不如說是一個「地圖」——手寫不同大小的字，和不同顏色標明的線和圈。

從他的演講錄音中可以發現，他是在這些筆記中遊走的。他圍繞著主題打轉，而非直接、邏輯化和有次序的。有些學生，像是法律系的就比較習慣精確的規律和緊密的邏輯，他們比較難以接受艾瑞克森。然而其他的學生，如彼得・伍得，日後的知名歷史學家，就很喜歡他的解放。他講話輕柔平順，以談話的語調演講，而且很歡迎學生用問題打斷他。他回答問題的態度更是鼓勵其他學生提出問題。他開放課程去討論人生和情緒，他鼓勵學生用類似的方法去思考他們的經驗，就像他們思考課程內容。學生很高興他的課不用考試。一次又一次，他鼓勵他們開放自己去接受潛意識過程中那些看起來混亂隨機的世界。他們感受到的不是傳統的課程，而是一個深層、反省和啟示的事件。艾倫・金斯柏格回憶，這就像是一場調查和反省之歡樂聖詩般的遊行，每個人都被包含在內。有些人認為像是臨床接觸，也有些人形容為宗教經驗。

有些學生發現艾瑞克森非常注重倫理。他通常每個學期都會說一個小男孩的故事，這個小男孩問他媽媽，人死後到哪裡？媽媽回答，你的身體會到地下，而你的靈魂會到天堂。結果這個小男孩卻說：「那我要趕快把屬於我的都合在一起。」雖然他自己的人生經驗是不安定的，他卻代表了「將所有合在一起」的象徵，肉體、情感和靈魂。他告訴學生，他只想教書、學習、被學生教導，很多學生也視他為理想中的父親或是祖父形象，是一個真正而有智慧的人。詹尼斯・阿巴班尼，他當時是大學部的，日後是位醫生，艾瑞克森對他來說就像是靈魂導師，滿足了他沒有父親的部分。有一次在課堂外，艾瑞克森輕輕的碰觸他，他感覺就像「把雙手放上來」，一種超過言語和學術的靈魂經驗。很多修過他課的大學生在畢業典禮看到他出現都會一陣鼓譟。

這種師生間的強烈力量，是根源於他幫助學生們找到他們自己的個人和社會認同。從課程開始的第一天，生命週期就圍繞在第五階段——認同。他認為學生當中也有許多正在經歷認同危機。為了更了解認同和認同混淆，他要求學生閱讀他一九五六年所寫的文章〈自我認同的問題〉，還有〈有關王子的經典認同文學〉（莎士比亞的哈姆雷特），及發掘「想當教堂之子者的宗教危機，之後卻成為上帝之子」（他的《年輕人路德》）。他也建議學生可以看喬斯的《年輕藝術家肖像》，描寫現代作家「天才之子記錄他的第二個小孩」，還有其他人的經典如威拉・卡特、馬莉・麥卡錫、艾佛瑞・卡心等。

因為課程的重點和學生的年齡，所以他們的作業很多和第五階段有關。他們沒有考試，也不常寫筆記，所以他們應用艾瑞克森的認同觀點到他們的興趣和能力上。

雖然他外表看起來很冷靜，但是從一九六〇年代開始，他就很擔心大學部學生理解和應用認同理論的方式，就好像大衆傳播一樣，學生們將它視作個人主義和過度強調人類關連的部分很困擾他，理查・航特，他的一位助教認為大概只有四分之一的學生真正了解他的認同理論。他剛開始覺得走在校園中，有學生來告訴他們有認同危機是件有趣的事情，但不久他就為此而沮喪。在他確定學生們沒有情緒上的病徵時，他以幽默代替生氣的方式回答：「你是在誇耀還是在抱怨呢？」學生通常不了解年輕人的主要發展問題：「我希望自己是什麼——我應該去做什麼？」他也很沮喪的發現學生們是以助教為模範，定義他們的正面或負面認同。

有鑑於學生不能真的了解他的理論，他從一九六三年的秋季課開始，在課程安排和演講中用比較直接的方法。比如說，他解釋達成認同的過程，是當一個人覺得最為活躍和有生命力、每一件事都緊密結合在一起的時候。一個人不會透過自問「我是誰」而正確的尋找認同，而是透過內在的聲音説「這就是真正的我」。因此是要聆聽內在的聲音，按照這個聲音去做，才是達成認同的時刻。

為了要幫助他們了解，他給學生們看卡爾・瑞兹一九六〇年的英國電影《星期六晚上和星期天早晨》。這是由艾倫斯・理托一九五八年小説改編，描寫一個在英國工業小鎮的年輕工人艾柏特・芬尼。艾瑞克森形容他為特殊的人，雖然身處在如此平庸的環境中，其他工人都變成機器而毫無生氣的地方，「別讓那些混蛋折磨你們」，卻成為芬尼的口號。艾瑞克森解釋他如何在沒有理想主義和社會運動幫助下，在這個環境中奮鬥。他跟學生說這和他自己當年沒有兩樣。芬尼的父親沒有幫助他脫離這個壓迫環境，艾瑞克森把這個父親和他自己的繼父比較。芬尼的哥哥非常同情他，就好像當年的彼得・布羅斯對他一樣。芬尼從家庭、社區和自我當中找尋力量，選擇更自由的生活，並且發現自己內在的聲音。他和父親接觸，表達對工頭的不滿，以及在一位年長的女性墮胎施行者身上找到確認。他要搬到大城市去測試自己的能力和個人性。雖然芬尼還沒有建立一個堅固的認同，但是他已經往那個方向前進了。

幾乎所有選修課程的學生都表示透過艾瑞克森對於這部電影的解釋，他們了解認同危機的本質和解決方法，就像是透過《野草莓》，他們了解整個生命週期。就算他們忘記其他的上課內容和教材，他有關這兩部電影的看法卻留在他們心中幾十年。他們表示也許他們上課中沒有理解完整的理論，但是他們卻在生命中找到認同，就像對於內在焦慮的了解。不像佛洛伊德，馬克節松所回憶，艾瑞克森給學生們希望，他們的生命不是小時候根深柢固的機械般過程，當他們的父母和其他教授談到職業和投資（財務）時，這裡有個人告訴你成人的責任之一是要持續成長。他肯定他們的希望，了解他們失去方向，並且向他們保證他們一定會找到自我。

除了SS139課程，他還負責SR224，一門開給社會關係系研究生的研討課程。他親自面談學生決定收他們與否——其中包括同事、他們的伴侶或是研究所學生。第一年，必須要做傳記研究，但不一定需要這方面的專長，比如說他收大衛・溫特，就完全是因為他去過印度。

課程的題目為「生命歷史與歷史」，學生需要注意題目的心理發展和其他課題。《年輕人路德》是範本，不過他允許參加者可以選取適合他們的角度。羅伯・寇選擇他早年從事醫生和學者（艾瑞克森很欣賞他在南方人權運動的表現）時遇到的黑人小孩。其他的人選擇強納生・艾德華，德蕾莎修女、馬克斯、海倫・凱勒和戴高樂等。這些人代表了早期艾瑞克森派的心理傳記學者，在一九六〇年代中期到一九七〇年代早期成為有名的年輕歷史學者。

他主導SR224的方法就像他早期在理格中心，他希望他們把一些照片或視覺的材料帶到課堂上來，描繪出主角的生活和時代的點滴。但他通常等到大家發表完評論，或是有人誤解他的心理學理論如何應用到傳記主題時，才提出評論。當最後結尾時，通常是簡短而切要。他跟SS139不同，通常對於女學生給分較為寬鬆。當他提到某個生命歷史片段時（不論是他或學生研究的），他的態度像是參加醫學會議。他認為自己因為沒有接受過正統學術訓練，所以不太懂如何指導學生，他承認他的方式就像耐特（Robert knight 曼寧格的理事長）在聽完醫生們報告病人治療情況後一樣，他簡單的做結尾。耐特從沒有報告自己的診療狀況，而艾瑞克森也沒有在課堂上報告過自己的自傳主題，從一九六四年開始的——甘地。他只是一遍又一遍，但不是系統化的提到甘地，他將診療椅上的「告解」和宣傳式的甘地自傳做比對。他提到生命週期的生產繁衍階段和甘地如何對待他的敵人。他也提到甘地如何讓他的子女失望，以及甘地的兒子在他被刺殺的那年去孟買的妓院。在課程快結束時，他提到佛洛伊德的自我—超我—本我結構來解釋內在衝突和內在聲音如何解決衝突。因此在課程結束時，很明顯的，他是在潛意識層次運作，在意內在的聲音和了解的過程——而不是提供他們一個清楚的輪廓。在這個臨床學術上的探險，那些可以忍受他的沒有秩序和混亂者覺得他們受益頗大，其他的人則在上一到兩次後就放棄了。

學生動亂

從一九六〇年代開始，學生示威運動就瀰漫校園並且影響艾瑞克森。他在到哈佛沒多久，就堅持「老師也可以支持學生運動」，即便教授不和他們一起遊行或是簽署。

當他慢慢成為影響國家政策的高層次公衆人物，他並沒有對抗議運動沉默。瑞斯曼回憶他從一開始就非常同情學生運動，而他也影響很多學生站起來為他們的理念奮鬥。不同於他的教授同事們，他甚至同情嬉皮，因為他們表達了對自然的理念，而且和那些在機械時代追求財務「成功的人」相反。他們也提醒了他年輕時的生活方式。

但不論他如何同情這些運動，他幾乎拒絕簽署任何請願書，包括反核武、前進古巴和反戰——他拒絕的原因基本上是他對於這議題所知不多。

隨著抗議運動逐漸高亢，他的同情也會漸漸減少。他討厭「行政大樓前的吵鬧，好像沙皇的冬宮」。他的行為和那些嘴上說自由觀點，但實際上不喜歡學生運動的教授不同。然而他一生當中，常常在支持和退出政治活動中遊走，和其他中歐移民學者類似，他有前納粹的舊歐洲觀點，認為政治狂熱沒那麼必要與重要，尤其他很感激美國在他人生困難時接受他，他總覺得批評國家政策顯得他不知感恩。因此在一九六〇年代初，他很尊重傳統權威——政府、家庭和學術圈。他認為他的職責就是教書，少參加這些活動，所以他不願意去參加公衆事物。

另一方面，他卻覺得和學生們有密切關係。在人生週期中，他正處於生產繁衍期，他需要照顧和幫助這些年輕學生找到自我以及獲得倫理上的肯定。雖然這個關係通常是透過課堂上的指定讀物，但是對學生來説卻非常真實。

劍橋之外

相對於哈佛的學生，他實在不怎麼喜歡劍橋。當他跟瓊搬進佛諾道上的房子，他們覺得完全不能和他們在斯達克布里基的房子相比，鄰居還不錯，但是街上永遠停滿車子，有時候沒有清除積雪，他們必須走在結冰的路面。在郵局必須排很久的隊，讓當時有心絞痛的他（還好只是暫時）感覺緊張。而他最喜歡的散步也因為他成為當地的名人，而必須忍受注目以及自己過度的自我意識。

而他的學術生活也並不如意，雖然他有終身職，卻覺得自己像個局外人，沒有學位是太簡單的解釋。因為即便在他加入社會關係系之後，他還是沒被邀請參加系務會議。而基於歐洲傳統，他希望研究室可以有個躺椅讓他睡午覺，卻因為圖書館職員不了解這個躺椅的重要性，讓艾瑞克森猜測職員不想要他在那裡。他希望班迪可以批准他搬一張躺椅進去，然而校長卻不能了解他的想法，而且他又拒絕校長妻子參加他的研討會，因此校長變得一點都不配合他。

而瓊更是過得不愉快。在這裡她沒有自己的事業，只是擔任教授的妻子。她在不久之後和當地的珠寶設計家尼那・賀頓還有艾瑞克森的兩個丹麥親戚成為朋友。她開始編纂生命週期，用顏色、框框和線表示發展階段和時間的過程。她也開始主張夫妻一起合作的那些少數理論計畫。不過她還是想念斯達克布里基。

他們夫妻倆儘可能的常離開劍橋。在人生的這個時刻，他認為自己主要的身分為「作家」。而在五十幾歲時，他不過只發表了兩本書，因此他希望在死之前可以多寫一些書。他希望在哈佛的規定之下，能夠盡量利用時間寫作。在哈佛的第一個累人的學期過後，他在福特基金贊助下去法國。他向校長解釋：「寂寞是很少見的特權，尤其在這些時間內特別感覺到，但這的確可以幫助完成寫作。」他在哈佛的十年，共離開兩個學期，幾乎每兩年就休假一個學期，而其他的教授要等六年才有一次機會。他拒絕很多其他的機會，就因為他希望能夠有更多的時間寫作。

他定期回到理格中心擔任顧問，賺取額外的補助。他在那裡還有房子，他參加工作研習會、個案研究並且討論寫作計畫。有時他也邀請年輕心理學家、精神科醫師和社會工作者參加他的研究訓練——多半都是為了釐清他寫作中的議題。

印度探險的開端

在哈佛剛開始幾年，他最想去的不是法國而是印度，自從他在卡爾緒的青少年時期，他就很尊敬甘地。之後他視甘地為「青少年時期追尋的精神父親形象」。和同年齡的歐洲人一般，他也讀了羅曼・羅蘭的《聖人甘地》，非常景仰從一個如此奉獻的生命中衍生出的普遍形象。他對甘地被英國政府在亞美德巴德審判印象深刻，並和蘇格拉底的受審相比。更甚者，他注意到一九一八年在那裡發生的紡織業抗爭中的沙拉巴海家族，這也成為《甘地的真理》的基本架構。在抗爭中，安巴拉・沙拉巴海擁有一個很大的紡織廠，他和他的姊姊對抗，他的姊姊支持那些工人和他們的領袖甘地。年輕的艾瑞克森就針對這個事件做筆記，並且在幾十年後重新發掘。

除了對甘地的興趣，他對於印度所知甚少。而他的朋友歌頓和路意斯・莫非這兩位心理學家卻成為印度專家。他們在印度獨立後訪問印度，研究計畫是有關聯合國教科文組織調查兒童和兒童養育過程。他們認識了沙拉巴海的兒子歌頓和他的太太卡馬莉那，分勸他們研究心理分析，而且不可以錯過艾瑞克森的部分。没多久他們全家都很喜歡《童年與社會》這本書，尤其是歌頓的弟弟，物理學家威克藍和他的太太瑞那藍，他們甚至在劍橋見到艾瑞克森夫妻後更為欣賞。卡拉・橋德瑞，是威克藍的情婦以及沙拉巴海家的姊姊安娜蘇亞的崇拜者及追隨者，她在哈佛商學院短期教課的時候也去拜訪艾瑞克森。她和威克藍邀請他們來亞美德巴德並住在他們家中，他們並没有推辭就接受了。於是一九六二年的十一月，他們到此做為期三個月的旅行，在四十四年前，這就是甘地第一次號召全印度人的地方。

剛開始，艾瑞克森只把這次視做一個離開劍橋冬天的機會，希望可以在國外把他的寫作計畫完成。但是當他抵達新德里機場的時候，就發現自己迷上印度。他從來没喜歡過印度食物和音樂，但視覺經驗卻是異常迷人的：明亮的彩色、歷史神殿、傳統服裝和女人的外表。他發現到不同於美國和德國的國家女性特質——感性和歡迎，迷人和誘惑。這個文化是比較不直接，比較不追求邏輯，没有西方文化那麼積極的。這個被長期殖民的國家的人民，要比殖民他們的英國人有趣多了。當他抵達没多久，就知道有兩位知名的政治人物被監禁，這也讓他了解印度社會當中的爆發特質。在他訪問沙拉巴海家族時，發現自己很畏懼這個工業城的巷道橋梁、工廠和一百二十五萬居民，這讓他想起匹茲堡。安巴拉給他一個露臺作為研究室，可以看到一片樹海。安巴拉強調偉大的作家和詩人泰戈爾曾用過這些設備。而安娜蘇亞就在住在幾百尺之遠，艾瑞克森對這位神聖但簡單的老太太報以敬意。在幾天之內，他視印度為他的「收養國家」，雖然這和他養父的國家德國非常不同。

没多久，他小時候所讀的「事件」記憶（一九一八年抗爭）完全回到他的腦子裡，並且他感受到甘地本人「強而有力的形象」。他走過甘地曾被囚禁的監獄，當時好幾位參與者還在世，他當時没決定是否要訪問他們，或是描寫這個事件，但當他一回到美國，他馬上去印度研究中心爭取經費再回去印度。他很希望透過心理學、文化甚至經濟歷史的角度去研究一九一八年事件的戲劇化中心。在他一九六四年訪問印度的時候，決定寫一本書有關亞美德巴德的抗爭及事件中的甘地。這本書主要討論甘地追求的「沙特亞加哈」（Satyagraha），這個梵文的意思是不屈不撓、固執和苛求的抓住真實和理解真實。艾瑞克森解釋為真實的力量：真實的力量和應用。他的重點放在追求真實力量的過程中，甘地在亞美德巴德事件中的國家領袖氣質。「我小時候讀到的事情，成為我六十歲時候想要說的故事。」

他第一次抵達的幾週後，參加一個研討會，每一個與會者都要討論有關泰戈爾兒童時期的論文，他準備一頁打好的文章，並且大聲朗讀出來，他的評論顯示他對於聖人的研究，不過是很實驗性的。

對他而言，以心理角度去研究甘地的朋友泰戈爾，會破壞一個人的神聖印象。他的挑戰是釐清他如何在成為公衆形象時，也成為他自己。比如說他在人民中最有意義的部分，他是如何感覺自己的，而這和人道主義有關。透過極端破碎的資料，他試著找出泰戈爾兒童時期的基本地理主題。他被囚禁在大房子的邊緣地帶，處於母親內在世界和父親的廣大外在世界之間。而在年輕泰戈爾的心中，處在內在與外在之間的就是「人們」——家中佣人、家庭老師和幾個親戚。在這裡，艾瑞克森使用他早在一九四〇年代的分界法——他和麥克法藍合作的縱向研究——分野女性心理內在空間和男性外在空間。泰戈爾試圖在自身上統一母親的內在和父親的外在。這成為他的統一理論。為了成為一位大詩人和國家發言人，他終於成功地恢復他的統一意識，並且給了印度人一個全球的意義——「人民」。

艾瑞克森認為，泰戈爾整合了男性和女性特質；甘地知道如何對抗英國食牛肉者的男性特質——泰戈爾強調傳統的印度女性和母性特質、即感性和實驗性、接受和超越人生。甘地也是類似的，當他提倡印度人認同和獨立抵抗冷酷的英國殖民政權時，傳達給外來者他的優越甚至對他興起敬畏心的形象。他結論，就如同佛洛伊德這些偉大的人，泰戈爾和甘地同樣擁有衝動、優點和缺點。只是泰戈爾擁有一個創造的過程，使他將這些特質結合，達到較為「成功的平衡狀態」。

《甘地的真理》中的理論和想法都基於他在印度的幾星期研究。他定義自己有四個角色，正面的是臨床醫師和心理分析師；負面的是他不是歷史學家，也不是印度專家。他不算是在說故事，比較像是一個參與觀察者。在印度，他和瓊都在沙拉巴海家族的保護中，和他們的朋友交往，吃西方食物。他認為在印度沒有適合老人旅行的地方，除非你是在誰家做客，或是住在昂貴的飯店。安巴拉給他的保護，讓這位没父親的小孩在異國發現親愛的養父的感覺，他已經忘記朋友警告他可能過度定義這一切了。

一九六四年回到劍橋後，他覺得自己的身體狀況已經不再適合長途旅行。他寫給安娜・佛洛伊德的信中提到：「若是年輕人，再去一次印度可能没什麼，但我已經到了會有什麼的年紀了。」甘地計畫是很艱苦而需要精力的，而對於他日後成為大學者起了微妙而顯著的影響。

科圖

距離劍橋幾小時車程，位於鱈魚角的一個海邊小鎮，科圖，成為他在一九六〇年代間，哈佛和印度之間的一個庇護所。他們買了一棟六角形的漂亮房子可以俯瞰海灣。他們最喜歡樓上陽臺看出去的風景。也很喜歡這裡的隱私，但不久之後就發現還有滿多朋友會順路經過拜訪。艾瑞克寫給容的信上提到：「媽媽和我必須公開聲明我們不喜歡社交，不然的話我們就得經營一個為過路朋友開的觀光點了。」他希望有藝術天分的二兒子可以過來住，欣賞這裡的風景，用他的專業攝影師的眼光來看這個區域。

當他没有欣賞海景的時候，他專心寫作，申請印度研究和準備上課的資料。而瓊則研究念珠，他從一九六一年開始的寫作計畫《世界念珠》解釋念珠的等級和地位，描寫它帶有的神祕力量和等同貨幣的價值。它們不只將人類的需要形象化，對瓊而言，這代表了人類的眼睛——母親與新生兒的主要溝通器具，之後成為成年人關係的中心。

雖然他們試圖減少被打擾的機會，但是甘迺迪家族就存在幾里遠的海尼斯，他們的直升機在他們家上面飛來飛去，艾瑞克剛開始對他們很好奇，尤其是在一九六三年甘迺迪被刺殺之後。賈桂林知道艾瑞克森是很有名的心理分析醫師，她發現兩個心靈受創的孩子，特別是小約翰，開始跟她有距離，並且將父親的過世怪罪於她。有些證據顯示（雖然沒有完全確定），她在刺殺案的幾週後，請艾瑞克森幫助她的兒子和女兒。艾瑞克森被這兩個孩子感動，因為他們真的很想念父親，而賈桂林是個單純而友善的人，只是她的處境很艱困。他覺得他們就像是在光鮮亮麗的集中營當中。他並沒有陷入所謂的甘迺迪崇拜，但是他有時候很羨慕這對兄弟的大膽、勇氣和他們永遠精彩的生活。當愛德華，最小的那位，問他競選總統的可能面臨的心理層面影響時，艾瑞克森卻要求他去想另一個問題——他想如何渡過他的晚年。

他們在科圖的生活重心是他們的小孩，而不是在海尼斯的鄰居。早在一九六二年的夏天，艾瑞克就覺得這是一個適合家庭的好地方，當時凱和蘇都已經結婚，常常帶著另一半來拜訪，艾瑞克森很高興他們四個和他們夫妻倆在這個屋簷下相處得很愉快。

當了祖父是他最高興的事。凱在一九六三年初生下凱西，次年又生下克里斯多福。他當時幾乎都在談論當父母和祖父母的喜悅。但就和他同時代的男人一樣，他並不認為自己有傳遞後代的義務，就像他當父親時候，他總是命令多過實際去做。他總是看看、摸摸、笑笑——然後繼續去寫作。而當孫子長大點，他對於他們的繪畫和素描很有興趣，陪他們去散步。

他認為凱是個好爸爸（不過是當他有注意到他們的時候，你也知道艾瑞克森這個人），認為凱比他更關心小孩。雖然瑞斯曼認為凱沒有他父親的情感那麼細緻，但是凱也希望能夠出書。他在匹茲堡大學醫學院的精神病學系教書，之後他搬去亞特蘭大三年，在那裡的一個類似機構上班，並且準備出版《任性的新教徒》。這是從阿齊洪的《青少年犯罪》引申出來的。他的主題是解釋十七世紀新英格蘭的新教徒如何在社會和心理上定義自己，去對抗「任性」的罪惡（他們希望不是如此）。他的書得到美國社會學協會的羅伯麥克艾為獎（Robert M. Mac Iver Prize），是那個領域的最高榮譽之一。沒多久，他就去耶魯教書，就像瓊為了艾瑞克森搬去劍橋，喬安娜也隨著凱離開亞特蘭大。父子倆過著類似的生活，都和家人在科圖過暑假，凱在正式買房子之前，就在艾瑞克森家附近租房子。在暑假和週末的時候，艾瑞克稱這兩個家庭為兩個「成就」，就好像一個家庭，一起唱歌，跳舞烤肉，並且朗讀正在撰寫的書。

一九六一年蘇嫁給哈蘭得・波蘭，一位英俊的博士班學生，具有挪威血統的威斯康新州人，他的論文是有關美國大學裡非營利組織的角色。艾瑞克森覺得他和蘇很配，不過隨著他的論文進度延遲，讓這位未來的學者、政治評論家和艾瑞克這位哈佛教授、知名作家、很輕鬆就可以寫作的岳父之間有些緊張的情緒產生。

就在凱和蘇的家庭都來拜訪他們的時候，艾瑞克森和瓊卻很在意容一直沒有結婚，也沒有看過科圖的家。他還在舊金山作舞臺工人，不時去旅行照相。他很喜歡這種體力上的工作，而且可以休假去旅行。艾瑞克森一九六四年寫給他的信上說：「想想你從來就沒來過這裡⋯⋯

也許你看過之後覺得不怎麼感性，但這卻是一個不錯的家。」

容和艾瑞克森的關係一直有問題。在一九五三年一起去佛羅倫斯時，他們的關係有好轉，但並沒有持續下去。為了解釋他不願意造訪科圖，他記錄自己夏天繁重的工作表和昂貴的機票，但是他覺得艾瑞克森背離了早期的藝術興趣才是真的原因。他覺得自己就像是父親青少年時期的代表，他在科圖不會舒服的。另一個原因是尼爾，自從他知道尼爾的存在，他很希望尼爾能夠成為家中的一份子。而父母不願意養育尼爾的原因就像他自己一樣——因為他們都不太像是艾瑞克森家的人。當艾瑞克森和瓊在義大利打電話要容和蘇處理尼爾的後事，他更覺得和家庭疏離而不願意造訪科圖。艾瑞克森從來不知道自己親生父親是誰，自己的小兒子不認識自己，而第二個兒子不願意成為人父。過去持續影響到現在，受限和複雜的關係存在艾瑞克森家庭中。

寫作，重寫和出版

他在科圖的時候，把精力專注於寫作上甚過家庭。事實上在一九六三至一九六四學年度，他參與了好幾個出版計畫，因此他將自己主要定位在作家身分，越來越多的時間坐在書桌前，手上拿著筆（還是拒絕學打字）。當他籌備新書出版時，他第一本書的名氣開始傳播出去，許多學校開始將《童年與社會》列為指定讀物。因此決定發行平裝本是有先見之明的。一九六四至一九六五學年度正式測試學校市場，一共賣出二萬八千冊。一九六五年三月，諾頓的伯克威寫信給艾瑞克森說這本書已成為美國最暢銷的教科書之一。許多不同領域的教授寫信給艾瑞克森說明他們將此書列為教科書。柏克萊的社會學家羅伯•比爾認為這本書對於大學生很有吸引力：「如果你問他們讀過哪本書，那一定是艾瑞克森的，你不一定確定他們看過莎士比亞，但是他們一定看過艾瑞克森的。」

隨著這本書的暢銷，也開始有別的出版商接觸艾瑞克森。《世界觀點》的編輯路斯安就向他解釋，他應該開放之後的出版權給其他人，形成一個競價的戰爭。艾瑞克森承認：「你幫了我一個大忙，讓我不至於因為第一本書給他們，之後的書就一定給他們出版。」有鑑於他們需要專業的建議，他們請了一位紐約的專業財務顧問，大衛•科更，處理他們的財務。科更和諾頓協談，針對《童年與社會》之後的版稅和其他作品的出版要求五萬美金的預付金。諾頓和艾瑞克森簽約，艾瑞克森承諾之後的書給諾頓出版，直到諾頓透過銷售書抵掉預付金，但這不包括艾瑞克森的演講稿，如果要出版演講稿，要預付美金二萬五千元的權利金。科更負責投資收到的五萬元和之後其他收入，目的是保障他們的晚年。

銷售極佳的一九六三年平裝本中，艾瑞克森更改了許多地方，這不是單純的編輯更動，而是內容和觀念的更新。他修改了一些名詞，將第七生產繁衍階段擴大意義，大意是強調「兒童依賴成人，常常使我們不知老一代也依賴年輕一代，人需要被需要，生產繁衍時期的成人的心理發展是成人與年輕一代之間的情緒連結。」他也加了一個句子解釋代間的共同感覺對於兒童來說比較容易，因為成人的個性比較固定。另外第二版解釋艾瑞克森對於冷戰核武之下的世界存亡問題極為重視。他逐句的檢查《童年與社會》，內容已經和原來一九三三至一九五〇之間的論文集不同。寫那些論文的時候還沒有經歷麥考錫和廣島事件。而新版本則對於這些時代有深度的影響。事實上，他希望這本書可以和一九六〇年代的書成為一系列：《頓悟和責任》（一九六四），《認同：青年與危機》（一九六八）和《甘地的真理》（一九六九）。

《頓悟與責任》（Insight and Responsibility）也是論文集。他在一九六三年的十二月寫信給安娜，希望將這本書獻給她，但她一直沒有回音，即便等到把書寄給她之後也是如此。他們之間的嫌隙已經維持了三十年了。

艾瑞克森在這本書的序寫明了主題：「臨床頓悟所投射的光芒為每代給後代的責任。」頓悟是一種眼光，透過既有知識和理論，並且包括常識和心中的黨派定論。臨床醫師通常透過「解釋、顧問和談話」達到頓悟。如果他的頓悟得到共鳴，他將可以進行對於下一代的「責任」。羅伯‧寇在艾瑞克森的兩種目標當中發現矛盾，他一方面認為像他一樣的醫師不只是「對我們的專業訓練忠誠」，「必須要理解男人、女人和小孩，而且不會過度使用想像力」。然而另一方面，醫師必須去延伸他們的頓悟以嘉惠廣大社會的下一代。他並沒有說明如何架起醫師和社會之間的橋梁，這形成這本書沒有組織的一個特性。

書中包括以時間排列的六篇論文，而艾瑞克森希望他們被當成一個整體來閱讀理解。第一篇是他一九五六年在佛洛伊德的百年冥誕致辭的修改版。第二篇〈臨床證據之本質〉是臨床病例，就是吸引他寫《年輕人路德》的文章，對於治療師的臨床頓悟提供強而有力的解釋。〈我們時代的認同與根絕〉是在一九五〇年代末期為世界心理衛生組織所寫，主要研究難民和移民，他記述一個堅定的認同可以在脫序變動中依然保持。

〈人類力量和世代週期〉是本書中最重要的一篇，記錄這本書如何在進步中得到力量和要素。為了準備這本書，他把在舊金山心理分析學會和錫安山醫學中心的演講筆記轉為這一章。因為他沒有允許諾頓在沒有文字輔助的情形下印製他最有名的生命週期圖表，伯克威很高興可以印這一章，它擴大了艾瑞克森的生命週期理論，可以刺激銷售。艾瑞克森為每一個階段提出「德行的時程表」：

階段	德行
1. 基本信任對不信任	希望
2. 自主對羞愧	意志
3. 主動對罪惡感	目標
4. 勤勉對自卑	能力
5. 自我認同對角色混淆	忠誠
6. 親密對孤立	愛
7. 生產繁衍對頹廢遲滯	關懷
8. 統整對絶望	智慧

每一個德行表達那個「生動」或「精神」上的特質之自我力量；同樣的每個德行也透露出包括力量、拘束和勇氣。沒有「德行」，人的道德會減少，倫理也會衰弱。

這一章表達出對於二十世紀中的人類類似烏托邦的想法。他透過代間關係來強調這種想法。他認為世代的互動和有組織的生活在一起，每個人會和其他世代的人交流，因此不會獨自面對生命週期，可以幫助其他階段的人們。每個世代對於下一代有提供幫助的「責任」，因此下一代可以用他自己的方式面對最終的考量。他特別在意「關懷」這個階段。這不只是生產繁衍，而是「因為對於全人類的生產繁衍責任而帶給這個世界快樂」。

臨床頓悟並不是「人類力量」的重心。他認為醫師的進步，不是讓症狀消失，而是讓病人對於對的事情擁有力量。這個力量就是一種德行。八大發展階段和相對應的「德行」，艾瑞克森記錄人們儀式化的互動，「對於兩造自我的價值接受」第一個精神上的儀式，舉例來說，母子每天早上的招呼就是這類儀式。第二階段是公正的儀式，戲劇化是第三，形式化是第四，第五階段是堅信的儀式，第六是關聯的階段，第七包括一個生產繁衍的儀式，而最後是統整的儀式。他並沒有解釋這八個階段，而是在書出版一年後在倫敦發表。他將德行和儀式連接在一起，並解釋這些儀式，用來將個人整合入家庭、社區、傳統、信仰。《頓悟與責任》是他自《童年與社會》後對於生命週期最重要的解釋。

最後一篇論文解釋他在一九六三至一九六四年間對於儀式概念的看法。在〈心理學的真實和歷史的確實〉中，他把在美國心理分析學會的演講改成一篇論文。他寫下心理分析取向的醫師應該要更理解病人的世界；他們應該去除病人對於真實的扭曲看法去參與這個世界，保留最少的防衛，達到最大的互動。對真正痊癒的病人最重要的檢視方法就是「將自己的需求導向那些會被他啟發的人」的能力。瓊在理格的病人活動計畫影響他的內容很大。

他以最有力的一篇文章做結尾：〈新頓悟的黃金規律〉。這篇文章緣起於一九六二年他在哈佛醫學院的演講，也許是他那一階段最好的一篇文章。他在一九六三年一月，在印度之旅尾聲時寫完，那時他希望能夠對甘地做全面的研究，並提供《甘地的真理》一些提示。他問，人們為何被黃金規律所魅惑？它似乎給那些因處於不同的區域而隔離的古人一個神祕的會合之地，而在不同文化的最重要諺語中隱藏了「一個隱而未顯的主題」：猶太教中「你憎恨自己的，不要施用在別人身上」；基督教中「愛你的鄰居就像愛自己一樣」。他也開始在印度哲學和文化中找尋類似的組合。

他更基本的想法是將黃金規律和他自己的心理學觀點重新組合，融入他之前的「心理學的真實」論文，「對別人最好的方法就是用加強自己的方法，幫助他發展潛能，就好像要發展你自己的一樣」。互動的過程，如同威廉・詹姆士的話「達到最深層的動力和活力」。對於艾瑞克森，這種互動強化自己也強化別人。黃金規律提供透視心理學的頓悟，而這個規律包含了不同種族、階級、階層、國家、道德和意識形態，是一種跨種族的認同，融合真正的世界道德。他猜測甘地就是朝這個方向走一條長遠的路。世界上的成年人對於每個小孩都有世界責任，國際間的仇恨將會削減。與其冒著核武的危險，國家應該透過人民的親密關係維持「國際關係的平等」。

但是《頓悟與責任》這本書的銷售並不盡理想。加上平裝本，一九六四至一九六五年賣了七千二百本，一九七〇至一九七一年間賣了八千五百本，是個小高峰。而到一九七五至一九七六年又掉到二千五百本。他的大學生讀者可能讀讀這一篇，而在另外的時間檢視另一篇，這種閱讀方式並不會不好，因為所有的主題都圍繞著一個主題，但是缺點是會失去深度和廣度連貫的概念。可是這不是銷售不好的原因，因為《童年與社會》也是這種論文集的形式。

另一個原因是《童年與社會》有舉出很多臨床、人類學、文化和歷史的例證，而這本書卻只有解釋。他的文筆變得更為模糊和綱要。他有三個主要目的：「對於臨床頓悟提供新視野，強調不同世代的責任；和最重要的，珍惜每個人是透過其他人的關係而存在。」（事實上，對其他人來說，他的自我也是另一個人。）這本書等於是《甘地的真理》之前導，艾瑞克森在出版這本書的當年開始準備撰寫。

《頓悟與責任》也顯示出他身為全職大學教授的經驗。其中代間的互動真實性，顯示出他和學生們的關係。並不總是有人幫助他渡過認同危機，而他提供自己的方法給他的學生。另外這本書也比較不明顯的反應他們家在科圖的關係。他經常鼓勵兩位年輕的教授——凱和賀藍德，但是容還是沒有來看他們。在一九六五年，他和瓊打電話要求容和蘇處理葬禮的事情，這並沒有顯示出互相實現（Mutual actualization）的部分。他傾向逃避困難的個人關係，就像他面對生父和他的關係一般。

一個奇怪的季節：一九六五年的秋天

在他完成《頓悟與責任》的一九六三至六四學年度，他偶然間參加一個特別的哈佛教職員研討會，其中神學院的田立克（Tillick）有一系列的演講，解釋他的生活和思想如何在相歧的邊界上——地域性、理念、宗教、認同和其他部分。艾瑞克森被這些演講吸引，還去聆聽他其他的演說。沒多久他們倆就成為好朋友，而且發現彼此都很敬仰齊克果。哈佛大學教授詹姆士・路德・亞當曾幫助艾瑞克森寫《年輕人路德》，他將田立克的文章由德文翻譯成英文，艾瑞克森在他的鼓勵和幫助下閱讀所有田立克的文章。

他特別欣賞田立克的《在邊界上》，第一部是「歷史的詮釋」（一九三六），他認為邊界理論可以解釋他的人生和智識上的發展。而艾瑞克森最感興趣的是他的兩個邊界線——路德派和社會主義、祖國（德國）和他愛上的異國（美國）。艾瑞克森透過這本書從一個特別的角度去理解自己的生命。他更清楚的看到，「我必須從田立克解釋的活在邊界上的生命走出來，達到成功的專業生活」。當田立克在一九六五年秋天過世的時候，艾瑞克主動要求在葬禮上致辭。這也顯示出他比較願意公開露面，讓自己成為看得見的學者。他在致詞中提到在邊界上的重點和他與田立克對話的重要時刻。田立克過世的前幾個月，尼爾過世。當艾瑞克森說道：「他現在已經消失在邊界線上，對於所有的邊界線而言是不能說話也不能改變。」也許尼爾並非不存在他的思想中。

當他在哈佛的教授前提到田立克，他也解釋他自己，他們兩人都是在人生當中活在邊界之上。這也是他第一次在公開場合提到兩極化，在信任與不信任之間、統整和絕望之間——這是他試著花二十年解釋的兩極——有一種自傳的意味。呈現出他自己承諾活在邊界上，並且在邊界上思考的過程。在最後，他形容田立克融合現實主義和信仰。儀式完畢後，他和一位助教理查．航特（他之後成為德國歷史的博士學位）去散步，艾瑞克森談到田立克，而理查覺得他們兩個人就好像是一個人。兩人都擁有信仰而有精神層面，都傳播著感性與現實性，他們都滿負著精力一次又一次的跨越邊界。而現在，就好像田立克和艾瑞克森一起慢慢的走過哈佛廣場附近的街道。

艾瑞克森對於公開談田立克覺得很自在也很有精神，但是這個經驗卻和他在同一個秋天發生的經驗相反。雖然他沒有公開聲明過他是自由的民主黨，卻受邀至白宮和總統詹森、副總統韓佛瑞，勞工祕書長及黑人領袖金恩博士、貝爾．路斯丁及安竹．楊聚會。聚會中，詹森提到他將催促聯邦立法，使南方的司法避免種族歧視及白人化。艾瑞克森很想提出應該要撤出越南，因為他認為，出兵越南會影響到社會對於人權和其他地方計畫的承諾，但他又覺得詹森應該已經感受到這帶來的威脅。他在這樣的場合感覺很不自在，因此在這個聚會中說得很少。在一個私人的筆記《白宮記錄》，他寫下：「我覺得我學到政治和經濟以及人民的現實面。」在這個階段，寫作等於是從政治事物上的一個撤退，他的文章開始越來越傾向政治議題。艾瑞克森開始成為一個公衆的學者。下一次當他受邀至白宮，他已經可以面對總統和其他的顧問了。

研究及寫作的壓力

他在計畫時寫甘地遇到瓶頸，因為他沒有辦法看到或聽到甘地中年的事蹟，尤其是他離開南非，領導一九一八年抗爭的部分。不幸的，這正是艾瑞克森決定要研究的部分。不過他已經對甘地的童年有了解，發現他個性調皮的一面，這也是他日後成為領袖的一個資產。艾瑞克森需要發掘他這種性格如何使他變成日後的政治解放領袖。

在一九六〇年代中期，他和瓊去了印度幾次，基本上都住在沙拉巴海家中，因為甘地和他們家的關係不知是好是壞，讓艾瑞克森覺得自己和甘地有某種情感上的關連。在他的計畫進展中，他很依靠別人的幫忙。跟以前一樣，瓊和他討論問題，並且評論他的作品。而潘蜜拉・丹尼爾暫停她自己的博士班論文幫助他校正。卡拉・橋德瑞的外甥，蘇德・卡卡，也幫助他校正翻譯和印度文化的部分。當他回到美國，理格中心的祕書茱莉・尼基，將他手寫的句子和圖表打字整理。他甚至要求凱幫他審視這些作品。

從一九六六年底到一九六七年，他的寫作計畫受到延遲。因為長久以來，認同就是他的理念中最強的部分，因為《童年與社會》和《頓悟與責任》，社會大衆都了解他的認同危機概念。因此諾頓希望他能夠針對平裝本市場先出一本有關認同的書，並且可以計算在五萬元的預付金之內。因此艾瑞克森答應先出一本有關認同的書，之後再趕快回到甘地計畫。《認同：青年與危機》就是在這樣的情形下產生的，主要是結集之前發表過的文章：〈自我發展與歷史變遷〉（一九四六）、〈自我認同的問題〉（一九五六）。他很精彩地將認同定義為一個人存在的一致性，及和其他人共享的一種「主要個性」。為了填滿這本書，他選擇了之前提出有關種族認同、性別認同和部分的「心理分析之夢的樣本」文章。在瓊和潘蜜拉的幫助下，他一共花了六個星期把這些文章轉成一本書。他在這段時間內，主要準備前言、序，及一個很長的結尾。

這麼倉促的完成一本書，他對此有一點不安。他在出版前將副標題「青年和歷史」改為「青年與危機」。他告訴讀者這是《童年與社會》的續作，但是在之後又解釋這是和《年輕人路德》同一組的書，因為《年輕人路德》只有解析一個人生，而這本書解析了很多生命和時間。

這本書的整體架構較為鬆散，羅伯・寇為《頓悟與責任》花了大篇幅介紹，但是他對於這本書只做了兩次簡單的引述。然而，在諾頓的強力宣傳下，這本書第一年精裝本賣了一萬本，而在一九七一年的平裝本賣了三萬一千本。五年後平均的年售量降到一萬五千本，但這是他除了《童年與社會》之外，賣得最好的一本書。

除了銷售的成功，這本書表現了幾個領域概念的進展。他提出為何他將「認同的意識」用來代替心理分析上的建構，如「個性結構」或是「基本個性」。因為後者並不能表現出個人對於自己或即將要變化的部分之變動經驗。

他同時用《認同：青年與危機》強調認知的精神及認知層面。「我」（sense of I）是包括意識的面向，是自我所缺乏的，而深植於互相的認識——和其他人的關係。「我」是一個認知、社會和精神的能力。

當這本書在一九六八年即將付梓之際，他用鉛筆加了一段話：「年輕人追求意識形態是為了『控制集合的心靈』。」這在一個經歷巨變的時代是很自然的。在那共和黨勝利，對於年輕人行動主義有反動想法的時代，他希望藉由這本書作為一個抵抗的機器。這代的年輕人完全沒有意識形態，相較於麥考錫時代很多人的漠不關心，他們已經顯示出比很多成人都要好的前瞻性。他在裡面加了一封公開信，是〈公元兩千年的使命〉，認為年輕人將比我們要有更多的生命力。

其他的論文可以顯示出艾瑞克森在公眾事物上的矛盾。他認為這本書反應了人類升高的問題：面對先進武器的摧殘。人造倫理、國家主義、宗教和其他的事物可以讓某個團體，或某個人種去摧毀另一個團體。但希望這些假的人種將會被「世界認同」所取代。他發現到這種世界性也是甘地在追求的目標，這種世界認同的新倫理會深植在對他人的關心。他呼籲的「人類的信仰」將會使人類去關心世上每個小孩，這是因人類的信仰之啟示而產生的。

雖然這本書是有瑕疵的作品（和前三本相較之下），但它並不是毫無價值。閱讀它的人還是可以更加理解認同的力量和缺點，將他自二次大戰後所寫的文章集結起來，還是可以了解他往後生命中所注重的部分。

三代

這本書中他批評了佛洛伊德學派分析師不願意去接觸榮格學派，而且他們錯誤引用「外在世界」，沒有考慮到外在情形對於內在心理的影響。但是他並沒有脫離佛洛伊德和他的傳統。維也納佛洛伊德學派給了他今天一切的基礎，包括他的第一份工作、志業，和他參與的第一個學術系統。他也批評那些心理分析的改革者，認為他們對於心理分析做了不必要的修改。他不認為自己是新佛洛伊德學派，《認同》一書可以表達正統派對他的吸引力以及抱怨之處。

他撰寫完《認同》一書，準備回去繼續甘地計畫時，面臨到另一個矛盾問題，那就是他並沒有被心理分析師們看重。而因為維護佛洛伊德的名聲，這本書可能使他在心理分析界的名聲岌岌可危。

威廉・布立特（William C. Bullitt）是一位美國外交官、政治家和記者，他在一九三〇年接觸佛洛伊德，希望能夠和他一起撰寫一個有關威爾遜總統心理的計畫，而得到佛洛伊德同意。據他的傳記作者彼得所言，這中間絕大部分是由布立特所寫，而佛洛伊德只有提供一些幫助。這本書在一九三二年完成，佛洛依德看過其中的架構、撰寫介紹，並稱布立特為他的合作者，同意自己提供比顧問更多的參與，並且對於威爾遜有比較負面的評價。不過他對於出版這本書的決定就此停滯不前，直到他搬到倫敦之後，布立特對於他的搬家幫了一些忙，佛洛伊德才同意出版。在佛洛伊德一九三九年過世後，布立特保留佛洛伊德寫的介紹部分，但修改了其中大部分的文章，直到佛洛依德的遺孀在一九六一年過世後才準備出版這本書。

艾瑞克森在一九六六年初秋，透過甘迺迪家族的關係就已經知道這本書的存在，因為甘迺迪總統的一位助理（幾乎可以確定是理查·高德溫）很敬仰艾瑞克森，希望這個消息可以幫上忙。而當時這本書的節錄即將出現在十二月號的《瞭望》雜誌，不過此時《紐約時報書評》的編輯希望艾瑞克森能針對這本書做一個書評，他因而得到完整的書稿。

他看完後立即的反應是很負面的。這本書的粗糙和爭議點將會影響到佛洛伊德的聲譽，他希望出版商可以消去布立特所謂佛洛伊德看過並同意其中每一章的內容，但是他被出版商拒絕。佛洛伊德的支持學者們都很感激艾瑞克森所做的，並希望安娜可以和他合作。

在這個時刻，他寫給安娜一封這幾年來最長的一封信，說明這件事情，並希望安娜可以注明書稿中哪些部分是她父親幫助撰寫的。安娜馬上就回信了，她很感謝艾瑞克森這麼替她擔憂，而且證明艾瑞克森的看法，佛洛伊德只有撰寫介紹的部分，並且建議他質疑佛洛伊德是否有為每一章簽名。但是她的信並不熱情，只有顯露出一點點情感。

他同時把問題提給佛洛伊德的私人醫生馬克思・舒。艾瑞克森花了好幾週撰寫書評，並且先把稿子寄給安娜和舒，好讓他們檢查有無錯誤的地方。

他的書評贏得了安娜、舒和其他佛洛伊德派學者的好評，也彌補了他在他們心中岌岌可危的地位。但是這個的效果並不持久，因為安娜私底下對於他關於布立特幾個錯誤引用心理分析架構的例子有些保留，這可以從他們在一九七一年的國際心理分析大會上表現得異常親熱，但是兩年後，在費城的心理分析會議上的互相批評看出來，這段良好關係沒有維持很久。

在他強調他和心理分析建立者之間的關係時，他也想和羅伯杰・立夫頓建立關係。他們的友情開始於一九五六年，當時立夫頓結束在紐約的精神醫師工作，準備他的第一本書，是有關毛澤東的洗腦。他主動要求見艾瑞克森，他們第一次會面就談得非常高興，在斯達克布爾基邊走邊聊直到不知身在何處。艾瑞克森家之後和立夫頓家有很好的私人情誼，他們兩家經常聚會，而當他們在立夫頓的私人海邊別墅舉行威爾福利特會議時最為緊密結合。立夫頓和他的耶魯同事肯辛頓（艾瑞克的第一任首席助理）一九六六年組成「心理傳記的歷程研究小組」，專門研究艾瑞克森的想法和文章。他們在會議中討論、報告新寫的文章，但是艾瑞克森的角色並不是一個領導者或是推動什麼學派，他的態度是比較平等的。

結論：一個公開的呈現

艾瑞克森和立夫頓，後者是政治活躍分子，而艾瑞克森儘管同意他的觀點，身為出名的學者，他從不願意公開談論。事實上，他拒絕簽署任何的反戰連署，他也不願意在反戰演說上致詞。這不表示他不同情年輕抗議者，而是他對於反對者的角色感覺不舒服。事實上他挑選公開表態的情形都非常明智。在那些時刻，他似乎擁有新的力量呈現。

在尼克森總統的私人顧問的請求下，他在一九六九年六月參加白宮晚宴，這距離他上次去賓州大道一六〇〇號已經四年了。當時學生反越戰的情形越來越激烈，尼克森總統正在考慮是否撤銷大學的聯邦基金。上次在白宮，艾瑞克森說得很少，而這次他預備好稿子，並且很有感情地念出來。他認為年輕人的抗議是可以理解的，因為在這樣的世界中，「政府的技術人員、經濟和科技每日每夜每分每秒都用來濫殺無辜」，這會造成人類自我、計畫和完美的毀滅。年輕抗議者是想追求一個新世界的「深層倫理考量」，不再被軍事科技毀滅所控制，他很清楚的對尼克森總統這麼說。總統放下飲料問艾瑞克森：「這些學生為什麼不對足球感興趣呢？」艾瑞克森認為「新形式的合作」產生於成年人和反叛青年之間，參與這項契約的人，致力於尋找新世界倫理，而「這種國際和國家的合作可以確保……核武時代和平與都市重建」。在他這篇強而有力的演說完，他結尾還抱怨「這個晚宴連一位女性都沒有」。之後他把這篇文章交給總統的私人顧問。

他在白宮演說完幾個星期，他和瓊去紐約看蘇，蘇當時剛生下貝，艾瑞克森的第三個孫子。當蘇在床上休息的時候，他和賀藍德在客廳看電視上轉播阿波羅號登陸月球。當時美國太空總署公開拿登陸月球和上帝造物相比，艾瑞克森或是賀藍德都沒有表示生氣，因為這是快樂而值得紀念的禮拜。在這美好的氣氛下，他很高興他的新祖國成功的跨出去。身為一個驕傲的美國人，他有女婿、媳婦和三個孫子——都是在美國出生——而他們的國家很驕傲的登陸月球。

但是在九月，當他在哈佛校園的阿普頓教堂發表意見時，他說「有些事不吐不快」——有關阿波羅號登陸的真正意義。當美國太空總署形容登陸月球是自造物以來最偉大的一週，他並不信任太空人，他們破壞了天空的邊界，但在美國軍事計畫之下不會具有殺傷力。太空人是「人腦創造出來的超級機器腦」，而且可能是致命的設計。相反的，小孫子的誕生卻不同，每當有小孩出生，就是造物以來最偉大的一個禮拜。最大的挑戰不是太空，而是地球，如何讓每一個新生命都可以感覺身心靈一體，而且對其他人產生信任。沒有把地球上的事情看得最重要，其他所有的登陸都是站不住腳的。

他擁護的概念是他在一九六〇年間在課堂上、寫作中和公開研討會中發展的——科技的危險具有毀滅的潛能以及跨代間的幫助。這個訴求可以提供一個平穩、和平的地球。他越感到壓力，就更意識到這個問題。這兩次公開演講的態度就像是他在《甘地的真理》中描寫的特性。他在那一年完成並出版這本書，隨著完成這本書，他也將甘地轉換成真實的甘地。甘地不只是一位印度教導師或是國家領袖，他成為一位強而有力的公眾學者，並且擁有預言家生氣蓬勃的光芒。

第八章 世界預言者：

艾瑞克森的真理

艾瑞克森從一九六四年開始撰寫，直到五年後出版的《甘地的真理》，被視為一個轉捩點，以寓意的形式對於積極、官僚、專業技術但是在道德上空虛的越戰之批判。艾瑞克森的書是一個精神上的綜合體，融合身體與想像、心理的完整、生產繁衍以及種族分歧的世界大家庭。他在書出版多年後，都一直闡述甘地所謂的「真理」。比如一九七二年在哈佛的歌德金演講和正值水門案醜聞時在華盛頓做的人道主義演講，他將甘地與另外兩位聖人相較：基督和傑佛遜。最後他提出自己的想法與真理，因此他開始被視為美國學者中最高地位的救贖者。但這是付出代價的，他的調查分析和精緻的散文變得模糊不清——有時候甚至不合邏輯——精神上的表現替代了合理的分析工作了。

兩本書和一段婚姻

從他開始研究現代印度，他覺得首要之務就是透過一九一八年的抗爭，尋找聖人甘地的歷史地位，和他所謂的「真理」或是「沙特亞加哈」的意義，但是卻遇到很多困難。首先是沙特亞加哈的意義很複雜，有些譯者翻譯為「持續的追求真理」，但有些人翻譯為「對真理的堅持」。艾瑞克森以最簡短而類似標語的方式形容為一種行動和力量的特質，與被動的堅持相反，但他仍然對於這個解釋不滿意。另外一個困難，就是他有一天發現很難把手上的四件事結合在一起，其中三件事和一九一八年有關——紡織抗爭、他自己、威爾遜，而第四個是佛洛伊德。在另一個情形下，他懷疑英國殖民政策是否讓印度人失去說和寫的真實性。但他又懷疑自己是否失之公允，因為他自己是個外國人，而且對於自己的國家來說還是個移民。因此他決定用在美國實驗室用的觀察兒童遊戲的方式研究，但他發現這個方法並不能真正了解印度，他試著說服自己「忘記在家鄉用的科學心理學」，只是觀察和「欣賞兒童的社會習慣」。可是他依然感到焦躁不安。這些只是困難的一部分，事實上挑戰和困難越來越多。在一九六七年他要求兩位同事接替他的教學工作，因為他需要時間來完成《甘地的真理》。

瓊可以給他幫助，她還是艾瑞克森的首席編輯評論，但是在潘蜜拉和凱及其他人幫助艾瑞克森的情形下，她擁有自己的計畫。她發現自己很喜歡印度的當地藝術，發現很多可以輔助她的書《世界念珠》。她沿著沙巴拉馬提河，研究印刷和染色的形式。不過她最重要的工作是準備聖法藍西斯的資料，他是另一個時代、地點的聖人。這兩本書似乎有互相幫助的地方，艾瑞克森稱《聖法藍西斯和他的四位女士》是「我最喜歡的書之一」。但是這本書缺乏他自己書中的文體優美及技巧，他的評價似乎太慷慨了。

一九六〇年她在艾瑞克森的一個研究所研討會上決定要寫這本書，她準備強調聖法藍西斯和聖克雷爾——女性秩序的建立者之間的關係。和艾瑞克森形容性別角色的心理學一致，她形容法藍西斯教派的修道士在鄉間移動（外在空間），而聖克雷爾教派的女修道士留在女修道院之中（內在空間）。

在她的研究中，她比艾瑞克森還要和現存的史料脱離。她認為聖法藍西斯是二十世紀商業社會的一個異類，他具有女性特質，甚至在她的解釋之下，聖法藍西斯是同時擁有男性和女性特質。另外她認為瑪琍代表了中古時代象徵力量和影響力的神。透過她的神格，基督教前的女神融入了神祕象徵意義。這個結論代表了理性和感性方面否定了基督教中的猶太影響。也許因為她是英國國教派牧師的女兒，她認為猶太教對於女性較不寬大而且過於理性。如果這不是艾瑞克森的想法，也顯示出他多少反猶太主義，因為他並沒有對此提出質疑。

夫妻都在寫書，因此甘地和聖法藍西斯一次又一次的拿來被比較。他們都是從男性和女性的特質中尋找力量。對瓊來説，這表示他們接受「我們基本上的雙性特質」。在比較這兩位聖者時發現他們有很多相似之處。最重要的是他們都呈現出上帝的神聖性和完整性，都透過當下和有限之無限溝通，他們都是寓言的例證者。

這兩本書的互相影響之處應該是他們的婚姻。在佛羅倫斯的小城寫作，甚至沒回去參加尼爾的葬禮，對於重建他們的婚姻是有幫助的。瓊在一九六〇年代發表一篇文章有關羅斯福總統因為罹患小兒麻痹，卻使得他的婚姻復合。她描寫羅斯福總統的婚姻，也隱含了他們自己的婚姻狀況。

撰寫甘地

當他開始撰寫甘地，身為發展學者的他，還是認為要從一九一八年之前開始描寫，解釋他如何經歷前六個生命階段，以及第七個生產繁衍階段，影響到「一九一八年這個事件」。在很快速檢視前面的階段後，他將甘地的階段簡化為幾個大階段——童年和青少年（直到甘地二十幾歲）、成熟成年期和最後的衰老期。

他在一九六五年開始熱切的撰寫，他並不強調發展理論，而只是敘述甘地的早年。他出生在有名的大家庭，是幾個小孩的老么。身處在這樣的大家庭，學習自律是很重要的。而對於他的幽默開玩笑個性，艾瑞克森與一般的臨床醫師解釋為憤怒和積極的面具不同，他認為是表現出一種無法抗拒的內在整合——彈性但是有意，感性但是堅強。

盡量少用心理分析的術語，他描寫甘地的早婚以及他試著改變他太太成為知識分子的過程。接著他坐火車去倫敦學習做律師。在那裡他學習合宜的穿著，接觸到基督教是印度教的另一個選擇，說一口有教養的英文。艾瑞克森的解釋雷同法藍資•范農形容的第三世界中產階級在歐洲學習禮儀道德，以及對於白人西方殖民不痛不癢的觀點。在英國，甘地在社會和心理上都是孤立的，沒有朋友或社群。艾瑞克森贊同范農批評殖民主義對於被殖民的非洲人和亞洲人在社會和情感上造成的傷害。

完成教育後他二十四歲，旅行到南非。他在那裡和一群印度律師開始執業，忍受英國當權菁英的侮辱，並且對於非白人的那些窮苦階級的漠不關心。在他到南非的幾週後，有一次搭乘火車，他坐在頭等車廂，但是卻有一位白人乘客要求他離開。他堅持他付了頭等車廂的票所以不肯離開，直到警察粗魯的把他趕出去。他在車站待了一個晚上，尋找他被沒收的行李。這件事情讓他很痛苦的感受到他的皮膚顏色，以及他永遠不會成為一位受尊重的英國公民的事實。

當甘地終於了解自己在英國領土上的邊緣地位，他決定對抗種族歧視。他從組織南非的印度人開始。身為執業律師，他以頑固的實用主義結合精神和種族的承諾。他同時成為一名作家和沙特亞加哈的實踐者。沙特亞加哈將被殖民者和殖民者的抗爭儀式化，遠比傳統的抗爭要有創造力和人性。這時他已經準備好回印度，回到他種族和社群的根源地；他已經可以將他在南非發展的方法應用在他的祖國。到此為止，艾瑞克森覺得自己提供了對於「過去」夠多的材料。他要開始撰寫一開始吸引他寫這本書的部分。他將內容帶回一九一四年回到印度時，當時正值成熟中年，他知道自己是誰，也知道要如何掌握自己。

艾瑞克森對於甘地在南非的社會政治情況都描寫得很仔細。然而當他要開始寫「真正」的部分時，卻發現自己寫不下去了。他必須暫時停止，準備一封長達二十五頁，寫給聖人的一封「個人的話」。在提到這是甘地過世後二十年時，艾瑞克森描寫自己不能「繼續寫下去，因為我在甘地保衛真理之下發現不真實的部分，在產生出不真實的純淨中找到不純淨，在此之上，我在反暴力的訴求下找到暴力。」他批評甘地雖然實踐沙特亞加哈，但是卻對身邊的人嚴苛而殘忍。對於甘地，嚴格的遵守教條要比同情心重要。比如說他要求在南非社區托斯托農莊那些崇拜他的少女剪去頭髮，避免引誘男孩。還有他要求妻子解放自己的時候，忽略妻子的沮喪。他長子希望結婚時，他拒絕長子的要求，讓他的兒子心理受傷很重。艾瑞克森認為甘地的行為很霸道，對於身邊的人漠不關心。「當你去推行沙特亞加哈的時候霸道是對的，但是當你沉溺於頑固的霸道時，卻是錯的。」雖然艾瑞克森這封信打斷了他的敘事，但是很引人注目。當他在大學部的課堂上念這封信的時候，卡羅・吉利根（之後成為女性主義領導者）和其他的學生，都感到這是課堂上最為驚人的時刻；是一生中無法忘記的時刻。是什麼動機讓他寫這封信呢？是什麼讓這封信成為本書最為醒目的部分呢？——這幾頁將他的重點從敘事轉到和聖人之間的對話，討論的是人類的基本問題。

不像《年輕人路德》，艾瑞克森沒有辦法很快的給甘地這本書一個結尾，相反的，他遇到了寫作過程中最大的瓶頸。在過度將甘地理想化後，他很沮喪的發現甘地有殘忍甚至暴力的一面。他覺得必須以個人的方式回應他，不然沒有辦法繼續寫下去。身為心理分析師，他知道他可以承受對於被分析者的想法，但他不應該在診療室說出來。他覺得他必須把這些想法表達出來，以幫助自己削減這些壓力。

卡拉，曾幫助艾瑞克森去印度旅行，她提醒艾瑞克森並沒有確實的證據證明甘地虐待身邊的人，而且就算他有，對於一個他那樣背景的印度男人來說，也不是一件不尋常的事。卡拉的外甥蘇德，因為在哈佛念大學而和艾瑞克森熟識，他成為艾瑞克森在印度文和文化上的一個得力顧問。

艾瑞克森詢問他這些證據是否正確？甘地的行為是正常的嗎？他是否應該寫一本關於印度的書？在希望給艾瑞克森心靈平靜的情形下，他建議他可以寫一封信給甘地，表明這些造成他混亂的本質。

寫公開信給已故之人在十九世紀就有先例，到了二十世紀仍然時常出現，而哲學家馬丁・布伯的給甘地的信（Martin Buder,〈Letter to Gandhi〉, 1939）可能是最明顯的先例。艾瑞克森經常在討論自我和他人的精神化心理動力時，把布伯和齊克果及田立克一起討論。在布伯的信中，他寫明兩點：⑴德國的猶太人應該借鏡沙特亞加哈來對抗納粹；⑵猶太復國主義者和巴勒斯坦的猶太人應該修正他們對於那些被強占土地的阿拉伯人的態度。他的信中包含對於沙特亞加哈和甘地真理的尊崇。

艾瑞克森不是一個熱情或是有系統的閱讀者，他也從來沒有讀全布伯的作品，但是他幾乎不可能不知道他的這封公開信。他可能早在做希特勒研究的時候就看過，而且他的朋友們都讀過（比如說田立克和利夫頓），一九六〇年代大學生也很流行這篇文章，他可能在課堂上就知道了。

當艾瑞克森自己開始撰寫這封信的時候，他很注重甘地對於別人的侵犯行為，特別是女性。甘地的暴力嚇到艾瑞克森，他的這些行為碰觸到艾瑞克森過去的痛苦經驗，他那才氣縱橫的生父遺棄他，完美的母親和繼父欺騙他的身世，以及他自己面對尼爾的出生所作的錯事。

在一九六七年的研討會上，他解釋甘地在十六歲那年，他父親在家裡快要病死時，為了滿足性慾而和懷孕的妻子行房。甘地的無情是沒有良心的，他沒有辦法消除自己的伊底帕斯情結，而他也沒有辦法忘記他的妻子因此而流產。艾瑞克森引用齊克果的想法，認為這造成甘地生命中的詛咒。寫完這封信果然有效果，艾瑞克森的寫作障礙消除了，他在一九六七年的威爾福利特聚會上念這封信，利夫頓覺得這是篇很好的文章，但是跟其他的部分不連貫，其他的與會者也認同他，有些看過的朋友也這麼認為，但是艾瑞克森很堅持這不是跋，也不是附錄。他知道，這篇文章將這本書從一個敘事體，轉為對於一些題目之個人智識上的發掘。瓊了解，這封信是一個轉捩點，將這本書變為艾瑞克森自己的真理。

〈給甘地的信〉在出版後馬上出現在《紐約時報書評》，在書名下有副標題「個人的話」。他的信上主要說明甘地加諸身邊人的暴力，單純避免肉體暴力並不符合沙特亞加哈的要求，甘地將身邊的人視作財產或可以鞭打的對象，他尤其對兒童施暴，當他強迫他們做出還沒準備好的決定時。人心有很多面向，如果強迫兒童以對立的方式，高壓培養單方面面向，卻不能接受兒童因為長大而開始有正反並存的思想，會激起他們的暴力傾向。而甘地就是這麼做。

艾瑞克森提倡「相互關係」作為暴力的另一個選擇，是人跟人之間的深入、了解的關係。甘地不應該將性關係和暴力視為同等而提倡禁慾。因為把性當作占有是錯誤的，而在兩人性關係當中的相互同意和快樂才是對的。透過相互關係的極大化，和高壓態度的極小化，一個人可以慢慢達到沙特亞加哈，或是感受到真理。「這是我，身為後愛因斯坦派和後佛洛伊德派稱之的真理相對性，而且這對於成年人和兒童的接觸至為重要。」他給甘地的信中，代間關係是一個強調的重點。他在信上結尾：「告訴你這些（暴力的部分）可以讓我以持久而熱情的尊敬做結尾。」艾瑞克森這位—丹麥—德國—美國人，可以理解一個受到西方世界壓迫人民的領袖。他在最後強調甘地的成功，是因為他聆聽內在的聲音和人民的吶喊。不同於佛洛伊德認為領袖和社會疏離，艾瑞克森的甘地屬於這個社會。艾瑞克森很感性的說道：「也許就是內在聲音和人民聲音的結合，讓他對於家庭有時候具有冷漠無情的情結。」

全球預言

艾瑞克森寫給甘地的信提到世界議題，也談到東西文化的問題。這本書敘述抗爭事件和之後的情形。他的信並沒有破壞書中的兩個部分，（「過去」及「事件」）。事實上，他描寫抗爭事件和之後的發展並不是連貫的故事，而是一系列的四個綱要。因此他的這封信才是這本書的重點，寫這封信的過程讓他清楚，也可以讓讀者清楚這些討論的議題要比故事重要。

整個故事發展是垂直的，描寫甘地參與亞美德巴德勞工要求加薪、調整環境及加強兒童教育的運動，最後甘地的絕食達到效果，廠方不希望甘地死在他們手上，所以答應他們提出的改革。但是甘地不以此滿足，他還有很多事要做。之後他去幫助農夫和其他地方的人，希望建立解放印度的廣大力量。艾瑞克森在意的不是歷史細節，而是解釋他的四個綱要。

整本書中，艾瑞克森注意的一個部分是八階段生命週期和印度觀點生命週期的關係。這個問題一直到出版後都沒有完全解答。這是印度在西元前六到三世紀衍生出的概念。艾瑞克森的觀點主要強調兒童時期，並且基於佛洛伊德的口腔、肛門和性器期；但印度的不是，印度的週期是基於延續前生。艾瑞克森的是臨床的；相對的，印度的觀點是理想化的，並且指出應該的狀況。艾瑞克森的週期有八階段，他認為印度的基本週期有三階段：年輕理解，家庭和生育，以及內在從自身、社群和身體限制中脫離。

在這本書出版的前一年，蘇德幫助艾瑞克森試著將印度的生命週期和他的八階段做比照表。但是從他的認知，這是很困難的，因為這些階段在時間、密度和內容方面都有明顯不同。當他向艾瑞克森表達困難的時候，他感覺艾瑞克森的重點開始改變，他對於青少年的認同比較沒有興趣，而開始對中年及以後比較有興趣。他開始接受印度文化較為注重生命後半段的概念。他很快的交代完甘地早年的生活，而把重點擺在後半段。對於一位維也納學派的佛洛伊德心理分析師，這是一項具有影響力的決定。

蘇德發現艾瑞克森改變重點，因為他發現西方兒童時期重視的因素如自發性、自主性和認同，對於印度兒童沒那麼重要。因為印度兒童被教導要依賴父母和家庭，所以依賴和權威是他們早期最重要的部分。他也發現艾瑞克森隨著自己年齡增長，開始對成年的部分感興趣。從一九六〇年代開始，艾瑞克森就對於第七生產繁衍階段有興趣。不同於蘇德，他沒有消去與生產繁衍階段相聯結，而是和印度的家庭一家之主連在一起。他認為印度的一家之主印象始於「相互關係中的愛」（第六階段親密），但是在關懷的部分找到意義——照顧小孩，創造財富和想法，幫助需要的人——擁有照顧的能力。身為家庭階段的人，透過照顧前後代維持這個世界。沙特亞加哈對應於親族間的照顧，聖人和真理的力量就存在一家之主身上。

他用自己的方式連接生產繁衍與家庭照顧，因為這對於他討論甘地非常重要。他最後很簡單的結論，想要點對點的比照這兩套週期是不可能的，重要的是週期背後的原則。這個原則賦予每個階段一種力量，並且可以讓這個階段和其他階段整合，形成一個週期——如果命運和社會允許的話。他當然沒有試著舉出例子，因為他已經知道印度兒童和西方兒童不同，他只是假定他的週期擁有世界性。

他希望這兩個週期可以調和的基礎，是他假定心理分析和沙特亞加哈都是強而有力、普遍以及相等的理論系統。

他第二個重點就是相當性，特別是在他敘述「事件」時。將心理分析和沙特亞加哈結合，佛洛伊德和甘地並論，排除狹隘的結構並且運用維也納派創立者的理論。舉例來說，艾瑞克森拒絕總是用非性的事物來象徵性。當甘地抗爭英國徵收鹽稅，在這時，鹽就是鹽，不是精液。當他感覺適當的時候，他就用互惠關係取代佛洛伊德派的性觀點。這個理論只有在探討人類行為的精力和驅力面時有效。心理分析正統派著重在人們的缺陷成為他要連結這兩者的障礙。他沒有停留在甘地的強迫性症候學，認為他釋放出一種能力去喚醒其他人，而是用「創造性儀式」去解釋領袖和追隨者的關係。

因為他堅持用較廣的觀點解釋佛洛伊德和甘地，他很有信心把聖人之沙特亞加哈和心理分析相比。兩者都是一種世界治療方法，都是用希波克拉提斯的原則，以行動消除傷害，甚至可以極大的互惠性與極小的高壓和恐懼來行動。兩者都是用自律性的自我忍耐去發掘內在自我。結果是一個治療性的轉變，讓個人不會對自己及他人施加暴力。在比較這兩者時，艾瑞克森也將這兩者的意義擴大。艾瑞克森解除自己對於研究主題的心理分析方式，他在描述年輕甘地時，沒有再使用研究年輕路德的方法，也就是說他沒有研究他的自我危機，反而描述自我可以容納過去自身的經驗。當他帶給這本書更開闊的看法，他是以自己的想法說話。當他融合這兩個觀念，以真理融合東西方時，他的話是有預言性的。

評論者輕視他的這個融合，他們強調東西方教養小孩的方式不同。隨著這本書接近完成，他很確定自己的工作就是從人類自身解救他們。

他的「偽物種學」就試驗這個觀點，並成為他提到的第三個要點。他認為人們忽視「其實原本是同一種人」的事實，而分裂成不同的族群（部族到國家，種姓到階級，宗教到意識形態）。他預言了「宇宙物種」會超越「偽物種學」。因為溫德・威期的《一個世界》（Wendell Willkie,〈One World〉，一九四三）和愛德華・斯德欽（Edward Steichen）在紐約現代藝術中心的照片展「人類的家」（一九五〇年代中期），他產生了世界大都會的觀念。他強調，透過沙特亞加哈，甘地融合了廠主和工人、沙拉巴海家的兄弟姊妹，進而解救他的祖國，讓英政權和印度獨立主義融合。因此艾瑞克森堅持，甘地「也許創造了一種儀式，透過它人們可以產生信任，等同於動物本能的安全感」。艾瑞克森希望這個經歷浩劫和冷戰的世界可以注意甘地的例子，產生新的世界倫理。對於整個世界，現在的考驗是預先發展出更為包容的認知，最終可以了解「宇宙物種」（pseudospeciation）。現代科技可以替偽物種學發展武器，也可以用來促進溝通和了解。

艾瑞克森在洛倫茲（Lorenz）的建議下，採用宇宙物種這個名詞，但這個概念由來已久，比如說偽物種學就和十八世紀末十九世紀初的德國浪漫主義運動有關，而美國公民運動和法國革命就和宇宙物種概念有關。歌德的觀念也是類似，還有其他多位學者提出類似概念。

如同米拉德（Myrdal）和克林柏格（klineberg）的作品，《童年與社會》也反對人為的黨派意識。比如艾瑞克森在一九五三年的論文〈完整性和全部性〉，他就認為人類不應該接受那些界限。然而一直到撰寫甘地，他才真的決定要改變偽物種學的概念，推行「宇宙物種」。潘蜜拉感覺到他對於這個議題有特殊的使命感。約翰．羅斯，艾瑞克森在哈佛的學生和朋友，就感覺他在一九六〇年初母喪之後，對於宗教和國家認同問題比較敏感。他同情美國運動，厭惡美國參與越戰。儘管有很多原因影響他這麼做，很明顯的，一九六四年他在哈佛阿普頓禮拜堂的演講中提出甘地「真理的耐力」帶給勞工和廠主長久的「工業和平」，並且帶來真正的包容和社會福利。強調甘地在早年帶來的貢獻，艾瑞克森帶給自己在二十世紀末的重要使命，就是將真理揭示給這個混亂的社會。

艾瑞克森試圖復甦沙特亞加哈，並提出宇宙物種有進化生物學做背景。經過這些年，他更加仰仗這些科學和生物學上的進化。他在《甘地的真理》書中提倡的宇宙物種是一個新的國際政治觀，也直接說出他的第四個重點：政治領袖的精神層面特質。他認為甘地是一位特殊的政治領袖——宗教的實踐者，融合相對的族群，教育他們沙特亞加哈的優點，為印度和世界提出新的倫理政治認同。

對於艾瑞克森，甘地和其他提出「以戰爭停止戰爭」的方法不同，他是為大家提供一個機會——為工人、勞方和他自己提供一個提升現狀的機會。不同於凡爾賽革命和俄羅斯革命，沒有人需要在經濟上吃虧，失去社會地位、自尊。甘地擁有政治人物的爭取和妥協特色，但在這些特色中卻沒有矛盾。他在政治環境中運作，卻始終保有內在的聲音。

艾瑞克森不但敬仰甘地的領袖風格，而且像是傳教士一樣加以頌揚。他強調團結這些非武裝的身軀，是一個有利的解決方法，就像是一種力量，可以抵抗現代的冷酷機械時代。他認為甘地不同於消極的抵抗，而是運用真實的自我控制——以非常自律的方式引導的非暴力。為了得到這個自律，甘地取消本來的抗爭，他的追隨者必須要熟練如何運用武力，他們必須要給人民看參與這個有組織的抵抗運動，就是可以掌握自律暴力的真義。在這種觀念下，艾瑞克森也許同意布伯對猶太人的想法，就是猶太人還不能像沙特亞加哈般的對抗納粹，因為他們必須先為正義而戰——但是要打得很高興。艾瑞克森認為反猶太主義會高漲，是因為猶太人沒有力量抵抗。當以色列可以在武力上擁有優勢時，就可以讓全世界的猶太人更趨近沙特亞加哈。這和他在《甘地的真理》中提出的同情心有所牴觸。

在強調甘地的政治精神面以及真實性的同時，艾瑞克森似乎想要在政治決策的背後，試驗這個角色和方法。一九六九年的白宮晚宴只是一個開始，更好的機會是在一個月之後，紐約市長的人力資源顧問金斯伯格召集一個特別小組，匯集專家學者討論市政。當時因為越戰，讓地方經費短缺。這個小組幾個月聚會一次，希望提供市長建議，主要是針對紐約市民的社會福利。艾瑞克森和他的女婿都被邀請參加。艾瑞克森提醒社會福利的官員，必須要奉獻自己給那些被遺忘的人——經濟和社會處於劣勢的人。這樣做可以同時提升那些人和官員自己，「將別人的事情當作自己的事情來做」。他在這個會議中的口吻顯示他已經內化聖人的沙特亞加哈政治。事實上，他曾對學生和聽眾們承認，他已經成為甘地在二十世紀末葉的傳信者。

如果艾瑞克森討論過當時美國的人權運動，會很有用處而且很適當。當時他的很多朋友都鼓吹人權運動，也要求他將這個運動和甘地連結在一起。在金恩博士被刺殺之後，他決定用《甘地的真理》來紀念甘地。但是他並沒有比較他們兩個人：他們都來自優越的背景；都是受到歧視主義的影響而意識到自己的地位；而在被刺殺後，他們成為國家中正義和希望的象徵。艾瑞克森的心似乎被廣大的世界觀點所占據，因此他忽略了這個部分。艾瑞克森只要一點點的努力，也許就可以使這本美國歷史上第二次革命後的最重要著作，也同樣成為世界人權的紀錄。

透過討論甘地的精神化政治，艾瑞克森顯示出他想要具備這些特質的想法，這在他強調甘地獨特的特質時最為明顯。艾瑞克森試圖要內化甘地的形象。他透過尋找甘地的形象，希望能夠靠近他的宗教天賦部分。「我試著視覺他或是聽到他。」一旦達成，他覺得自己必須將這個傳達出去給他的學生、朋友和讀者。他組合出的形象是「一個人，瘦小而苦行，敏捷而有精力，非常嚴肅但是帶著快樂，協調而且總是在那裡」。其中最吸引艾瑞克森的特質就是他的「女性形象」。甘地對於自己是半男半女很驕傲，並且比女性還有母性。艾瑞克森對於甘地的外在形象，要比對路德在意多了。艾瑞克森堅稱他在撰寫這本書之前，就已經感受到這個形象。在去印度之前，他和瓊經過以色列，在那裡的海邊，想像基督在海邊對著漁夫說話的形象。也許是威廉·詹姆士所謂的想要相信的意志力，他堅持他和瓊都看到那種形象，他們的思想裡都擁有基督根深柢固的形象。他們繼續前往亞美德巴德，他們在那裡幾乎確定把基督和甘地的形象連接在一起。當你聆聽這兩位領袖的時候，似乎只有寂靜的形象蔓延著。也許是急於參與這種形象當中，擾亂了艾瑞克森評判的能力。

影響艾瑞克森的甘地人格是他的工匠性格。透過《甘地的真理》，尤其是那封公開信，可以發現宗教工匠的形象——用關心、教導、改革、統御和其他的付出「修補」人們。甘地在亞美德巴德的成功，被當作為以後的抗爭做「工匠般的演練」。瓊這幾十年對於工匠藝術的投入，也必定影響艾瑞克森對於工匠的強調。英國法律一般來說看輕工匠，尤其是紡紗和編織。然而創造出完美物品的技能正是認同的一個主要來源，甘地坐在紡紗機前面的形象，是表現了「失去而重新找回的認同」。雖然甘地的肉體形象對艾瑞克森很重要，但是他坐在傳統線紗前面的工匠形象還是很重要。廣泛的旋轉，祈禱和敏捷的活著，倚賴著從未離去的信仰。甘地掙扎建立一個充滿紡紗的社區，在英國的法律之下，他成為「工匠政治家」。對於艾瑞克森而言，這表示他不只是公衆人物，而是成為某種連結的比喻，他正編織和人民、其他世代、空間文化和沙特亞加哈的關係。

艾瑞克森也在編織一個複雜的故事，包含歷史、道德、種族、性別、國際關係和其他的主題。最後留下很多線頭。透過檢視甘地的形象給大衆，艾瑞克森加入他在一九六〇年去哈佛時沒有的因素。透過他的教書、寫作，特別是甘地，他在這十年結束時，不但成為老師、作者，而且是一位預言者。

預言特質可以在他完成《甘地的真理》時看出，他將這四個綱要擴大，解釋成為「我」。「我」有存在環繞，優於自我和心理社會發展。這個「我」似乎是在甘地面對上帝時，感受到存在和道德的空無；表示了他對於所有人類認同的想法——真實而不朽的認同。甘地了解「每個人都有一種對於自我的獨特意識和責任，讓他同時是零也是所有，絕對寂靜的中心，啟示性的旋風」。當甘地和人類「面對我們空無的中心真理時」，就從中得到力量。

當艾瑞克森形容「榮耀但可憐易碎的意識」，他是在寫自己：「一個尋找文化和文明，風格理論的人。」他自《童年與社會》開始描寫自己的行進過程。在《年輕人路德》，他解釋一個年輕修道士追尋認同。在《甘地的真理》中，「我」的意識更趨完整，深植於艾瑞克森在家庭和「事件」中的個人形象。他描寫甘地的方式「包含面對內在掙扎時需要依靠的人格」。他又將自己和甘地擺在一起，發現到很多第三世界反殖民運動，不是依循甘地的世界人權觀點，艾瑞克森接下了甘地的火炬，轉達甘地和沙特亞加哈的形象給二十世紀末，他轉換了位置，成為給予和評判的人，加上社會保姆的身分，這位沒有父親的艾瑞克，為岌岌可危的地球，養育著甘地和他的真理力量。

《甘地的眞理》受歡迎

諾頓書局為《甘地的真理》展開積極的宣傳活動。伯克威很積極而成功的讓《紐約時報》、《紐約時報書評》、《美國學人》、《哈潑雜誌》和其他的研討會介紹評論這本書。同時它也得到前幾本書沒有的幾項大獎，包括普立茲獎的非文學類和國家圖書獎的哲學和宗教類。同時還得到梅契爾大學組織頒發的「對於宗教自由的最顯著貢獻」。《紐約時報書評》將它列為一九六九年「最傑出的十二本書」之一。在一九七一年初，已經有德文本問世，接著有日文、法文、瑞典文和西班牙文準備中。

但是《甘地的真理》銷售情況卻讓出版商失望了。第一年的精裝本只賣了一萬八千本，但之後就往下滑。艾瑞克森認為這是因為諾頓堅持出平裝本的原因。平裝本在一九七〇年至一九七一年賣了大約三萬七千四百本，幾乎和《童年與社會》相同，但是第二年就少了百分之六十。到一九七五至一九七六年只賣了三千一百本。在英國由法伯法伯出版社發行英國特別版本，但總銷售量不到四千本。一九八三至一九八四年因為甘地電影熱潮刺激銷售，大概賣了一萬零七百本，可是之後就跌到每年大約三千至五千本。諾頓的編輯認為，可能是因為美國人對於印度沒什麼興趣，而大學生也不注意這個國家。他們也擔心原因是這本書模糊不清、層次複雜且沒有焦點。教授們似乎不願意要他們的學生閱讀一本厚達四百四十八頁卻沒有一個貫徹主題的書。

艾瑞克森對於銷售數字並不失望；買他書的人多半是因為課堂上採用，而他的書從來就不吸引諾頓的廣大讀者。重要的學者會看他的書而且討論，他就很滿足了。而且他很高興可以參加那些充滿其他知名作家的頒獎典禮。當他接到尼克森總統的祝賀詞時百感交集，因為他對於那些馬上要出版的書評很緊張。「我寫這本書其實對印度所知不夠」，其實需要更多年來整理，他很害怕那些清楚印度的人會挑戰他。

他們的確如此。有些人指出沙特亞加哈並不是一個適用全球的方法，一個儀式化對抗暴力的方法。在印度有效，是因為英國人對於公平的概念，如果甘地是面對納粹或史達林就不會這麼有效了（布伯的看法）。艾瑞克森同意這個觀點並且承認他沒有深思這個部分。包德溫學院的學者古塔認為艾瑞克森並不了解沙特亞加哈是一個比真理力量要弱的名詞，他指出甘地堅持印度人和英政府「需要追求真理而不是法律」。密西根大學的教授威利在《亞洲研究》期刊中提到，他認為艾瑞克森沒有打開他的「非常西方」的心理分析觀點去接受印度的想法。其他有人批評一九一八年的抗爭並不是甘地最早期的活動，在那之前安巴拉就已經接受甘地的觀點了。

艾瑞克森很仔細地記錄那些印度學者批評他錯誤的將東西方認同與生命週期連接的看法，還有那些駁斥用心理分析解釋沙特亞加哈的觀點。最影響他的是潘蜜拉的導師，蘇森・羅道夫（Susanne Rudolph）在《當代心理學》的評論，他批評艾瑞克森研究印度文化的時間和環境都模糊不清，而且忽略一般的核心家庭。他所謂的「事件」不是一個社會歷史，而比較像是個不可思議的傳說，他甚至批評那封公開信，因為艾瑞克森用西方的觀點去評價印度人的行為。

而心理分析界的批評也很多。有人認為他背叛佛洛伊德派，杰佛瑞・梅森（Jeffrey Masson）認為他受到榮格的影響，而且沒有分析甘地的最內在部分等等。

很少讀者接受艾瑞克森的觀點和想法來閱讀這本書。印度學者卡司塔爾祝賀艾瑞克森「有勇氣對抗自己對於甘地人格當中不吸引人部分的厭惡」。利夫頓認為艾瑞克森的意識和佛洛伊德及甘地連在一起，三個人都透過極大化互惠和極小化高壓暴力「試煉真理」。艾瑞克森和甘地已經參與在一個互惠中。羅伯・寇也有類似的想法，《甘地的真理》成為一個適當而感動的——艾瑞克森的真理力量。

除了這些欣賞他的讀者，《甘地的真理》並沒有像《童年與社會》，成為一本文化和認同的革命作品。像這麼重要的書，卻沒有對於當代議題提出石破天驚的見解！如果艾瑞克森在寫這本書時，能夠像《童年與社會》時，注意社會的複雜時事，也許會成為他最重要的一本著作。法藍資・范農的《可憐的大地》（一九六一）成為反殖民的革命性宣言，因為殖民主義對於被殖民造成的極度心理傷害——《甘地的真理》也可能成為最重要的反殖民主義宣言之一。

艾瑞克森屬於西方大都會學者的一代，有些人某種程度成為後殖民主義觀點，比如范農、艾德華賽德和傑出的印度學者如後米巴巴和伽特斯匹瓦克。西方世界主義者宣揚四海一家，以及從大浩劫和二次大戰後覺醒的世界兄弟，但他們沒有真的忘記他們西方文化的領導權。他們由美國政府，洛克斐勒中心出資研究，提供第三世界經濟發展的科技幫助。他們沒有真的評論西方文化的偏見和北大西洋公約組織軍隊造成的階級問題，然而這些第三世界思想家卻成為世界主義的關鍵人物。

艾瑞克森和他們不同。因為和這些人類學家的緊密接觸，他非常欣賞被殖民地的文化。他在撰寫甘地時，時常勾勒出一個非西方力量為中心的世界。最明顯的就是那封信——他指出聖人的缺點、弱點和人性的一面，這讓他把自己的缺點和甘地的連在一起，當他力求人類關係互惠時，將聖人的真理變成他的真理，他已經（如果是不自知的）吸收了甘地。

成為精神上的甘地，可以重塑聖人的訊息，因此他的西方觀點有時候會影響聖人。艾瑞克森贊成以色列武力對抗阿拉伯，並認為這是宣揚甘地的沙特亞加哈。他對於范農以武力復興殖民地被降低的自我不表苟同，但卻過度強調范農和甘地觀點的不同。當他在書出版十年後，才準備好修改他對於沙特亞加哈的心理分析。但他只是在一個國際心理分析會議上提出要求停止以西方為中心作心理分析的絕對前提。

從劍橋到奧克蘭，一九七〇——一九七一

艾瑞克森寫信給一個朋友說贏得普立茲和國家圖書獎讓他可以早點退休，再多寫一點。他在一九七〇年的春季上完最後一次課，之後在六月退休。當時校長普西致力降低教授的退休年齡到六十七歲。很多教授都在六十五歲退休，但是直到七十歲才被要求離開。當艾瑞克森快要六十八歲的時候，他希望能夠減低一些教書的責任，而先不要名譽退休。但是在校長堅持之下，他沒有多爭論就接受了退休。

不論如何，艾瑞克森其實並不依賴這份教職薪水。理格中心和哈佛的退休金，病人加上書本預付金的投資理財，他們有一份很舒適的收入。諾頓出版社的新總裁伯克威證實在一九七〇至一九七一學年度，艾瑞克森的書共賣了十四萬本，因此他們很希望能夠出版他的公開演講稿。他們預付了二萬五千美金得到艾瑞克森一九七二年在歌德金演講稿的發行權。

從一九六〇年代開始，艾瑞克森和瓊停留在斯達克布爾基的時間越來越長。身為「一個移民，只有少數地方讓我覺得像家」，而這裡就是一個。因此在一九七〇年正式離開劍橋後，他和瓊在那裡的主要大街買了一棟大房子，擁有他們兩人的大書房，和一間可以跳華爾滋的宴會廳。他們時常有朋友來訪。如果說寫甘地讓他的個性加入了嚴峻和預言的一面，那麼這裡加強了他的幽默感。當他沒有寫作的時候，他最高興的就是去參加理格的病例會議。他也在家裡看一些病人，提供非正式的臨床研討會——有的時候是試驗他的論文和可能的寫書計畫。理格對於他願意做的部分提供很好的酬勞。

他的規律生活顯示了他接受自己年老的事實。瓊要求他在午餐後小睡片刻以恢復體力。他公開稱自己是「一個要工作到盡頭的心理分析師」。他自己還不覺得到了「統整」和「絕望」的階段，認為自己是灰白頭髮的哲人，而不是一個被驅策的專家。這在他一九七一年參加彼得・布羅斯的退休慶祝會上顯示出來。自從他離開維也納，就很少和彼得聯絡，當他說老朋友「老的時候比較保守而深沉」，他似乎也在說自己。

得了許多獎和榮譽，他也獲得布朗、耶魯和柏克萊的榮譽博士。但他最高興的是，他是第一個得到倫敦學院大學心理分析部門的佛洛伊德紀念席位的學者，「這對我的一生有很特別的意義」。國家心理衛生協會選他為第三位年度研究成就獎得主，而且有獎金一萬元。美國蒙特梭利組織給他金獎章獎勵他對於兒童教育的貢獻。他告訴一個朋友：「我這麼多年來惡名昭彰」，他必須多花點時間和類似的人聯絡，以避免掉生命中不必要的干擾。

他開始成為一位文化英雄和受崇拜的人物。一九七〇年的一個星期天早晨，他和瓊走出曼哈頓的飯店，想要買份《紐約時報》，他們感覺很不舒服，因為人們對他們指指點點。《時代雜誌》的封面可以解釋這個原因，全版彩色照片是一個六十八歲的老先生，穿著深色夾克、白襯衫、深色領帶，深思熟慮的姿勢，手頂著下巴，灰白的頭髮，紅潤的臉色和一雙炯炯有神的眼睛，標題是「心理分析家艾瑞克・艾瑞克森：佛洛伊德之後」。另外在《星期六評論》，心理學家大衛・厄坎（David Elkind）強調艾瑞克森的理論已經成為精神科醫師、心理學家、教育家和社工人員的基礎教育之一。《新聞週刊》則登了「艾瑞克・艾瑞克森：追尋認同者」。注解是柏克萊社會學家羅柏・貝拉（Robert Bellah）形容美國大學生的話：「你不確定他們有沒有看過莎士比亞，但一定看過艾瑞克森。」《紐約時報書評》中，倫敦心理分析家彼得・洛瑪說：「他是現存最有影響力的心理分析家。」《藍頓辭典》的職員要求艾瑞克森審查他們新增的字彙「認同危機」。還有其他許多的讚譽殊榮。但是越來越多的人談「艾瑞克森派的心理歷史」讓他很不舒服，他並不想要透過路德和甘地的書創造一個跨學科領域。

美國大衆文化也開始引用他的形態觀點到視覺上。E. B. 懷特《夏綠蒂的網》，九百萬人觀賞CBS介紹約翰及費斯・賀柏利的動畫「每個人都騎旋轉木馬」是解釋他的生命週期八階段。

他對於這些媒體注目感到怪異而不舒服。他很高興自己被如此廣泛引用，但是不高興他的觀點被簡化、扭曲或錯誤引用。他也承認他的有些作品和佛洛姆的交纏在一起了，但這些注意力很快就會消失。他不知道如何回應羅柏伍德強森基金會給他的獎、獎金和一枚徽章，但是他還是開車去哈佛和舊同事討論應該掛在威廉・詹姆士廳的哪裡好。他對於《紐約客》的文章感到不自在，但是他也很高興，這樣他就有理由推掉另外六個全國性雜誌的採訪，因為已經有報導出來了。通常他會試著用各種理由推拒採訪，但久了之後，他已經可以很有技巧的婉拒了。通常他只接受用信件溝通，不提供早期的照片及回答私人問題。「我已經是這個領域中談自己最多的人了。」他告訴一位「紐約時報」雜誌的記者。他拒絕將他的書選錄重新出版。他也因為拒絕出版商印製他的八階段生命週期（除非跟解說文字一起出版），而少了很多出版收入。

拒絕媒體是一回事，但是當凱邀請他和黑豹黨領袖休・紐頓公開對談又是另一回件事。黑豹黨為了抵抗種族歧視和暴力的市警，武裝巡邏奧克蘭的街道。紐頓號召聯合國監督公民投票以決定他們的國家，並且預言用槍枝作為國家解放運動的武器。他甚至建議和馬克斯——列寧的白人復興運動結合以抵抗資本主義帝國。

他們的對話是很機緣巧合的。黑豹黨的辯護團律師唐諾・費理為了謀殺巴比西爾和艾瑞卡賀金案，在一九七一年待在紐黑文。他打電話給凱，當時他在耶魯教書，通知他紐頓和其他黑豹黨領袖將會到這裡參加審判案，他希望凱可以安排一個聚會讓紐頓和耶魯學生對談。當時在美國進軍柬埔寨和槍殺大學生事件下，耶魯的緊張情緒非常高，很多新左派學生組織都支持黑豹黨，一些自由派的學者也站在他們這邊，耶魯校長金曼・布魯斯特也表示同情。凱安排了一個非正式的研討會，在紐頓的同意之下，他邀請了他父親艾瑞克森參加。

艾瑞克森很積極的接受這個邀請。他對於美國種族問題和白人及非白人之間的關係越來越有興趣。身為一個白人移民，他比較慢才感受到家園中隱藏的種族歧視。當他在舊金山灣區工作時，就感受到黑人與白人間的緊張情緒，特別是在黑人小孩身上。一九五〇年代去匹玆堡當顧問更加深他的感受。他也開始閱讀一些非裔美人的小說。一九五六年訪問費斯克大學時，他很仔細的聆聽人權問題，事實上他比同一時代的學者更加注意人權問題。他對於最高法院判決布朗與教育部一案沒有保留，而他希望南方大學種族可以更為融合。羅沙・帕克（Rosa Park）拒絕坐在公車後面的勇氣深深感動他，他甚至思考要為她寫一本類似路德《我站在這裡》的書。

在哈佛時，他也很注意人權運動，他準備了好幾份有關非裔美人的認同問題的論文，其中一篇成為《認同：青年和危機》中的一章。一九六四年在人權運動者也是好友的羅伯•寇鼓勵下，他和密西西比自由夏天計畫的志願者見面，他列名在ＳＮＣＣ教育顧問團之上，並且發掘波士頓地區的黑人兒童問題。羅夫•艾力森的（Ralph Ellison）《隱形人》中「沒有臉的臉，聽不見的聲音」對於他有立即的影響。在《甘地的真理》出版後，他很後悔沒有將甘地的沙特亞加哈和金恩博士的非暴力抵抗做比較。他不認同所謂黑人家庭的「缺乏父親」現象，或他們自己得要為他們的病理負責。他自己就沒有父親，他堅持母親可以提供某種等同的效果。就在凱邀請他之前，他才剛和寇去密西西比的窮困地區，他和那些黑人小孩一起遊戲，而他觀察他們的遊戲和素描。

但是這個對談很快就成為全國媒體的焦點。全國性的報紙派出記者，ＦＢＩ也派出臥底警探。會議中都是學生和教授。紐頓重申唯物論和馬克斯、黑格爾和康德的哲學，他避開人們真正想聽的黑豹黨行動主義；艾瑞克森則是簡單的介紹自己，並且對紐頓的綱要作些評論。紐頓同意凱和艾瑞克森認為的，這項聚會是個錯誤，他建議他們應該再談一次，在奧克蘭，他的家鄉，他在那裡會感覺比較舒服一點。第二次聚會果然比較輕鬆，只是街道和走廊上有武裝巡邏的黑豹黨員。容也來拍照，並且幫他們點午餐三明治。當大家都坐下來喝著威士忌，紐頓也放鬆了姿態，這位黑豹黨領袖開始享受這次的談話，友誼於焉產生。

很明顯的，他們兩人來自不同的背景經驗。艾瑞克森是西方學者「親眼目睹納粹的發生」，而且對於所謂的道德和國家優越質疑。他承認在他剛到美國時，沒有注意墮落的種族偏見，也沒有發現科技帝國主義的中的管理問題。現在他了解「這個國家的解放想法已經扭曲了」。不過他向紐頓承認，他依然視美國為移民組成，以大都會為中心的國家——是宇宙物種的具體化——而不是種族歧視者「偽物種學」的培養地。

紐頓反對艾瑞克森的看法，堅持黑豹黨的「正式」想法是辯正唯物主義，而他不像艾瑞克森那樣可以忍受美國的頑固。然而他開始對他的童年生活比較客觀，承認他在成長過程中還有身為黑豹黨領袖的個人問題。於是一場辯論成為愉快的對談。

他們都在彼此身上找到力量、證明甚至是信任。艾瑞克森認為他們都在追尋宇宙物種，「雖然我們的過去是如此南轅北轍，但是我們的未來是唇齒相依的。」但他卻不知道就在他們交談時，紐頓祕密派人去打擊那些不滿的黨員。他更不知道，紐頓其實在新形式的道德意識下，擁有部族概念。凱把這些記錄錄音，整理成文字由諾頓出版，名為「追求共同的基礎」。紐頓並安排在奧克蘭猶太小孩社區學習中心舉辦一場簽名會，艾瑞克森也參加了。

如同伯克威預測的，這本書並沒有暢銷，也沒有什麼回響。但這是一個歷史的記錄，是一個相信馬克斯陳年老套的黑人武裝領袖，和融合歌德和佛洛伊德思想、一輩子沒有拿過槍的歐洲年邁學者，試圖在越戰後更趨兩極化的美國社會架起橋梁。

但是這段橋梁並沒有長久，當艾瑞克森知道紐頓參與人權運動中的暴力事件後，他斷絕了這份關係，並且拒絕在紐頓的官司中幫忙。

歌德金演講

在一九七二年初春，在和紐頓會面一年後，他在哈佛校園面對完全不一樣的聽衆做了一場演講。雖然他的聽衆從來沒有甘地的多，但是對於一位過兩個月就要七十歲的退休教授，這樣一場演講是很特別的。這是由哈佛甘迺迪學院主辦的年度歌德金演講，主題是「自由政府的要件」。是以十九世紀《改革雜誌》編輯和學者歌德金（Godkin）命名，包含兩場主要演講和幾場跨學科研討會。研討會參加者由哈佛系主任們提名。艾瑞克森請他的前任首席助理潘蜜拉幫他安排，他比較重視研討會，希望能夠面見每位參加者，然後他可以做人選最後篩選。

他的題目「遊戲、視覺和欺騙」涵蓋他在維也納學習的觀察分析和「政治想像」。當時他心裡想的是甘地的沙特亞加哈觀念，他寫道：「幕簾蓋下來遮住越南，而打開另一個……在家鄉對水門事件的推理。」為了準備這個演講，他主要有兩個資料來源：他在倫敦一九六五年演講的「人類之個體發生儀式」，他在其中準備了八個儀式以配合八個人生階段；以及威廉·布雷克的〈兒童的遊戲和老人的推理是那兩個時代的果實〉。艾瑞克森從兒童純真的眼神中尋找對於世界的感知，另外檢視像他自己一樣的老人成熟的推理。他結論道，他心中的藝術性可以將感知編織完整。

四月十一日，他做第一場演講，念了二十四頁雙行距的稿子，十二日念了另外二十三頁結束。場地是在法學院，大爆滿而且外面還有好幾百人等待。但是他很失望，以平淡無奇的聲音念完稿子，而且眼神也沒有和聽眾交流。如果說演講像是在聽審判，研討會實在太精彩了。每一場研討會有不同的二十位參加者，他非常輕鬆活躍，充滿睿智幽默。諾頓出版社已經支付出版這場演講的預付金，他將四十七頁的稿子改成一本小書，加上研討會的材料，參考與會者的建議、筆記和丹尼爾、凱、瓊和其他親友的意見。他將這本書獻給瓊，「因為她一生對於遊戲之美的投入」。

演講和書都沒有提到「人類之個體發生儀式」，也沒有分析兒童遊戲和政治想像的關連。在演講數週後，艾瑞克森向甘迺迪學院院長承認，「我還沒能掌握這些理論」。讀者也發現到這個問題，文化評論家羅斯瑪莉認為他的演講缺乏確實的材料才會這麼空泛。

當他抵達劍橋時，並沒有寫新書的計畫，這在幾十年來是首次發生的。長達幾年的甘地計畫，讓他對於新計畫很仔細。他跟瓊和理格中心的心理學家佩奇・潘，花了好幾年研究四─五歲兒童的遊戲狀況。艾瑞克森希望他可以不用太困難就在這個新工作中找到新書的題材。他的演講和新書基本上是以這些觀察資料為主，但是如果他有好好組織它們的話，這本書應該更有說服力。

艾瑞克森一直對遊戲評價很高。遊戲可以讓大人、小孩超越自我，表現非語言和詩意的限制。他在第二場「甘地」演講和研討會上的主題是「新女性」。他感覺自己必須回應一些女性主義者對他一九六四年的論文〈內在和外在空間〉的批評。他堅持男孩和女孩在遊戲上的不同點，他採取更為嚴肅的態度。但是這些女性主義者批評他沒有注意到其中的差別，讓他很傷心。注意到與會中有些女性態度非常嚴肅，他不適當的請她們準備備忘錄，以便他在準備書稿的時候可以諮詢。他沒有解釋男性和女性的不同，這樣也許會減緩緊張的情緒。他試著改變話題而且堅持「我們都是兩性的，應該要面對它」。整個研討會氣氛變得很沉悶，他事後對一個朋友承認他對此感覺很失望。

從幾十年前的關於德國納粹的研究，他就對於科技對人的影響很焦慮。歌德金演講、研討會及書中，他解釋這些科技威脅可能的快樂，以及檢視政治想像。在演講中，他表示對於美國用高科技去鼓吹偽物種學和暴力感到很沮喪。受到和平運動朋友的影響，他認為美國式的死亡就是無情的殘殺別的人種，而廣島就是一個極致。如果艾瑞克森利用歌德金演講的機會，很仔細的宣揚這些想法，像是威爾福利特的學者鼓勵的，他們將會凝聚成歷史的一段。

他本來想要系統化的研究「人類之個體發生儀式」，這樣的話他可以將生命週期理論和政治想像結合在一起，《玩具和推理》的中間部分可以整合他有關遊戲和政治的看法，但是他並沒有這麼做，他只是重新使用這篇文章而不是重寫。也許是因為諾頓的高額預付金讓他使用這種方法，但另一個可能是他年事已大。在《甘地的真理》後，他已經沒有辦法承受繁重的重寫過程。

《玩具和推理》顯示出他對於最終的關切。透過和斯達克布爾基鄰居翰墨・特渥的討論，讓他更加深這方面的興趣。從孩童時期母子間的認識儀式延伸到老年。他談到「我」的意識，更新「我的」到接受「我是」。「我」這個意識，「分開的超越而且也是特出的肯定」。這個過程包含所有人類意識。某方面來說，艾瑞克森認為，這個「我」的意識並不完全和德國青年所學的維持生命整合的共同意識不同。另一面來說，這是他在卡爾緒高中的殘留人道主義遺跡。「我」這個意識吸引了這個老人的注意，而他準備超越「自我」和「認同」的心理學架構，他比以前任何時刻都想要研究精神和超自然現象。

傑佛遜演講

《玩具和推理》的主要內容是一九七二年的演講，但是他直到一九七七年才校訂完成。花費這麼長的一段時間，是因為艾瑞克森準備他一生中最重要的一場演講，並且在期限前整理出書。國家人道主義基金會（NEH）在一九七三年從二百名候選人中選中他，繼特里林（Lionel Trilling）之後做年度傑佛遜演講主講者，提供他一萬美金的榮譽金，但是要求他在演講完之後馬上整理出書。艾瑞克森在一九七三年五月演講，當時正值水門案件，而他從斯達克布爾基搬到舊金山灣區的堤柏——貝里德區域。

在這個時刻搬家是始料未及，不過原因倒是不意外。他和瓊在一九七二年初為了躲避東部寒冷的冬天，而在堤柏租房子住。因為瓊髖關節痛需要開刀，而冬天下雪的天氣讓她病情惡化，她需要溫暖的天氣。艾瑞克森的情形也是如此，而且他們希望搬過去可以改善他們和容的關係。他們在灣區的舊朋友都希望他們搬去，錫安山醫院的精神科主任羅伯・渥勒斯坦承諾他們兩人都可以有很彈性的工作。透過他安排的基金，艾瑞克森可以教書、顧問諮詢並且撰寫他的演講稿。

艾瑞克森賣掉斯達克布爾基的房了，並在堤柏買了一棟擁有室外溫水游泳池的房子。他還是保留在理格的理事席位。他們整整花了一個月時間搬家，他向瓊保證，「這種事情，丈夫可以做的」。他負責打包、貨運和拆箱。但是一箱裝滿了他在理格中心的病例筆記卻寄丟了，這使得他的文件中，在治療師和臨床顧問的部分形成了一個斷層。

就在他在東西岸飛來飛去的時候，他接受傑佛遜演講的邀請，但他面臨和歌德金演講一樣的問題，就是手上並沒有研究計畫可以利用。ＮＥＨ的負責人華樂斯・艾德頓幫助他挑選題目，艾瑞克森選擇了美國第三任總統，因為他代表了十八世紀的觀點，而且可能是對於二十世紀破碎觀念的健康轉捩點。艾德頓建議他可以請教歷史學家度瑪司・馬龍，但是馬龍表示他對於傑佛遜的情緒狀況和他公開聲明的比照沒有興趣。艾瑞克森的朋友建議他可以去請問比較具爭議性的歷史學家芳・布迪（Fawn Brodie），她因為寫了喬瑟夫・史密斯的傳記而被摩門教開除。當艾瑞克森寫信給她的時候，她正在撰寫一本傑佛遜的傳記，描寫他的情緒生活和當時的社會環境。艾瑞克森很高興布迪去挖掘傳統男性觀點所忽略的傑佛遜。她不假思索的告訴他「關於傑佛遜女性（我不是指「被動的人類」）特質和他在女性身上追求的部分。」。身為一位心理學導向的歷史學家，她和艾瑞克森都同意對於所謂心理歷史的保留，他們不贊成以治療案主的方法去研究那些歷史主角的公開發言。她建議艾瑞克森可以去研究哪些資料，但是很快就發現艾瑞克森並不是一個系統性研究的學者，因此她自願提供她在歷史和傳記方面的知識，去幫助他定位傑佛遜。

雖然有布迪的幫助，但是他還是覺得自己對於傑佛遜的知識很零碎。他在演講快到之前，告訴ＮＥＨ的人他可能會以這些筆記來演講。他也希望他們不只邀請華盛頓地區的學生，而且包括當地超過四十歲的文化者——因為他希望參加的人是跨世代的。儘管有這些更動，他還是不放心。他因此試講一次——在斯達克布爾基的市政府，理格中心的同事都表示肯定。

在演講前五週，利夫頓去拜訪他在堤柏的家，而且住了一晚。當艾瑞克森去門口接他的時候，利夫頓突然感覺到「他教導了我這麼多，對我這麼有意義」。這感覺是相對的，接著艾瑞克森向他坦白尼爾的祕密，並說這個兒子在過世幾乎十年後，還是對他有影響。因為不知道如何應對，利夫頓轉換話題問他演講準備得如何，艾瑞克森回答：「今天下午、晚上和明天早上會有大進展。」

艾瑞克森承認他對於傑佛遜所知不多，他將利用這位總統作為一個更大主題的發端。他計畫談到傑佛遜的「變動性人格」——記錄他的坦白和保守、外表和他的內在感受、不拘小節及優雅特質。在《童年與社會》中，他不考慮因為社會變遷不定而產生認同的錯誤概念。但是在一九六〇年代，他和利夫頓開始接受現代社會中的變動個性。在利夫頓發表兩篇〈變動人〉的文章後，艾瑞克森在洛克斐勒贊助的一九六八年會議上，提出現代年輕人很難像路德那樣提出「我支持這個」，因為現代的變動是自發性的。從路德時代到現在，一個人必須在道德上彈性，擁有接受彈性的能力。變動成為常態，而變動的人格是必需的。在此刻，他和利夫頓似乎都接受一個無主流的後現代狀態。

他們兩個人談的幾乎都是變動主義，艾瑞克森希望在演講前可以深思這個問題，兩個人邊喝邊聊，每次談到別的話題，這位老先生總是拉回到變動維吉尼亞人這個題目上面。

艾瑞克森之後飛去華盛頓，做為期兩天的演講。在第一場演講前，愛德華・甘迺迪為他們家舉辦午宴。這場演講完，是一個正式的晚宴，在州政府富蘭克林廳舉辦。他在華盛頓的時候試著躲開媒體，特別是《華盛頓郵報》希望他談「偽物種學」。而《紐約時報》的記者問他婦女解放運動，他以輕視的口吻說：「我是很認真看待這件事情。」

因為自己不善於公開演講，他很後悔讓這場演講同步廣播。當時水門案公聽會快要開始，情緒非常緊張，他決定要把幽默加入演講中。他穿著很保守的西裝——但試著要讓聽衆輕鬆點。他說：「要決定演講題目很難，『新人類的多種面向』有性別歧視，但是『新男人和新女人的多種面向』又有點奇怪，『新男人的多種面向』對我來說又太妥協了，最後決定『新認同的多種面向』，反正你們也期待我說這個，而且這是雙性的。」聽衆大笑，緊張情緒也削減了。但是到另一個點時，他又開始覺得有緊張氣氛，他稱偽物種學是「我心中一個不能說的想法」，聽衆又笑起來了，現在幽默對他來說很容易。

和利夫頓談話時，他提到聽衆可能會期待聽到尼克森的事情。在他一九六九年去白宮時，他就感覺到那裡的管理會有問題。他告訴利夫頓他想要提尼克森，「但是我不會提到名字」。他在演講上並沒有提到，可是他暗示「華盛頓的事件」，讓注意力突然從東南亞的武裝暴力轉到家園的政治醜聞。

他主要的目的是引導聽衆，解釋為何「美國人的認同從傑佛遜時代的地理政治基礎上改變了」，而美國人為何這麼難放棄在東南亞的戰爭冒險。美國人從注意你是誰（透過努力工作成就自己），到你有什麼（努力獲得和擁有），到你消費什麼。但還是有希望可以重新發現林肯所謂的美國人「是被選中的子民」特質。美國人應該看看工業成就和通訊，悔悟「已經過度違反人道和自然」。了解傑佛遜可以「內在自由，讓全球政治科技可以和別的人種分享」。美國人該做的是改變廣島和越南的偽物種學，推廣人道主義。因此應該重新發現傑佛遜已逝去的想法。

他解釋傑佛遜和甘地、沙特亞加哈給美國人。事實上，他比較傑佛遜和甘地，都具有「自我意識的信仰和全人類認同」，兩位領袖都追尋全人類「無限希望的真實性」。傑佛遜認為「世界是腳下的自由土地」，似乎受到界限的影響，但他必然指的是「對我們的意義是全人類的地球」，甘地也有同樣的想法，即便是他將印度的土地從英國政府中解放。

問題在於他花在研究甘地的「偉大生態」時間多過傑佛遜太多。他重新解釋傑佛遜的一些污點而算入美國認同當中，種族問題是其中之一。他避開傑佛遜對於種族和黑奴的問題，他口中的傑佛遜優於美國人的頑固和種族歧視，是個了不起的作家和理論發展者。他對於傑佛遜的熱情已經超過他的證據之上了。

他特別注意到傑佛遜在總統任期中，對於耶穌格言的投入。這代表了艾瑞克森將甘地和傑佛遜的精神性政治連結在一起。他因為傑佛遜的素描本和一本小冊子「拿薩勒耶穌生活和道德」，認為他相信耶穌在人間的示現，而不是一個神聖的地位。但是芳批評他並沒有發掘這小冊子的內容詳盡。因為當時聯邦發現他可能和一個女奴通姦（沙麗・漢寧），所以這本小冊子對他有幫助。而艾瑞克森利用基督的形象去了解人類信任的真實，他希望解釋孤獨的「我」，可以將自身和人類及上帝結合。甚過《甘地的真理》，他的興趣開始轉到他最後一本書《基督的話》和「我」的意識。

他在演講中好幾次提到核武時代破壞的危險以及戰爭的儀式化。而他也提到信任建立在親子關係之間。他的演講結尾是提到身為父母的重要——成年人照顧下一代。他也提到傑佛遜「追求快樂」，而最後一句話是「珍重」。聽衆報以尊敬的掌聲，但並不是狂熱的態度。

在演講完之後，他渡過一個最痛苦的夏天，因為要把講稿整理成書。他的整理是文字上的而不是內容上的。他的形式保留為演講的狀態，但是並沒有那些笑話和有關水門案跟越戰的隱喻。

在出版之後，他寫信給NEH：「我收到非常少的回應信件，而那些書評從很壞甚至兇惡的都有。」他感覺很多人不知道這到底和他們有什麼相關。他對於密西根大學心理學家大衛・高特曼的批評最為在意，認為他從《童年與社會》對於美國豐富和正面的觀點，轉為平淡而負面的評價。艾瑞克森本來要回應，但是在寫回應的過程中他就獲得抒解了，所以他並沒有公開發表。而保守社會評論家愛德温・又德的評論更為激烈，他甚至形容艾瑞克森「英文寫得不清楚」。

除了這些批評，這本書的精裝版和平裝版在第一年共賣了二萬本，超過《玩具和推理》，而他的學生和以前的同事都表示對他的支持。維吉尼亞大學的歷史學家羅伯・伯格和耶魯牧師及和平運動者威廉斯・龍科兩位評論家認為，這幾個演講記述他將自己視為帶訊息給世界的先知。《甘地的真理》和傑佛遜的真理，其實最終都是艾瑞克森的真理，關於人類內在邪惡的「類似純真」，誘導出危害世界的「偽物種學」。

他們可以理解艾瑞克森的預言想法，但是幾位好朋友，如牧勒和米德就覺得影響到他們的友誼；相反的，一些年輕的學者卻感覺很迷人。而那些正成氣候的學者如利夫頓、羅伯・

寇、華勒斯坦視他為導師，覺得很有趣，但認為這和他們認識的他有些不一樣。資深的學者如伯那、瑞斯曼、賀頓和莫非還是注意他的研究內容，而不重視這個部分。親近者如家人和潘蜜拉，則認為這個特質屬於他迷人而一直改變的另一個面向。

一九七三年，這位沒有安全感的移民終於走出他在美國的路，得到許多殊榮，但伴隨而來的是批評。當這些批評增多時，艾端克森以前的自我懷疑和不安全感就又浮上來了。

第九章　老年公開和私人問題

一九七五年艾瑞克森出版了另一本論文集，《生命歷史和歷史時刻》（Life History and the Historical Moment）。裡面大多數都是發表過的文章，只有做簡單的修飾。其中一篇是沒有發表的，即一九七四年的〈心理分析：調整或是自由？〉，但是其中的論點——分析師和被分析者之間的相互活動——則是一個熟悉的主題。出版的一個原因是諾頓出版社已經支付龐大的預付金。在前言中，他提到主要的論文是他在美國藝術與科學院的跨學科座談會發表的，他堅持「這些聚會是所有主題的交響樂」——領袖的生活歷史和他們的追隨者及「歷史時刻」。部分是以「當代社會的族群覺醒（年輕人、現代女性）需要內在和政治解放」，同時也融合「過去、歷史的範疇及時代的考驗定義了我們及觀察者的生命歷程」。他試著去包容這些跨越二十年的論文，為每篇論文寫了很長的介紹，但是諾頓編輯勸他刪掉。他很感謝潘蜜拉一直在他寫作和公開發表上的幫忙，因此他將這本書獻給潘蜜拉、哈佛的助理和SS139課程的學生們。

在出版一年多後，艾瑞克森認為這是他最不成功的一本書，而銷售數字不是最重要的原因，問題是接受度。因為他的名氣，很多評論者把他當作沒有價值的人一樣任意批評。社會評論家大衛・立譜資是對他這本書比較友善者，認為他的名氣和創造力使學者專家對他期待太高。「他其實已經給我們夠多了。」他提醒他們也許對這本書太吹毛求疵了。

艾瑞克森和立譜資也許都是對的。事實上，這本書開啟了對他的傷害之門。

批評：在生命歷史之前

從一九七〇年代初，對於艾瑞克森的批評就開始增多。比如伊利諾州大學心理學家麥克威克航特（McVicker）就說艾瑞克森的結構「無法讓我去實證檢驗」。就在《甘地的真理》得到書獎不久之後，一位方法論學者詹姆士・費普（James Phelps）準備了五十頁的評論認為他無法「將他的辭彙定義清楚」。當時講求實證主義、計量和證明，並不欣賞艾瑞克森的轉輪式啟發風格（典型二次大戰的大都會學者風格）。

從一九七〇年代初到中，許多本來欣賞《年輕人路德》和《甘地的真理》的歷史學家都表達他們的保留態度。而一些心理分析家也聲稱他們的覺醒。雖然一些所謂晚期自我發展學者還是欣賞艾瑞克森的成就，但是他們卻轉移重點開始注意早期發展。而比較特別且讓艾瑞克森不舒服的是在一九七二年針對九十位心理分析師的調查中，多半都視他為心理分析的創新者，但是他們在實際臨床上很少使用他的想法。

在《生命歷史》出版前，攻擊又從左派學術界傳來。當時有些學者從不同路線表現了學術馬克斯主義的新生，在這種氣候下，新佛洛伊德派老兵、馬克斯主義者佛洛姆說話了，他早就對於艾瑞克森引用他的文章（特別是《逃離自由》）但沒有確實注明很不高興，這幾十年來，他更覺得艾瑞克森對於當前經濟和社會機制做出錯誤評論。他在《心理分析的危機》（一九七〇）公開攻擊艾瑞克森對於社會組織和價值傷害個人方面，並沒有真的追求「基本的方法」，而且讓人有錯誤的認同。這等於替年輕左派定音，許多的批評因此接踵而至，比如說他是為壓迫者辯護，社會給個人的壓力遠超過個人給社會的影響，甚至認為他是二流思想家，為既有秩序辯護。這些指控傷害艾瑞克森很深。難道他們沒有仔細讀他的文字嗎？他們沒有看到他警告「我們必須拒絕成為科技的適應者」，而且事實上「真實的適應」是對拒絕去適應這項科技的權利者持續給予協助。而他的好友瑞斯曼有時候也指控他是「政治中心主義」。

簡言之，艾瑞克森擁有過多的敵人。他決定在《生命歷史》中重新發表一九六四年的〈內在和外在空間：反應在女性特質〉，則更升高女性主義評論者對他的敵意。文章是基於他觀察兒童玩積木所發展的性別差異。當這篇文章首次出現在一九六八年的《認同：青年與危機》，就已經引起批評，認為其中的女性內向暗示喜歡照顧他人，而男性外向暗示掌控和好戰。

當時許多美國女性主義者認為應該降低性別的心理差距，而他們誤解艾瑞克森所謂的差別是為不平等做背書。他們認為女性和男性其實一樣平等，擁有相同的選擇、邊界、自主和自我實現的機會。認為他和佛洛伊德一樣，以為女性嫉妒男性生殖器官，恐懼內在空虛。他們誤解他的觀點，其實他和一些歐洲女性主義者相同，是宣揚女性特質——疾呼男性和女性因為不同而有互補性。

女性主義的攻擊從一九六八年的心理學家那歐密・威斯坦（Naomi Weisstein）開始，將艾瑞克森和布諾・貝多倫（Bruno Bettelheim）和喬瑟夫・藍戈（Joseph Rheingold）併在一起，認為他們以實驗證據和社會力量，用主觀的方法幻想內在女性特質，而問題在於他們維持男性主導的文化。凱特・密樂（Kate Millett）的《性的政治》中認為艾瑞克森和佛洛伊德都是對於女性機會的反動者。她並沒有釐清佛洛伊德的重點在於女性缺乏（男性的生殖器）而艾瑞克森重點在於女性擁有（基於特殊內在空間產生的連結力量）。在一九七一年，批評艾瑞克森和佛洛伊德的女性主義者更多了。這時伯克威，身為諾頓的決策者，同時是艾瑞克森的好友，發現這些攻擊已經造成銷售書籍的傷害。

批評來自歷史學家、心理分析家和左派知識分子等，最讓艾瑞克森痛苦的是女性主義的攻擊。他一直很欣賞強壯、自由和自由思想的女性，雖然他可能比較欣賞她們的堅持和保護勝過她們的學術表現，但是他一直自認為是女性主義者，可是卻被她們誤會和僵化。「一些女性作家因為誤會我說的話而生氣，但她們從未看過我的結論。」除了明顯的結構差別，男性和女性擁有相同的歷史和不同的人格。在柏克萊的一次研討會上，一位女性主義者稱他的評論是「陽具嫉妒」，他出現少見的憤怒：「你了解的是那些我從未說過的話。」他請之前SS139的學生珍・司鐸斯「回應那些女性批評」。他也要求諾頓不要再印那些引起爭論的文章。另外一方面，他要求珍將整理過的回應文章印出來。她將這些文章放在她自己的書《女性和分析》（一九七四），而艾瑞克森則重新出版《生命歷史》。

他之前的助教卡羅・吉利根是最讓他生氣的。雖然她上過〈內在和外在空間〉，但她並沒有注明她使用這個為她的理論基礎。在一九七五年冬天，她的論文《另一種不同的聲音》發表並結集成書。她其中一個論點就是女性的發展階段是互相關連的。但她認為艾瑞克森對此做得不夠多。從上一代的男性觀點，艾瑞克森似乎太佛洛伊德，也太老而不能重新修改他的週期圖，以反應女性的獨特聲音和發展脈絡。她認為女性比較在意親密關係，而不是分開的獨立，因此應該為女性準備獨立的週期圖。她在論文、文章和書中批評艾瑞克森。艾瑞克森從沒有公開回應過，但私底下他很生氣而且受傷，因為吉利根沒有提到他對於她的貢獻。艾瑞克森也很在意他女兒蘇的看法，她身為一個進入三十歲的母親，也無法在他的發展圖上找到自己的生命定位。她覺得她還沒有到達第五或認同階段。她同意吉利根的意見，把男女發展圖分開來比較好。

伯曼辯論

他犯的最大戰略錯誤，就是將他的〈內在和外在空間〉的修改版加入《生命歷史》一書中。這好像是向那些批評他的女性主義者挑戰，因此招致攻擊一直延續到一九八〇年代。而決定在這本書中加入「自傳觀點之認同危機」則是個更大的錯誤，因為他對於辯論和惡名的事情感覺很不安。

艾瑞克森在一九六九年的美國藝術與科學學會演講，之後登在學會的期刊上，會議的主題是二十世紀創新的傳記想法，而他非常嚴肅對待這個議題。他選擇他最被人廣泛討論的想法——認同危機。佛洛伊德在同年齡時，寫了《一個自傳研究》，而艾瑞克森覺得他也挺適合這樣做，之後他就發現「對於一個心理分析家，自傳簡直是不可能的複雜」，而且他對於要出版這件事很不安。他先開始討論認同，接著討論他在維也納的工作，之後以時間序列檢視自己，從維也納之前到維也納之後。維也納的那段時間是很重要的，因為連貫他的專業、個人認同和認同建構者的身分。

他的這篇論文絕不是一篇小文章。從一九三○年代中期開始，心理學家就最為厭惡出版自傳；個人的生命縮圖反應在大世界的秩序上，艾瑞克森就以此作為論文的重點。他以心理分析和他自己重要的貢獻——認同危機，檢視自己的生命。但他是以第三人的角度下筆。幾年前，當他研究甘地的自傳，就意識到「在年老的時候寫自傳，就是希望能夠以自己的方式來描寫；這樣的印象更有可信度」。他就是這樣做，以發展模型來研究八個階段的認同。他修改了部分提供給他朋友傑洛・賀頓（Gerald Holtons）一九七二年出版的選集《二十世紀科學：傳記想法之研究》。他之後又修改加入《生命歷史》中。仔細檢查這三份論文，可以發現他藝術家特質的部分，他仔細修改語氣，重組字句，讓它們符合美學。他也努力管理一個「正式認同：當生命突然變成傳記」。比如說一九七○年的部分，他對於繼父是模稜兩可的認同，但在一九七五年則成為很強烈的認同，這個現象是不連貫的，他一九七五年的版本甚至比一九七○年和一九七二年的還洩露更多部分。

在修改的版本中，「心理歷史證據到處都有」，艾瑞克森提示，「沒有人喜歡被發現，而自傳者是和他的讀者及潛在的批判對抗。」他告訴貝蒂・珍・利夫頓，他只有寫出「我想要說的部分」。他不准許她在書中加入任何其他的部分。但是面對讀者時，他讓他們發現一個基本事實，那就是他自己的人生階段和他的八階段模型不完全吻合，他描寫自己的生命只有六個階段。

八階段生命週期

1. 基本信任對不信任（嬰兒）
2. 自主對羞愧懷疑（幼兒期）
3. 主動對罪惡感（學前期）
4. 勤勉對自卑（學齡期）
5. 自我認同對角色混淆（青少年期）
6. 親密對孤立（成年前期）
7. 生產繁衍對頹廢遲滯（成年期）
8. 統整對絕望（老年期）

自傳生命階段

1. 童年、青少年和年輕成人（一九〇二—一九二七）
2. 維也納佛洛伊德訓練（一九二七—一九三三）
3. 寫《童年與社會》（一九三三—一九五〇）

4.臨床醫師的聲音與認同（一九五〇——一九六〇）

5.教授——道德哲學家（一九六〇——一九七五）

6.老年

因為艾瑞克森的八階段模型基本上是闡述佛洛伊德的發展理論，強調的是嬰兒和童年的性慾和衝動。而在他的自傳當中，他試著總論他的生命而不是按照階段解釋，他將八階段的前五個階段融合為第一個階段。艾瑞克森一直將他的八階段模型視為彈性運用的工具，尤其是在解釋個人生命時。

這篇文章的前兩個版本沒受到注意。而這第三個版本，出現為《生命歷史和歷史時刻》的開場文章，卻受到前所未有的攻擊。相較起來，那些女性主義的批評則顯得小巫見大巫。這成為這本書中最受人討論的文章，有些讀者甚至沒有看過其他的七篇文章。

這篇文章會受到這麼大的討論，是因為一九七五年三月《紐約時報書評》的封面，擺著艾瑞克森的近照，配合標題「艾瑞克・艾瑞克森，虛構自己的人」。這篇書評是由之前的哈佛研究生馬歇爾・伯曼（Marshall Berman）所寫，他在一九六〇年代曾定期參加艾瑞克森的研究生研討會。他幾乎研讀過艾瑞克森的所有作品。

在完成博士論文後，伯曼在紐約的市立學院教書。那時他完成了《真實性的政治》（一九七〇），這本書試著勾勒出西方「真誠性」（sincerity）轉換為「真實性」（authenicity）的過程。他認為羅素和孟德斯鳩闡述了真誠的本質——一個人追求經驗的力量，追求快樂、成就和享受與別人的誠摯關係。而個人信任、誠實和親密則是建立這種真實的要件。他認為艾瑞克森在「個人的話」完美地發揚這個特質。因此他研究艾瑞克森的作品時，就是用真實性作為石蕊試紙。

在一九七五年初，《紐約時報書評》的編輯約翰・里奧那德找伯曼做這篇書評，身為發行量達到一百六十幾萬份雜誌的經理，果奧那德可以說是在出版界舉足輕重。他很欣賞有企圖和思想的文章，他是伯曼的朋友，也很喜歡他的書評。伯曼曾經告訴他對於艾瑞克森的書評有興趣，因此里奧那德提供這個機會給他。這篇文章將放在第一頁，對於書的銷售和艾瑞克森的名聲都很有影響。

里奧那德並不想鼓勵帶有敵意的評論，尤其是在艾瑞克森的編輯伯克威寫信給經銷商，指控《紐約時報書評》是「自以為是」和「脫口秀」之後。但是他了解《紐約時報》的內在政策視類似水門案件的犬儒主義為英雄和理想。他也看到《時報》的其他編輯日趨保守。在一九七〇年代初，好幾位編輯同情那些攻擊新左派的學者，他們質疑「民主以色列」和反對美國越戰的態度，積極肯定黑人（但不包括猶太人）。他們通常刊登這些批評，但卻沒有登相對的看法。里奧那德不喜歡這些評論，可是他也無法忽視《星期天雜誌》和《時報》其他部分的走向。

他發現伯曼是一個非常聰明的猶太新左派學者。反對美國越戰，支持以色列軍事行動，對人權運動神入，對於水門案表達了一些譏諷的態度。他對於那些否認自己猶太身分的人很反感，認為這是不確實的表現。他希望能夠揭露艾瑞克森這樣的人，而這種行為不會得罪其他編輯，也不會讓《時報書評》成為保守派學者的前線。

伯曼的筆記顯示他剛開始很在意這份工作的重要性。他寫道：「艾瑞克森已經成為公衆人物，深深的進入我們的集體意識中，而且成為今日文化的學者英雄。」但是當他看到自傳時，他的立即反應是艾瑞克森貶低自己猶太血統的獨特性，這個逃避讓他的所有肯定都變成虛偽。他打電話給一位德國猶太移民學者厄尼斯特・沙賀特，沙賀特警告伯曼有些德國猶太移民會隱藏他們的猶太身分，他長期以來就懷疑艾瑞克森的誠實性，而且他在《年輕人路德》中避開路德的反猶太意識。當電話結束，伯曼想起自己家族中也有人改姓，而且否認自己的猶太身分，此時他已經確定自己的評論走向。

他的評論既長又有魅力，開始了他對於艾瑞克森的攻擊。伯曼用猶太身分試驗真實性。他認為艾瑞克森最大的問題就是他不能忍受他是個猶太人。如果一個世界認同「是靠著壓抑個人的獨特性」，那麼這是一個假的世界性，建立在謊言之上，是中心的墮落。他結論，像他這樣一位猶太心理分析家——佛洛伊德的學生——居然建立的自我印象和認同是「基於系統的壓抑和高貴的謊言」，甚至為了隱藏他猶太人的身分，必須來到美國（事實不是這樣）。只有在最後的部分他稍微減緩攻擊，「也許因為發現到他是和我們同樣有缺陷的人，可以讓我們更確實愛他」。

伯曼並不知道艾瑞克森活在好幾個複雜的邊界上，他把一些艾瑞克森的不確定性攤開來。艾瑞克森特別對於這個批評生氣：「艾瑞克・艾瑞克森，虛構自己的人。」「真的，我不想要成為偉大或是正確」，他向一個朋友坦承。他只是像他研究的一個小孩一樣，把他的畫拿給其他小孩看，但卻招來批評，「我只是希望你說很好」。「這個評論很惡劣」，他告訴另一個朋友，他希望「讀者會排斥它」。但是伯曼提出的問題的確是需要回應的。

艾瑞克森準備寫公開信回應，堅持「這篇自傳並不是我對於父母和宗教的『最終的話』。」這是一個複雜的議題，「簡單的說我是猶太人，但是承認這個（像你們的評論者所說）並不能永遠確實的解決認同的問題」。可是伯克威勸他不要把這封信寄給《紐約時報書評》。艾瑞克森信任他的編輯，所以沒有寄。凱本來要寫信發表，但是後來考慮再三而沒有做。很多朋友和之前的學生都寫信替艾瑞克森辯護，其中有一些發表出來。伯曼公開回應這些信，仍然堅持這本書是混亂而虛飾，遠離精神自由。

伯曼澈底擊敗了這位七十歲的老人，他經常在公開辯論中侷促不安。他要求伯克威將他的再版書中間一段更改為：「生命歷史：泰德・翰寶給了我一個姓，我保留為中間名。而之後當我成為美國公民時，我的家庭採用了現在的姓。」讀者會知道他並沒有斷絕和繼父的關係。艾瑞克森寫信給兩個妹妹：「我對於《紐約時報》上所謂的書評很抱歉，那一定嚇到你們，因為我是個藝術家，寫出來的東西就得讓人家看。」他似乎不多解釋伯曼提出的一些事情。「但是因為我得到的一些證據，我不可能就此認為自己是猶太人，然後這麼過下去。任何一位公平的讀者都會了解，如果我沒有這麼深的認同問題，我不會寫出這樣的東西。」

一九七五年六月他寫了一個私人的備忘錄，向安娜和其他的朋友解釋他的情形。他寫出了一個其實根本沒有解決的故事，他並不知道他的父親是「非猶太人的丹麥人」，或是他是艾瑞克或其他北歐非猶太人的兒子。

他七月份又準備了一篇兩頁半的打字文章，寄給來信要求的人。他在之後的幾年準備了好幾篇文章，但並沒有一定的規律。這位老人家沒有因此得到平静。如同他朋友芳・布迪發現的，他仍然有著無法止息的渴望，就算私人治療和公開教課都無法平息。

某部分，艾瑞克森會如此渴望和沮喪，是因為伯曼的書評對他造成很大的傷害。他所有的書在一九七〇至一九七一年度賣了超過十三萬九千本，但是在一九七五至一九七六年，大約是書評之後的五個月開始，總共只賣了六萬六千四百本。伯克威認為早期下降的原因是女性主義者，但其他的批評者也是原因。本來出新書可以刺激銷量，但是《新認同的多種面向》和《生命歷史》都沒有達到這個目的。美國大學從在一九六〇年代的多本指定讀物，回歸到只選擇一本教科書也是一個原因。但是這些都比不過伯曼的影響。

這篇書評替伯曼爭到很多好評和機會，而雖然很多艾瑞克森的朋友和鄰居都寫信替他辯護，但是登出來的只占極少的部分。保羅・羅山的〈艾瑞克・H・艾瑞克森：眼光的力量和限制〉（一九七六）延伸了伯曼的辯論。他本來和伯曼都是哈佛的研究生，他很崇拜艾瑞克森，但是在艾瑞克森没有選他為助理的時候，他非常失望，感覺「我對於他來説根本不夠重要到當他的助理」。

當他讀了伯曼的書評，本來準備寫一本書重新檢視艾瑞克森的作品，雖然是從評論的角度，但是大致上偏向艾瑞克森。可是伯曼的發現改變了他，他在書評刊出的一個月後重寫了書的大綱。他接受了伯曼的觀點，認為艾瑞克森掩飾了他的家庭宗教。最後他採用幾位新左派學者的觀點：「艾瑞克森改變自己適應主流文化，他的基本看法是保守的。」這也解釋了他為何對於公衆事物保持静默，對反戰冷漠。

心理學家詹姆士‧安得森寫信給艾瑞克森表示同情，「因為羅山這本更不公平的書，我想你的感受一定很複雜，或是更糟」。事實上，他的沮喪是無法衡量的，他認為羅山根本沒把他的文章視為重要的文章。他向一個同情者表示，羅山破壞了人與人的信任，「相不相信，他根本沒把他的書寄給我」。他告訴伯克威：「他從來沒有問過我，更糟的是他節錄我的很多句子分析，我感覺好像活活的被驗屍。」艾瑞克森對於公開的辯論沒有興趣，他只希望他的名字和書可以贏過羅山的，雖然他有一點點不確定。他為了國會圖書館的佛洛伊德檔案準備一個私人備忘錄，其中舉出三個羅山關於他和佛洛伊德關係的錯誤。伯曼辯論成為伯曼—羅山辯論，一九七七年，憔悴的艾瑞克森只希望這一切會過去。

退休：部分「引退」

當這些辯論圍繞著他的工作時，他們在舊金山的家就成了一個庇護所。他寫給彼得‧布羅斯的信上（顯示出他們的友誼恢復）說：「這個鎮是一個引退之處，幫助我從這麼多年的外向活動中恢復。」他們房子的景色很美，可以看到金門大橋、灣邊和舊金山市。立夫頓第一次看到時說：「太漂亮了，有點不像真的。」

瓊在艾瑞克森看到這個房子之前就決定要買，雖然他們的財務顧問建議不要用本金付頭期款，但瓊還是這麼做了。事實上從一九七〇年代晚期，他們的財務就有問題。瓊拒絕接受他的任何建議，而在一九八〇年代早期停止雇請他。那時伯克威讓他們留著預付金，不用從版稅中扣除，而且可以繼續拿現在發生的版稅，但是銷售量沒有起色，因此他們夫妻倆的最後幾年財務問題一直是個考量。

雖然他已經退休，但是他還是沒有完全離開大衆的眼睛。他保留一位私人祕書替他處理一些要求的信件，這些信件多半是想請他寫新書、演講或是治療。答案幾乎都是拒絕。不過他還是不能完全避免大衆注意。比如說當民主黨候選人訪問他，記者就跟在後面。而米德宣稱他是「世界上最偉大的人之一」，關於他的報導也就隨之出現。

健康問題讓他們兩人的寫作和旅行逐漸成為問題。在一九七三至一九七四年的冬天，瓊做了關節的手術，但是之後她的義肢旁邊出現不正常的骨頭，因此需要持續觀察，她卻比以前還要固定勞動，好讓自己的健康和艾瑞克森一樣好。她堅持兩人固定游泳，吃得很注意，避免公開活動。除了經典電影和晚間新聞，他們很少看電視，每天都手牽手散步，十點就上床睡覺。瓊很高興艾瑞克森偶爾會很高興的跳一段捷格舞，不過這種事很少發生。她默許艾瑞克森晚上偷偷打開冰箱吃幾口冰淇淋。

但是艾瑞克森的健康情形很明顯的變差。助聽器只幫了一點小忙，而他的眼睛因為長期臉部痙攣而影響視力跟閱讀。他對彼得承認，「這個影響我心情最大。」他在一九七四和一九七五年因為檢查出前列腺癌而動兩次手術，導尿管的後遺症影響他的餘生。過度的藥物治療讓他抵抗力變差，他抱怨：「現在就算小感冒也會變成肺炎。」可是他試著保持平靜。當一個朋友在手術完去醫院看他，發現他在導尿時，他說：「我不知道原來這個就是陽具的功用。」他開玩笑說現在必須減少性生活，他說：「我整個身體都是有性的。」

當艾瑞克森健康問題加重，瓊還是保有精力。隨著汽車的普及，通常都是由她開車，因為艾瑞克森操縱方向盤的能力存疑。不論是上菜場，銀行或是社交活動都由瓊決定。她現在比較不願意把自己的興趣事業放在艾瑞克森之後，而且她在人生的最後幾個階段準備他們兩人一起研究冒險。艾瑞克森說：「沒有瓊在身邊我幾乎不會旅行或開會，事實上，我們一起面對年老的問題（也一同分享）。」在一九八一年，他們每個禮拜有部分時間都去柏克萊進行研究計畫並於一九八六年出版《活躍的老年》（Vital Involvement in Old Age，中譯名為《Erikson 老年研究報告》）。

身為牧師的女兒，瓊對於教會事物很熱中。她也啟發了很多年輕牧師。其中艾瑞克森特別喜歡特頓，認為他「可以傳達原始基督教的意義」，「而且對我這種人友善」。而他有時候和瓊一起在星期天去教會，「並且從儀式和虔誠的群體中得到確定」。他對於形式和儀式的興趣大過神學。他在那裡做過有關齊克果的演講，扮演三哲人之一，還有跳儀式舞。艾瑞克森和特頓成為好友和學術上的同好。他建議特頓不要忽略小時候想當農夫的夢想。他也向這位年輕牧師承認，他對於宗教的想法與他的父親之謎有關。

星期四的晚上，他會和一些當地的醫師見面，討論最近甚至是十幾年前的病例。他們在魯賓斯坦家見面，每次艾瑞克森進去廚房時都會踢倒貓咪的水盤，有一次他居然避開了，他向其他的人說：「你們一定以為我會踢倒對不對？」瓊很高興這個聚會讓他又重拾對於臨床的興趣。

瓊和艾瑞克森很期待和老朋友見面的機會，特別是羅伯漢・朱帝華勒斯坦。後者就像艾瑞克森以前和拉伯特的友情，他建議瑪路斯佛克醫學基金給艾瑞克森一個有關博士班指導的兼職工作，包括定期指導博士班候選人、精神科醫師會議和有關青少年的研討會，同時鼓勵瓊在錫安山中心建立類似瑞格中心的病人活動計畫。

他們夫妻倆和容的關係有改善。容成為自由攝影師，而且證明他有非常好的天賦。他有時候會來晚餐，當他脫下舞臺工作人員穿的工作腰帶，艾瑞克森總是仔細觀察那條腰帶，他很欽佩那些可以修東西的人（不像他自己）。有時候他們會擔心容看起來有點沮喪而且沒有結婚，但無論如何他們都很高興他們的關係比以前好多了。

他們的女兒蘇則經歷人生的艱困期。她在一九七六年和哈蘭得離婚。艾瑞克森和瓊很擔心她該如何養活自己和貝。艾瑞克森向他的妹妹愛倫說：「我第一眼看到他就不喜歡。」他告訴另一個妹妹露斯：「我們都很擔心她，但她處理得非常好。」他對他自己的朋友科特凡費茲開玩笑說：「她將自己從那個哥倫比亞教授身上解放了。」蘇在紐約的賀伯利中心工作，並且在新社會研究學院修研究所的課程，包括人類學和社會學。艾瑞克森試著要幫忙，但是蘇似乎並沒有她父母親那麼緊張。不過她知道她不會像米德那樣，可以釐清自己的路，而把配偶放在專業興趣之後。蘇那位非常有才氣的媽媽一輩子就只有一個男人——而且在一起將近五十年。

他們最驕傲的就是凱。他成為一位成功的學者，而且也成為學術管理者，他在一九六九年被耶魯大學校長金曼・布魯斯特任命為湯伯學院最年輕的管理者之一。之後他連續做了兩屆系主任（美國研究和社會學）。他在一九七〇年負責《耶魯評論》，並將角度提升至文學之外。他擁有艾瑞克森沒有的管理才能，但是他也一直在學術、知識圈和文化圈中受到限制，因為他總是被認作艾瑞克森的兒子。這讓他更在學術上力求完美，而且比容和蘇要警戒。在一次和其他社會學家的爭端中，他說：「我沒有爸爸那種不進入紛爭的脖子。」他接受了父親在認同、自我和心理社會的觀點，並且運用在社會狀況下。而艾瑞克森也借用凱的個案研究在他那無組織、綱要和精神性的研究上。父子間都了解他們之間的互惠關係。事實上，在艾瑞克森退休期間影響他最大的就是凱。

在夏季的時候，瓊和艾瑞克森會回到科圖，而凱他們家也會去。以艾瑞克森和凱的工作為中心，配合撲克牌遊戲聲、唱歌和兩個孫子凱西和克里斯多福的聲音。凱和艾瑞克森的關係不需要科圖也非常好，他們在任何一個可能的機會裡討論，特別是在立夫頓的會議上。有兩個題目特別吸引他們，一個是艾瑞克森的偽物種學，凱反對用這個辭，認為應該用「心理社會物種」。但是艾瑞克森認為「偽物種學就在心理社會裡面了」——這個類別包括了對於自己的人種和其他物種關於偏見、錯覺和懷疑的潛意識混合。另外一個議題就是艾瑞克森漸漸從自我的觀念和認同移到主觀的「我」，但是凱對於偽物種學比較有興趣。

當艾瑞克森的聽力減退，講話開始重複，他就把重心放在寫作上面。他吃完早餐就開始寫作，當家人朋友勸他休息，他堅持「我有很多要寫」。當其他人警告他不要給自己這麼多壓力，他會說：「不管他們怎麼說，我停不下來。」

野草莓：八階段觀點

從一九七〇年代末到一九八〇年代，他在環境的允許下，盡量的充實老年階段的統整和絶望的衝突點。這個衝突對他來說緊密相關，因為他就在經歷他人生的老年階段。「沒有一點絕望（還真是很多）就沒有統合，」他告訴愛倫•凱茲。「那是我很久以前說的，（該死的）還居然是真的。」絕望是來自於「神經末梢感覺到失去」，統合則來自於智慧的發現。他解釋老年的智慧是成年時對於內在心靈和外在社會需求的過度承諾後之暫緩。老年時，不需要再提醒「強調相互」的特質，如理性和直覺，社會性和隱私，行動和反省，現實和精神。第八階段強調統合的儀式。

當他接近八十歲時，開始注意到早年和晚年的統合。「老年有時會像小孩般」，包括反應變慢，對於判斷變得小心，還有一些所謂認同的缺陷。第八階段似乎像個圓圈般連接早期階段。他自己不停想到美國的生活和早年在卡爾緒的日子。他完成一篇很重要的文章，是有關柏格曼的電影《野草莓》。這篇文章的寫作過程很長，最早在一九六〇年代，他在哈佛上大學部的課程，他就放這部電影，描寫瑞典醫生以薩克•伯格在退休後旅行，為了到朗德去接受名譽博士學位，這段旅程象徵了他的一生。學生看電影的時候伴隨艾瑞克森準備的短篇文章，而在看完之後有完整的課程解釋這篇文章。隨著時間，這篇文章也變長變重要。艾瑞克森覺得這篇文章抓住柏格曼的精髓：「藝術形式、心理理解和存在的信仰的完美結合。」當他從哈佛退休，他決定將這篇文章修改後在正式學術會議發表並且出版。他給很多學生同事看過，也在美國藝術與科學學會發表，在出版前幾個月，他在一場人類價值和年老研討會上正式發表，當他到克里夫蘭時，他那引人注意的白髮和白鬍鬚，明顯的助聽器，咖啡色格子夾克，吊帶褲，夾在手臂下的信封式公事包，就好像是一個以薩克•伯格走出來——從接待者的小金龜汽車後座出來。

一九六〇年代的學生對於艾瑞克森自己的生活和電影中情節的關連很有興趣。在一九七六年這篇文章發表時，艾瑞克森只比伯格小四歲，一位佣人就像瓊照顧艾瑞克森那樣照顧伯格。瓊原來的名字莎拉，和伯格的初戀情人一樣。伯格的兒子不要他太太的未出世小孩，而艾瑞克森為尼爾的出生痛苦。艾瑞克森發現到兩點和這位老醫生的關連：他要去的朗德，就在艾瑞克森舅舅家對面，他在那裡渡過最快樂的夏天。而電影中的三個年輕角色要搭便車去義大利，艾瑞克森寫道：「當時很多北方人，都這樣做，就像我。」伯格的希望和成就間有一道鴻溝——這表示他還沒有得到老年的智慧，而艾瑞克森也沒有完全找到。

如果柏格曼有看這篇演講文章，他也許會批評艾瑞克森忽略他對於瑞典文化的了解，和透過伯格的氣質去理解伯格的母親。卡羅·吉利根認為艾瑞克森忽略女性發展，特別像是伯格岳母，但是他沒有解釋電影中女性的原因，是他太著迷於以薩克·伯格。隨著電影進行，老伯格逐漸到達較完整的自我意識。整個旅程表現出與自然的泛神論再統一，基督徒對於救世的朝聖和現代自我分析。對艾瑞克森，伯格最後夢到莎拉的微笑，他的初戀情人「似乎重新開始第一階段的信任，沒有這個他不能成為現在的他，也不能夢到那些夢」。最後，這位衝動執著的老男人，似乎在每個階段都做錯的人，走出錯誤並且確定他其實每個發展階段都走對了。最後他對於死亡的恐懼消除，艾瑞克森一定也是如此，他覺得自己比伯格健康，比較能掌握情緒來源。

他這篇文章不是傳統的佛洛伊德叙事法，是用水平的文化觀點。他最後理解，最初的生命週期開始於母子間的眼神交流，而這也是最後老年的希望。

伯格了解如果沒有分享的人，就沒有「我」的意識——完全性和完整性。伯格的旅行是成功的，因為他找回生命中重要人物的記憶和最終他人的重新肯定。艾瑞克森用別人作為正向的架構，一個互補。但他沒有完成他自己時間和空間的旅程。在演講完和出版這篇文章後，他幾乎感覺到他已經快要完成了。如果伯格可以，他也可以。

基督徒格言和「我」的意識

艾瑞克森關於《野草莓》的文章以老年觀點解釋了生命週期，而之後的幾年，他主要在創作他最後一篇創新的論文——〈基督徒格言和「我」的意識〉。這篇論文代表了他和自我心理學及認同概念的脫離，主要考慮「我」和其他及最終他人（Ultimate Other）的關係。這個範圍廣大、非常精神性的文章也表現了他最後試著加入心理分析同事們的意圖。很多年以來他都在考慮威廉・詹姆士的想法，亦即自我就是「我所知覺的」。在他一九七三年NEH演講中，傑佛遜總統最重要的意識就是「我」的意識。傑佛遜利用「我」去發揚耶穌更為確實性的部分。受到傑佛遜的影響，艾瑞克森開始研究耶穌在加利利當牧師時的格言。

從一九七〇年代，他就試著研究齊克果的「我」和其他議題。伯曼誤解了他，其實他自認為是丹麥人的感覺，要勝過德國人或是猶太人。他希望透過齊克果可以多了解丹麥的根本認同。他媽媽在他小時候多半讀齊克果的書，而齊克果通常被認為是第一個現代存在主義者。齊克果認為人對於上帝的責任就是要對於感覺做確實的自我分析，人最終必須要面對自己內心的複雜功課，一邊是自我興趣／自我表現，一邊是道德責任。

艾瑞克森想和齊克果一樣，追求宗教議題中的哲學、道德和心理學的部分。他想要透過齊克果與別人的關係和對話研究他的生命思想。但是他不懂丹麥文，又加上不了解丹麥歷史文化。對於這樣的題目，他的興趣太廣泛而且變動太大，即便有他的表弟愛迪・阿伯翰墨森幫忙，他還是決定將這個計畫擱置。

暫停這個計畫後，他決定轉移到加利利的耶穌。關於傑佛遜的經驗，讓他有信心可以解釋耶穌，像齊克果一樣，可以分析「我」的意義。對於艾瑞克森，「我」包括了以詹姆士的個人知覺去理解他（她）自己，但也包括了另一個人和他人的印象呈現。如果他可以成功解釋甘地的「我」，耶穌的這位現代追隨者，他一定可以寫一本關於耶穌自己和他身為加利利牧師的書。

當凱成為《耶魯評論》的主編（一九七九），他鼓勵艾瑞克森應該為這本期刊寫文章。凱認為一篇完整的文章要勝過一本未完成的書。而凱會幫助他，他是艾瑞克森生命中第一個可以跟他親密工作而沒有競爭心理的男性。

在準備這篇文章的過程中，他感覺他是在研究一個從高中時代就感興趣的題目，他那時曾雕刻了一尊馬莉亞抱聖子像。芝加哥大學神學院的諾曼・佩林的書對他幫助很大，因為艾瑞克森發現學者們對於耶穌說過的話爭論很多，而他對於這些爭論並沒有興趣。佩林的《重新發現耶穌的教導》（一九六七）可以解決他這個問題。佩林檢視耶穌在加利利說過的話，還有之後不同的版本，他掌握了那些評論而達到真實性。艾瑞克森接受他的觀點去研究這些格言。當他開始寫這篇文章，他發現自己在導演一齣範圍遼闊廣大的戲劇，其中包括這些歷史人物，從希特勒、路德、甘地、傑佛遜並且加上很多對於個人關係的想法和評論。就好像他在準備一篇自傳一樣——包括影響他的戲劇人物和議題。他似乎在勾勒一個完整圖表，但是卻發現他缺乏精力、事業和集中力，讓他不能寫出完整的綱要，更別提一篇整理好的論文。

一九八〇年八月，他把一些筆記和論文段落拿到威爾福利特會議上。他一開始先說：「我並沒有真的開始將這些材料組合在一起，也不知道最後的結論是什麼。」其中他堅持耶穌在加利利時期的主要訊息也許就是人類存在的主要現象「我」。身為牧師的耶穌不是自我和自身的部分，而是更基本的「光芒的意識，擁有光芒，或是事務的中心」，是一個特殊、存在性的神奇時刻。到此，會議中的人開始以自己的研究興趣和理論提供他們自己的意見。艾瑞克森發現他們在主導這個話題，而他對於這個議題實在所知太少，因此他顯得很氣餒。幾個月後，他在《耶魯評論》發表了這篇文章，凱在那次會議結束後，覺得必須將這個文章修改到完整的地步，所以他試著將一些觀念整理釐清，艾瑞克森很感謝他，稱最後的版本為「凱的版本」。但這還是艾瑞克森的文章，也逃避不了他的寫作能力和充實性都降低的事實。

雖然這篇文章包含很多內容，但最主要的就是耶穌對於「我」的闡釋。耶穌將給予人類認同和道德意義的信任之父擬人化，他透過專心聽祂的話修補了那些信者，一位聆聽者會發現內在的重心——「我」——將他（她）與全人類及上帝做了連結。

比起在會議中，艾瑞克森詮釋了更多教友的內在之光。「我」就是一個內在之眼，充滿光芒。一個人可以透過內在之眼看到上帝，上帝也透過這個看到他。當人類和上帝之間的交流是如此時，回饋是非常深切的：人感受到一個活的感覺，感受到存在。

艾瑞克森認為這個「我」的意識起源於嬰兒和父母之間的互動儀式。「我」的起源就開始於認識到母親是「你」的認識。這個原始的你和我的意識，一直維持整個生命。耶穌在加利利的話特別重要，因為他幫助維持最初親子互動的精髓。他振作了這個互動，而且將人們與上帝連結。

雖然這篇文章強調在早期的「我」的意識發展，但是他也表示了對於「我」在晚期，特別是接近死亡時候的興趣。生命和「我」從希望開始，當希望成熟，會成為老年期的信仰。當老年人被迫「面對生命的邊緣」，會產生一個存在的認同——「我」最終和死亡連結。在這個過程中，老年人會經歷很多不同的線，剪不斷理還亂。艾瑞克森曾向朋友承認他曾在夢中經歷過這些線。

如果他能夠把「我」解釋得很清楚，也許這會成為一篇很重要的論文。但是這個部分沒有受到什麼重視。在文章刊出的五個月後，他寫了一篇筆記，〈「我」的意識之不同面向〉，上邊他列出與「我」共同存在的本質，而下邊的則是相對的部分：

明亮	黑暗
活動	不活動
中心	邊緣
完整	破碎
一致	不一致

持續　分散
生產繁衍　無能
包容　疏離
察覺　麻痺
不可分割　分開
選擇　忽略
安全範圍　侵犯

他發現到他的文章無法包括老年對於統整和絕望的掙扎。因此他在上邊項目上寫統整，而在下邊寫著絕望。這個意旨很明顯，在他第八階段的掙扎屬於一個大現象——想要保障維持「我」的意識，是需要從生到死的努力。

他對於這篇文章另一個不滿之處，是他描寫耶穌為治療者的部分。他發現雖然他試著將耶穌的話強調為治療，但是並沒有適當的表現出耶穌的治療形象。不過他還是很高興這篇文章將耶穌和佛洛伊德做對比。在他的晚年，他和耶穌非常接近，這位加利利的猶太牧師——是一位跨越新境界而創立了基督教的猶太人。

一九八一年的文章也許是他最沒有組織的文章，他想要把它改寫成一本書，雖然凱對這點很懷疑。整個一九八〇年代，他坐在書桌前，希望腦中可以出現想法和句子，但是隨著時間過去，他寫出來的越來越少，他漫長的事業階段已經幾乎要結束了。

第十章 不再活在這個世界上的陰影

當艾瑞克森在一九五〇年第一次公開發表他的生命週期模型時，其中的第七階段和第八階段是最沒有發展的部分。《甘地的真理》表現了他用盡全力去擴大第七階段的心理狀況。在一九八〇年初，他的寫作計畫非常不定；寫作需要的精力和毅力是他不再能付出的。瓊給他很大的幫助，她開始解釋有關年邁的第九階段，這種現象在他老年時最為明顯：家人和朋友借用他的思想去發展他們的理論。而艾瑞克卻已不能利用別人的思想了。他同樣的也不能做很多新的工作，他試圖擴大老年和死亡的部分，但缺乏智慧、文學和美學的感覺。雖然試著要貢獻出一個理論，但是他的聽力、視力和精力都衰弱了。

完成生命週期——幾乎

當艾瑞克森在寫加利利格言的同時，他完成了一篇五十五頁的論文，是為了國家心理衛生組織一套三冊的合集，內容包括生命系列、心理分析對於理解人格發展的貢獻。他延續著《野草莓》的方式，從成年與老年開始回溯研究到青少年和嬰兒時期。因為這篇論文論理非常清楚，他（在別人的大力幫助下）將它改寫成一本書。他寫了一篇介紹文，並引用很多已發表的材料，而且他只做了非常少的修改。因為論文中對於老年的重視，題目為「生命週期完成：一個回顧（一九八二）」。

他對於這中間材料的解釋是不夠的。他承認他並沒有採用「制度結構和機制」去輔助解釋那些老年人的「社群政治性」。因此他也沒有以心理社會觀點解釋老年和生命週期。相反的，他只是不適當的引用路德、甘地去加強他的討論。這些辯護蒙蔽了他錯誤的使用佛洛伊德的心理分析作為檢視生命末期的想法和觀點。這顯示他已經不能寫嚴肅的書。而最後這本書的銷售量也很差，他抱怨：「我只收到一封信，寫著『嘿，謝謝你，這是一本好書。』只有一封信，你就知道有多少讀者了。」

但這並不表示完全否定他的這本書。透過他的材料和重寫的部分，他顯示出他是如何接觸檢視他自己的晚年。比如說，這本書中有引用到歷史觀點——不只代表過去對於現在很重要，而是他和他的想法已經成為過去的一部分。也許因為他自己正在體驗老年，「生命週期完成」中不定時出現對於歷史相對論的重視。事實上，他認為歷史和心理分析幾乎是同樣的事業。他記錄R. G. 科林的經典和黑格爾對歷史的想法（一九五六）：歷史是想法的生命，它本身不是想法，除非它真的活過而且如同活著一般了解。艾瑞克森在這本書好幾處都顯示出他的歷史傾向，而最重要的課題就是重新思考老年和死亡的意義。他承認當他和瓊在一九四〇年代規劃生命週期時，他們正值中年，對於老年沒有興趣，也無法了解。

他解釋老年階段不只是一個退化的階段，而是和在更高發展階段的外來重點結合。老年階段不只悲傷時間和空間的消逝，還有……自主性的衰弱、損失主動性、失去親密、忽略生產繁衍——更別提認同能力的失去，剩下的認同都是非常有限的。艾瑞克森因此強調和這些相對的特質——統整。他堅持這不只是道德的智慧，而是廣泛的哲學觀點，深植於「信仰」和「希望」，一個存在性和感官上的特質。一個老年人只會在老年的時候初次接受到「變老」，青少年期初次擁有意識型態的世界觀，接著青少年的觀點逐漸被成年的事物和每天的生活所占據，而沒空去想「有一天自己會不存在的陰影」。而當老年人重新感受到這個陰影，他發現在衰老之前，自己也經歷了重要的「最後心理性階段」，包括「感官運作方式的綜合性（a generalization of sensual modes），可以助長豐富的身體和心理經驗，即使是當身體機能退化和性精力衰弱時」。

清楚的說，生命週期完整表現了艾瑞克森對於老年的樂觀——豐富的精神性、哲學性和官能的看法，包含了一個有希望的完整性，新形式的內在和外在活力。但不幸的，他已經沒有精力去做更多的闡釋。不過他試著要強調第八階段和第一階段的關係，這不是他第一次這麼解釋，但是他現在的意圖非常緊急——非常重要。他認為年輕人和老年人都是在「夢到重生」的階段，考慮「不再活在這個世界上的陰影」，他們會牽在一起，因為兩個都感覺到存在和不存在的界限。

他也思考到生命週期的完成就像起始之時，是一個神聖的現象。他想要再解釋更多，其實他感覺這本書只是一個開始，在出版之後，他用綠筆和紅筆做了很多訂正並畫重點，顯然他希望能夠有修訂版。但是腦力和體力的退化，已經不可能有修訂版了。

在這樣的情形下，瓊去找了海倫・克夫尼克（Helen Kivnick），一位年輕的臨床和研究心理學家，是瓊在錫安山醫院的同事。她的論文就是有關祖父母和老年的本質。她和瓊開始一個補充計畫，去面試那些艾瑞克森當年在麥克法藍的計畫中研究過的小孩。他們多半已經為人父母甚至是祖父母，以第七和第八階段去討論生命週期。海倫指導每天面對面訪談的部分和撰寫，瓊則是顧問，他們將艾瑞克森列為第三位作者，他似乎也了解這樣做是為了可以保證一些讀者群。

《老年研究報告》（一九八六）就在這樣的理解之下出版。這不是一本他會寫的書。幾乎沒有討論到「生命週期完成」的老年和死亡的界限問題。更沒有他的多層次解釋，複雜的模稜兩可，時間的雜序，還有跨學科理論與主題界限的興趣。因為海倫看不出第八階段和第一階段的關係，所以她也沒有強調這個部分。因為瓊對於這本書的影響，所以清楚而簡化了艾瑞克森對於生命週期的看法，如果不是因為瓊，艾瑞克森絕對不會注意這本書的。

搬到東部及放鬆一下

雖然他最後一本書是一九八二年出版的，五年後一位實驗心理學家史帝分・謝林出了一本包括艾瑞克森已發表和未發表文章的書《一個看事情的方法：一九三〇—一九八〇年的選文》。謝林在一九七一年遇到艾瑞克森，當時是理格中心的博士後研究員。他很欣賞這位老先生的臨床技巧和專業寫作，他收集了艾瑞克森四十七篇論文和十三張素描，艾瑞克森很高興謝林願意花幾年的時間收集整理這些資料，而謝林則視這個計畫為生命中的一個高峯。艾瑞克森很高興這些資料中有他和一些老朋友的關係，更有一篇他為自殺病人寫的輓歌，最後他非常贊成這本書收入那篇一九六九年在哈佛愛普頓的演講稿，提到他孫子的出生要比登陸月球有成就。諾頓在一九九五年重新出版這本書，讓艾瑞克森的愛好者及研究者可以在一本書當中看到他大範圍的寫作。

因為不再能自己寫書，他很高興可以幫助利夫頓有關納粹醫生的研究。他很欣賞利夫頓提出那些納粹醫生也是普通人，不是惡魔，他們有時甚至很誠懇，但是卻被激勵去作惡。這和艾瑞克森關於德國文化的想法類似，有普通和可愛的部分，但是有可能去做邪惡而極權的事情。當這兩位三十年的老朋友談到這個問題時更形親密，利夫頓給他看一部卡通是兩隻小鳥對話：「我可以理解一個聰明人有自我存在，但是這個聰明人如何和自我配合？」另一隻說：「靠著八十年的練習。」

當女性主義者和伯曼的攻擊減少時，在一九八〇年代，他開始受到很多肯定和榮譽。舊金山心理分析學會的閱覽室以他的名字命名。他也是美國心理學教科書中被引用最多的五個人之一。當他在一九八二年的八十大壽，在劍橋的慶祝會上有兩百位以上的朋友同事參加。理格中心的負責人丹尼爾・舒華茲並宣布他為：艾瑞克・H・艾瑞克森學者。一九八四年的美國精神學會中，他以衰弱的聲音，孱弱的身體建議大家要了解其他人，以作為對抗核武時代日漸升高的偽物種學的抗爭。還有其他許多的殊榮。這些表揚多半在劍橋舉行，因為艾瑞克森越來越把這裡看作是他的家。他們在一九七〇年代和一九八〇年代初從堤柏搬到東岸。一個很大的動機是因為艾瑞克・H及瓊・M艾瑞克森中心的成立，這是一個附屬於劍橋醫院精神科和哈佛醫學院的機構。在一九八二年建立，訓練那些對於臨床有興趣的心理衛生專業人員和人道學者，並且作為研究和教學的地方。因為這裡也提供老人和年輕人的交流，所以很適合艾瑞克森，他們每年秋天來並且上一個有關生命週期的課程。瓊是這裡的主要指導人，她視此為一個在哈佛校園實踐跨世代和跨學科的活動，她並借十萬元作為非預期開銷用。

搬到東部是很刺激的決定，就在一九八七年的春天，他們在華勒斯坦女兒結婚典禮上愉快地跳完一支舞之後做了決定。當時兩位建立艾瑞克森中心的人因為失去動力而離開，留下朵西・奧斯丁主管。她是一位年輕、擁有神學學位的心理治療師，她了解瓊和艾瑞克森留在中心內可以有提升宣傳的效果，在董事會成員大衛・威克的陪同下去堤柏找他們。那個時機非常幸運，瓊在錫安山的計畫正好結束，但是瓊很擔心如果她很忙，那麼需要有人來照顧艾瑞克森。她當時擔心也許需要和艾瑞克森搬到看護處或是其他看護機構，這是她考量的底線。奧斯丁了解瓊的考慮，而且提了一個很吸引人的條件：一個跨世代的家。她和黛安娜・艾克，一位年輕的比較宗教及印度研究學者，和他們夫妻合買一棟房子。

瓊很欣賞奧斯丁，而且覺得艾克的興趣和艾瑞克森很合。因此他們一同買下這個房子，如果有人過世，就由活著的人得到屋權。

但是就在他們搬去才沒多久，問題就發生了。哈佛《深紅雜誌》發現一個醜聞，那就是哈佛甘迺迪學院同意給一對有錢的德州夫妻一個特別榮譽附屬機構，包括一些特權以交換美金五十萬元的捐款，而艾瑞克森中心也給他們特權和一份保險計畫以交換十五萬元美金的捐款。一些劍橋醫院的人認為除非奧斯丁辭職，不然他們希望解除和艾瑞克森中心的關係。瓊站在奧斯丁這邊，卡羅．吉利根也是。但是一些董事會中有影響力的人就此辭職離去，他們參與的一些活動也因此減少，那些非常積極的教育計畫也受到影響，而老師的離去又不易找替代人選，中心的主要任務就成為對老人的服務。

一九九〇年初，他們在那棟房子的生活也變得困難，因為這兩位年輕女性的其他工作機會，讓瓊必須請私人看護和護士照顧艾瑞克森，他們通常不太可靠，而瓊也拒絕出讓任何對於艾瑞克森生活的主導權。當孫子們去看望他時，也不可以大聲說話讓他聽見，瓊堅持要作為別人和艾瑞克森之間的溝通工具，努力維持著艾瑞克森依然可以閱讀和思考的形象。但是她感覺她的生命受到了限制，甚至不能常出門走動。隨著時間過去，她知道有一天必須把艾瑞克森在這房子的股份賣給奧斯丁和艾克，而搬去一個看護中心。

在搬去劍橋時，艾瑞克森的角色已經很渺小了，看著以前和朋友的筆記、檔案和信件在搬家時被放棄，瓊成為婚姻中的主宰者。之前，她希望犧牲自己的事業去完成艾瑞克森的事業和智慧發展。當艾瑞克森將有關生命週期的文章列上瓊的名字，她是非常感激的，這也顯示瓊對於生命週期模型的興趣。當他們被邀請演講生命週期，多半是瓊發表，她會以自身經驗去解釋這個模型。艾瑞克森幾乎不會去劃分階段，而且他對於階段融合有興趣，但瓊是對於第九階段特別有興趣。當瓊編輯里爾克的詩集，這對夫妻長期以來的文字關係逆轉，艾瑞克森幫她翻譯德文，並且準備一些木刻幫助她。艾瑞克森幾乎不曾反對瓊對於他們生活的管理，他通常會把晚餐的巧克力點心切了一半又一半，把每一次新產生的半片給瓊表示他的愛。有一次他還用手指在桌上畫瓊，並說：「她真美，對不對？」

瓊扮演艾瑞克森和其他人中間者的角色愈形擴大。她減少艾瑞克森和妹妹的聯繫，特別是露斯。他們和蘇的關係變好，蘇在五十歲的時候已經成為心理治療師和心理分析師。容和他們的關係也變好，特別是和瓊通過多次電話之後。但是瓊還是最仰賴凱的意見和支持。

從一九八〇年代末到一九九〇年代初，艾瑞克森的身體狀況急遽下降。灣區的朋友丹尼爾．班文斯形容他為「一棵大橡樹在風中搖曳，而他的根已經失去了抓力」。雖然他仍然眼神閃動，有信心的微笑，但是他的臉色有種逝去的特質。他因為瘦削，衣服也穿得不整齊，走幾步路也需要拐杖，史丹利．賀爾稱他為「嚴重疲勞」，不論是阿茲海默症或只是虛弱，他總是時好時壞。當班哲明．碁伯克來看他，他告訴這位老朋友，他看起來像是具屍體。因為小感冒也會變成肺炎，久病讓這段疲勞期延長，他講話開始夾雜德國腔，而且最近的事情都沒有小時候的事情記得清楚，這讓他和人的接觸愈形減少。

直到最後幾個月，他還是有些智慧方面的活動。當他有精神的時候，他還是覺得可以善用老年階段。總是希望能夠接受生命法則，他從來不覺得年老是件沮喪的事情。他發現自己從成年人的責任和活動走向兒童般的「驚奇、快樂和遊戲」，這些都是成年期必須犧牲的。而且他又開始小時候的興趣，如木刻和畫畫。他的幽默感也增加，一次和朋友在劍橋散步，他問要走去哪裡，她說：「我們正要走去天堂。」「那你知道怎麼走嗎？」他問道，而且笑得很開心。

而晚年最重要的就是「每一個生物都會問的，下一步會如何」。宗教最能解決這些問題，因為他們提供「一個可以參與的活動，可以祈禱」。他很欣賞生命末的「我」的意識，而不是在界限上的生命。因此一個人可以從没活到和錯活的絕望中解放。但是他警告，因為肉體的衰頹，一個人很難統整身心靈。臨死之際，這個統整是很急切的，他堅持一個人不能停止追求完整性、一致性、「我」和「他人」。

臨死前歌德要求要更多的亮光，艾瑞克森也是如此，他還有重要的目的要完成，其中最重要的就是他最後的臨床指導。

一九八七年底，大衛・威卡，一位年輕熱情者參與艾瑞克森中心，要求劍橋醫院提供他哈佛博士班的臨床指導。他覺得波士頓區域没有人比艾瑞克森勝任，他請求艾瑞克森。但是艾瑞克森已經有幾十年没有指導過，而且他擔心劍橋醫院不會答應，結果院方通過這項要求。威卡在之後的兩年半之內花了很多時間和艾瑞克森討論他的兩位病人——一位是成年人，另一個是四歲的小男孩。

在指導的過程中，艾瑞克森教他要觀察小男孩的遊戲，而且內在世界和外在環境是一樣的重要。他解釋阿齊洪以前帶他去附近遊樂場觀察小孩，還有他自己五十年前在貝克中心的病例。他跟威卡強調，「記住，孩子的任何狀況都是我們該注意的。」

指導工作讓他在指導的日子裡可以專注幾個小時。他的兩個老朋友發現有件事可以突破他的「嚴重疲勞」，那就是他的生父的問題。直到一九九一年，他還是因為不知道生父是誰而沮喪，他的研究室放著小丹麥國旗和一所丹麥大學的榮譽學位，這不只是因為他的母親是丹麥人，而是提醒他也許他的父親也是丹麥人。在死之前，他希望能夠知道父親的名字。

過世

他們住在劍橋的最後兩年更為辛苦，他說德文多過英文，這讓他很難和朋友溝通。而聽力問題更讓他自閉，有一次訪客給他看黑第札克的新書《最終考量：艾瑞克·H·艾瑞克森對於宗教心理學的貢獻》，而且告訴他這本書很吸引人。他回答對於「最終考量」這個題目不是很高興，這似乎是一個太模糊而假設性的方法。接著他很快就感覺不安，走來走去，希望瓊趕快回來。當瓊回來，他馬上放心而且開始說笑話。他又回到他的老習慣：侷促不安。

一九九二年春天，他的臀部受傷，手術很困難，恢復也很困難，他變得很喪氣。他放棄再學習走路，臉變得很頹喪，他的眼神不再閃耀，而他的嘴巴緊閉，肩膀也歪斜了，非常容易感覺冷，就算是夏天也需要毛衣和毯子。他坐在輪椅上，經常在上面睡覺。他開始吃流質、軟質食物，由瓊或是看護餵他。在這個「嚴重疲勞」的過程中，偶爾也有一些充滿希望的時刻，他那善於觀察的眼睛仍然存在。他會注視著窗子外面，觀察外面的環境，並且很感激那些看到他的人。他有時也會檢視房間裡面的丹麥國旗、佛洛伊德的照片和其他的紀念物。他跟馬格立特·柏曼·吉柏森說：「生命真的很美啊！」一九九三年中，當阿伯翰墨森家族寄給他母親年輕時的照片，他看了許久，最後以幾乎聽不見的聲音說「太好了」，這是否就是信任和「我」的意識，產生於母子、老人和「終極他人」之間？

隨著艾瑞克森的狀況，瓊也跟著受苦，她懷念這六十年來和先生聊天、走路、做事情的時光。她的生命變得很艱苦而沮喪，她有時候認為艾瑞克森已經死了。為了強調他們在一起的時光，她請一位德國譯者準備他在一九二三至一九二四年的期刊，作為英文本發行。從他年輕時候的文章，瓊可以看出他之後一些重要的理論，但這並不夠，為了她的寂寞時間，她完成了一本小書《遺產：普羅米修士，奧費斯和蘇格拉底》。但除了這些計畫，她還是覺得這個房子像個監牢，她了解是該搬走的時候，奧斯丁和艾克以很少的現金得到了房子的所有權。

一九九三年春天，他們搬去了鱈魚角附近的一個小鎮哈里奇，沒有郵局、銀行甚至雜貨鋪，是一千多年前印第安人在那邊開創的。艾瑞克森住進玫瑰木莊園，而她自己則住進附近的溫斯德養老院。當她告訴艾瑞克森這個決定時，他說了也許是這輩子最後一段清醒的話，他告訴瓊她已經養大這些小孩而且掌管這個家，她不需要在這個時候再照顧他了。

在哈里奇，瓊經常去教堂，但她很快就發現她需要離開溫斯德。她買了一棟雙併房子，自己住較大的，而把另一邊租給當地兩位女性。這兩位女性非常善良，幫她做飯和打掃，而且每天去看她。因為不需要每天照顧艾瑞克森，而這裡又像是一個家，她開始考慮之後的寫作計畫，她試著要學習過沒有這位相伴六十幾年的先生的日子，但是要讓他的名字、書和想法依然存在。

他在玫瑰木的最後幾個月，生死的界限已經變得模糊。不論瓊什麼時候去看他，他都是舒服而安詳。看護每天將他從輪椅和床上換來換去，他總是安靜而感激他們的照料，因此他是看護們的最愛。他的眼睛還是在觀察著一切，然而他不太能認得家人和朋友。當蘇一九九四年新年去看他時，他說「我認得你」，但並沒有認出是他的女兒。

當瓊和凱西·班佛拉多，瓊的一位年輕朋友兼作曲者在那之後的兩星期去看他，他坐在輪椅上，注視著窗外，他很高興看到瓊，瓊給他一塊巧克力，他也很高興的馬上吃掉。他親吻凱西的手，並且欣賞她的味道和皮膚。他的小丹麥國旗和媽媽的照片擺在房間裡，只有幾本書和一臺電視，看不出這是一個學者的房間，但這卻和門上的名字相牴觸——艾瑞克·艾瑞克森——作家和學者。對於二十世紀的重要思想家正在跨越生死線之際，是很難說些什麼的。

在五月初，因為導尿管引起重大的感染，這讓他很痛苦而且不舒服。瓊知道艾瑞克已經要跨越最後的界限了，她說服醫生和看護不要用過度的抗生素和藥物治療，看護不理解她為何要求在五月十一至十二日跟艾瑞克森獨處。身為一個很小就跟媽媽到異國的女孩，瓊學了一些艾瑞克森小時候的歌謠，她握著他的手輕輕唱這些歌給他聽，她的歌聲似乎可以減輕他的痛苦和沮喪。他在清晨四點過世。在一首有關他過世的「情歌」，瓊寫道：

只願死亡可以微笑
在分離的這一刻
和我們分享極樂
對於他們完全的屈服
之後也許，我們可以抓住
愚蠢的悲傷

以及擔憂

她獨自坐在房裡好幾個小時，當她離開房間後，看護們用毯子包裹艾瑞克森，並且把他搬出去。容馬上為父親準備了聲明並且發給媒體大衆：因年邁，在睡眠中平靜過世。

瓊準備把艾瑞克森葬在當地的公理會教堂，這個決定似乎跨越了猶太—基督教這個他一生中經常面對的問題。很久以前，他們兩個就告訴凱他們不要猶太傳統儀式。當艾瑞克森的骨灰到瓊的手上時，她感覺很難過，只希望骨灰能夠趕快入土。小小的墓碑上寫著「艾瑞克·H·艾瑞克森 一九〇二—一九九四」——在其他大墓碑之下顯得不起眼。

六月十五日，瓊在紀念儀式的前幾個小時安排了一場小聚會。這是艾瑞克森的九十二歲生日，也是他母親和繼父的結婚紀念日。這是一個星期三，在這個沒有汽車旅館而且從波士頓開車來需要兩小時的地方舉辦，就是為了拒絕過多的參加者。瓊一手安排這個葬禮。她請來約翰·特頓主教，之前在堤柏的牧師主持儀式。她希望是個簡單的儀式，應該是他要的風格。容是第一個到的小孩，他提早好幾天到，而且幫助瓊安排儀式。他帶來新買房子的照片，是在華盛頓州美加交界的湖邊。凱從正在教書的維也納過來，而蘇則和她十七年的伴侶羅伯·唐威從法國過來，他是一位紐約律師。艾瑞克森的妹妹露斯來了，他最老的朋友彼得·布羅斯雖然想來，但是因為健康狀況而無法成行。

容在儀式的前一天，和一位外來的參加者談到自己及有名的父親和尼爾的事情，他談到和艾瑞克藝術面的關係，以及做艾瑞克森家人的困難。他也解釋艾瑞克的個人氣質——他游泳的樣子，他喜歡穿的毛衣，對於創新照片的欣賞和鋼琴的興趣。身為一位攝影師，他很努力要透過鏡頭捕捉他的父親。他最驕傲的就是一九八四年為哈佛雜誌拍的一系列照片，有艾瑞克森走路、坐著和在堤柏家外面看書的樣子。巨幅的彩色照片，抓住這位老人的動作和表情都是前所未有的。那幾個小時過去後，他在父親身上找到自己。他放棄之前對他的憎惡，感覺他要去愛他的父親，並讓父親接受他。

亨利・詹姆士之後形容葬禮：由於對艾瑞克森有太高的景仰，他的形象反而過於被濃縮，而葬禮顯得太簡單，未能盡顯許多微妙的部分。特頓也這麼認為，大約有一百三十人位參加，他形容和艾瑞克森說話時「似乎可以感受到上帝的存在」。他說了很多艾瑞克森的感性、好奇心和勇氣，並且舉了幾個他幽默的例子。他結尾道艾瑞克森闡述很多宗教和人格，將人類和路德、甘地和其他精神上的巨人連結，這樣的方式可以說「他屬於上帝」。

接著是凱、喬安娜和蘇講話。這麼多年和艾瑞克森親密的接觸，凱看起來很不自然而沮喪，他只念了一首厄頓的詩，沒有多說什麼。他正以自己的方式渡過這段時間。他的太太喬安娜則分享和艾瑞克森相處的經驗——快樂的抱他第一個孫子、做雞尾酒、家庭聚會跳舞、在遊戲中假裝沒注意但其實想要贏。蘇則解釋自己努力想要和父親建立關係，父女都發現他們共同的脆弱，蘇也因此了解艾瑞克森的臨床工作上的敏感其實是如此勇敢，他將自己的深度困擾和憂傷與病人連接在一起。

音樂充滿了整個儀式，參加者一起唱「Dona Nobis Pacem」和「我們永遠記得」，最感人的是「音樂和愛」，這是瓊和凱西・班佛拉多及馬雅・阿伯漢米恩，一位緬因州的作曲家朋友所寫：

音樂和愛讓這世界轉動
從不會向上，也不會向下
愛創造了愛，而音樂創造了歌
這世界轉啊轉啊轉

在他過世之後，有許多紀念儀式和研討會，多半都是在美國舉行，這個他住了六十幾年的國家，而他也在此擁有最大的影響力。可是很多人犯了一個錯誤，就是沒有閱讀他的原典。事實上，他長期的衰老過程，已經讓很多人無法針對他的想法發展新意，他們似乎在他過世前多年就已經在哀悼他了，結果一些他的突出想法被提到時都沒有提到他的名字。

比如說沒有討論他對於遊戲人生的看法。他推崇「毫無道理」和自由的跨專業思索，這對於美國是很重要的看法，因為美國文化注重效率和「底線」，學習和思想都是樂趣而且有啟發性，通常會產生不可預期甚至是情慾的。但他認為學習完全像是做愛，這是一個沒有權力、階級和方式的關係。因此他很討厭帶領一個學術或是心理分析運動，及溫馴的追隨者。他需要別人了解和肯定他的頓悟和作法，但是要完全自願，而且深思熟慮且關心。

每一天都要新思想和反應是很有趣但累人的，他不但自己留給人們很多思想，而且他鼓勵朋友、同事和學生也發展他們自己的思想。

他的思想在有形無形中都已經影響人們。他排斥過度的自由，也並不崇拜白手起家或是遺世獨立的「美國亞當」，因為個人不可能沒有別人而獨自成功，還是需要社會的幫助。

他跟其他同時代的自我心理學家同樣認為，自我還是需要為社會習俗和期待去做一些調適，這也是一九六〇至七〇年代新左派批評他的部分。但是另一方面，他描寫的年輕路德，中年甘地和傑佛遜、加利利耶穌都是要突破菁英社會的統治和社會秩序，爭取人類的新機會。當他漸漸年長，他更對革命改革有興趣，而較不在意社會調適。

他屬於那一代經歷納粹、史達林和麥考錫的西方知識分子，他希望能夠改變人類因為不同而產生的悲劇。他預期一個年輕的知識分子時代，是有很多來自非洲、印度和中東，那些我們所謂的後殖民評論家共同組成的。

他也發展了值得紀念的性別觀點，不過太過度重視女性的內在空間，認為不如男性在外在空間的表現，但他也提供了女性和男性特質都存在我們身上和變動的文化中的觀念。

佛洛伊德提供艾瑞克森他最初的系統想法和他的職業。他保留了一些佛洛伊德的繼承觀念，不過當然某些程度來說，他也批評佛洛伊德，希望他的心理分析同行們可以跨越純粹內在自我界限，勾勒一個越大越好的版圖，將自我和社會環境結合在一起。據他的同事們指出，身為一位傑出的臨床工作者，他的思想就是由此衍生出來。他的病人多半都進步很多。他了解不只應該注意病人的病徵和問題，還要建立病人的力量。同樣的，還需要注意病人的社會和情緒世界。更重要的，他認為臨床工作者必須記得治療師——病人的關係是透過一個互惠及互相付出的過程建立的。成功的治療多半遵循「黃金規律」——也許不會多，但確定不會少。

身為一位社會評論家，他絕對不喜歡科技，除了西方菁英教育和訓練，他也警告所謂專業、效率導向的科技社會之不當。他擔心這些是理格中心許多年輕病人的病因。

另一方面，他談到跨越界限的可能性——交換想法、情緒、職業、宗教、地理位置和其他。其實他自己在個人和思想上都是跨越界限的，他從不在一個地方久住；在猶太和基督教中心徘徊；是佛洛伊德派，也是文化人類學家，又是存在主義者。他是藝術家、臨床醫師、教授和知名學者，他的一生和轉變的認同都反應在他的工作上。一九九〇年他的朋友利夫頓解釋為千變萬化——一種對於二十世紀末的變動之流轉和多面向的反應。心理學家肯尼・歌根比較不正面的稱為「對於無限制多樣性的暈眩」。心理學家非立普・克史曼稱之為一種無界限和無差別的情緒上飢渴。不論如何評論，他的生命和寫作就是最好的序言。

艾瑞克森自己從來沒有解釋「我」的意識和他自己跨越界限傾向的關係，這個關係就是他稱之為的自我之「不變中心」。在七十九歲的時候，他列下和「我」並存的本質，主要記述了關於跨越界限的好處——對他自己和對人類。當一個人跨越界限並經驗「存在認知」的「我」，會「活動」、「察覺」、「持續」和「明亮」，因此會產生統整、不可分割和安全。最後，這位老人說明，成為艾瑞克・艾瑞克森一生的亢奮、緊張、刺激和疑惑、認同的建構者，是一段持續的過程，至死方休。

後記

瓊・艾瑞克森在他死後集結了一本剪貼簿，包含了朋友和崇拜者的悼詞，其中還包括柯林頓總統。《紐約時報》封面登了艾瑞克森的照片，她還在剪貼簿上搭配一篇篇幅很長的生平記述。其他的報導包括《洛杉磯時報》、《芝加哥論壇》、《華盛頓郵報》、《波士頓全球報》和其他美國報紙。國外的包括《人類守衛報》、《耶路撒冷郵報》、《印度時報》、《倫敦獨立報》、《哥本哈根週末報》和其他。瓊也加入《新聞週刊》、《時代雜誌》和德斯匹雅哥的文章。在六十幾年的婚姻後，她雖然試著走出自己的路，但還是希望能夠和先生的名字及名聲有關。身為一位堅強智慧的女性，她是那個時代的女性，但她發現沒有艾瑞克森的日子是不習慣而困難的。

除了剪貼簿，她還進行生命週期完成的新版本。她在諾頓的幫助下，加入一些自己的見解。她討論對於老人社區的幫助，同時也寫道透過和宇宙的秩序溝通，老人可以得到心靈的平靜。不過她也很注重第九階段，她試著解釋艾瑞克森和其他老人如何感覺衰弱和死亡。第八階段談到回顧一生會有統整或絕望的感覺，而第九階段的是不同的議題，當身體和心靈無法統整，每天的運作成為困難，能夠帶著尊嚴的過一天就是成功。

雖然她的晚年比艾瑞克健康，她也解釋了她自己的第九階段。她還住在哈里奇，是一個很有活力的鎮民。參加教堂唱詩，並且接見很多波士頓年輕訪客，有時候去拜訪劍橋，不過年齡還是已經過高。在一九九五年的秋天，她開始嚴重衰弱。她摔跤幾次之後，肌肉就沒有復原，走一小段路也成為問題。我在一九九六年七月初去拜訪她，開車帶她到兩條街外她最喜歡的餐廳「燉番茄」吃飯。當我在十月再一次拜訪的時候，她已經衰弱得很明顯，晚間需要看護。不過我們又花了幾個小時討論艾瑞克森和她。十二月她就搬進看護中心，有幾度生了非常重的病。

一九九七年七月，很多朋友、家人去看她，慶祝她的九十四歲生日，她看起來很高興，不過已經不太能認人了，之後她的病情旋即惡化。當她看到三個孩子都在時，她覺得很滿足。

一九九七年八月三日她過世了，火化後葬在艾瑞克森旁邊。葬禮由凱、蘇和容籌備，而且由凱的兒子和蘇的兒子彈吉他。凱解釋美國原住民對於死亡的看法，而且相信瓊會欣賞這種看法——如果她或他仍然可以被聽到或看到，他就沒有死。蘇則談到和瓊關係的問題，但是她很感激瓊在她青少年的時候激勵她，買一匹馬給她，而她歐洲移民的父親則是對於這個動物感到驚奇。其他的哀悼者講述瓊對於生命的熱愛和她的快樂，講了很多瓊的天賦——製造項鍊、戒指和圍巾的專業工匠，舞蹈學生，研究家，詩人和一位創新行動的治療師。

當我離開葬禮走在哈里奇的街上，我想到瓊和艾瑞克森的婚姻，我懷疑她對艾瑞克森付出的是否多過艾瑞克森給她的，但並不確定。我也想到瓊對於這本書莫大的貢獻，當我在一九九〇年開始寫這本書的時候，艾瑞克森已經衰老了，而她成為所有資料和理解的最重要來源。沒有瓊，這將是一本完全不一樣的傳記。當我經過「燉番茄」餐廳時，我很希望能夠邀請她一起吃飯，然後「聊聊艾瑞克」。

張老師文化智慧的書目

一、現代心理叢書

	中國人的追尋系列	定價	備註
J11	鹿港阿媽與施振榮——施陳秀蓮的故事	200 元	
J14	爲者常成，行者常至－李鍾桂的生涯故事	200 元	

二、生活叢書

	生活技巧系列	定價	備註
A1	讀書與考試	160 元	
A9	怡然自得——30 種心理調適妙方	130 元	
A10	快意人生——50 種心理治療須知	120 元	
A11	貼心父母——30 帖親子相處妙方	120 元	
A12	生活裡的貼心話	150 元	
A13	讀書會專業手册	250 元	
A14	創意領先——如何激發個人與組織創造力	250 元	
A15	大腦體操——完全大腦開發手册	120 元	

	愛・性・婚姻系列	定價	備註
E1	生命與心理結合——家庭生活與性教育	150 元	
E2	永遠的浪漫愛	220 元	
E6	從心理學看女人	110 元	
E9	告訴他性是什麼——0～15 歲的性教育	150 元	
E10	外遇的分析與處置	140 元	
E11	金賽性學報告	780 元	精裝
E12	金賽性學報告・親密關係篇	220 元	平裝
E13	金賽性學報告・身心發展篇	220 元	平裝
E14	金賽性學報告・衛生保健篇	220 元	平裝
E18	春蝶再生——女性二度成年的新發現	180 元	
E29	偷看——解讀台灣情色文化	180 元	
E30	台灣情色報告	180 元	
E31	中年男人的魅力——流暢・健康・性歡愉	200 元	
E34	愛情功夫	200 元	
E35	性心情——治療與解放的新性學報告	220 元	
E36	外遇——情感出軌的眞實告白	280 元	
E37	我痛！——走出婚姻婚暴力的陰影	220 元	
E38	愛情學分 All Pass	180 元	
E39	我的愛人是男人——男同志的成長故事	180 元	

	親子系列	定價	備註
P1	孩子只有一個童年	100 元	
P2	幫助孩子跨越心理障礙	90 元	
P3	孩子的心，父母的愛	110 元	
P4	孩子的快樂天堂	100 元	
P6	阿牛與我	150 元	
P7	這一家	180 元	
P8	做溫暖的父母	180 元	
P9	天下無不是的孩子	180 元	
P10	校長爸爸天才囝	180 元	
P11	烤媽出招	180 元	
P12	尋找田園小學——創造兒童教育的魅力	220 元	
P13	不是兒戲——鄧志浩談兒童戲劇	220 元	
P14	我的女兒予力——一個唐氏症家庭的生活紀實	250 元	
P15	跟狐狸說對不起	200 元	
P16	7—ELEVEN 奶爸	200 元	
P17	父母成長地圖	200 元	
P18	做孩子的親密知己	200 元	
P19	親子逍遙遊台灣	200 元	
P20	親子逍遙遊世界	200 元	
P21	孩子的心，我懂	220 元	
P22	你可以做個創意媽媽	230 元	
P23	我要和你一起長大——尋找家庭桃花源	250 元	

	青少年系列	定價	備註
Z1	心中的自畫像——如何認識自我	120 元	
Z2	悸動的青春——如何與人交往	120 元	
Z3	葫蘆裡的愛——如何與家人溝通	120 元	
Z4	輕鬆過關——有效的學習方法	120 元	
Z5	孩子，你在想什麼—親子溝通的藝術	120 元	
Z6	青少年的激盪	150 元	
Z8	貼心話——我說・我聽・我表達	120 元	
Z9	少年不憂鬱——新新人類的成長之路	180 元	
Z10	想追好男孩——青春族的情感世界	180 元	
Z11	上青少年家——青少年完全酷ㄅㄧㄤˋ手冊	150 元	

	贏家系列	定價	備註
SM2	規劃孩子的學習生涯—3～12 歲的全方位親職教育	2000 元	

三、輔導叢書

	助人技巧系列	定價	備註
C3	助人歷程與技巧	150 元	增訂版
C4	問題解決諮商模式	250 元	
C5	校園反性騷擾行動手冊	150 元	增訂版

	團體輔導系列	定價	備註
M2	團體領導者訓練實務	200 元	修訂本
M3	如何進行團體諮商	200 元	
M6	小團體領導指南	100 元	
M7	團體輔導工作概論	250 元	
M8	大團體動力──理念、結構與現象之探討	180 元	

	教育輔導系列	定價	備註
N3	人際關係的新天地	120 元	
N4	散播愛的種子	250 元	
N7	心理治療與衛生（上）	300 元	平裝
N8	心理治療與衛生（下）	300 元	平裝
N9	心理治療與衛生（典藏版）	680 元	精裝
N10	班級輔導活動設計指引	130 元	
N11	心靈舞台──心理劇的本土經驗	230 元	
N12	新家庭如何塑造人	280 元	
N13	教室裡的春天──教室管理的科學與藝術	280 元	增訂版
N14	短期心理諮商	250 元	
N15	習慣心理學──寫在晤談椅上四十年之後	380 元	
N16	與心共舞──舞蹈治療的理論與實務	220 元	
N17	自我與人際溝通	220 元	
N18	人際溝通分析──TA 治療的理論與實際	350 元	
N19	心理治療實戰錄	320 元	
N20	諮商實務的挑戰──處理特殊個案的倫理問題	300 元	
N21	習慣心理學（歷史篇）	420 元	
N22	客體關係理論與心理劇	400 元	
N23	薩提爾的家族治療模式	380 元	
N24	焦點解決短期心理諮商	200 元	
N25	邁向成熟──青年的自我成長與生涯規劃	220 元	
N26	兒童遊戲治療	250 元	修訂版
N27	臨床督導工作的理論與實務	400 元	
N28	10 倍速療法──短期心理治療實戰錄	200 元	
N29	人際溝通分析練習法	420 元	
N30	兒少性侵害全方位防治與輔導手冊	260 元	
N31	心理治療入門	360 元	
N32	TA 的諮商歷程與技術	280 元	
N33	敘事治療──解構並重寫生命的故事	420 元	
N34	志工實務手冊	450 元	
N35	家庭暴力者輔導手冊	280 元	
N36	遊戲治療 101	450 元	
N37	薩提爾治療實錄──逐步示範與解析	280 元	
N38	解決問題的諮商架構	270 元	
N39	情緒取向 vs.婚姻治療	300 元	
N40	習慣心理學──辨識篇〈上〉	500 元	
N41	習慣心理學──辨識篇〈下〉	500 元	
N42	快意銀髮族──臺灣老人的生活調查報告	220 元	
N43	志工招募實戰手冊	270 元	
N44	助人工作者自助手冊──活力充沛的秘訣	350 元	

	學術研究系列	定價	備註
L1	由實務取向到社會實踐	220 元	
L2	學生發展──學生事務工作的理論與實踐	280 元	
L3	我國「諮商、輔導人員專業形象」之調查研究		非賣品
L4	五年制商業專科學校學生生涯成熟度與學校適應之相關研究		非賣品
L5	志願工作機構之人力資源管理策略對志願工作者組織承諾影響之研究─以救國團爲例		非賣品
L6	中山先生民族主義對中國現代化影響之研究		非賣品

四、生命哲學叢書

	心理推理系列	定價	備註
T1	熱鍋上的家庭──一個家庭治療的心路歷程	350 元	
T2	人在家庭	130 元	
T3	心靈魔法師──心理治療案例解析	150 元	
T4	走出生命的幽谷	90 元	
T5	心理的迷惘與突破	130 元	
T6	兒童遊戲治療	160 元	
T7	由演劇到領悟──心理演劇方法之實際應用	200 元	
T8	心靈之旅八十天──短期分析式心理治療	160 元	
T9	桃源二村	250 元	
T10	前世今生──生命輪迴的前世療法	180 元	
T11	家庭會傷人──自我重生的新契機	220 元	
T12	你是做夢大師──孵夢‧解夢‧活用夢	250 元	
T13	生命輪迴──超越時空的前世療法	180 元	
T14	生命不死──精神科醫師的前世治療報告	200 元	
T16	你在做什麼？──成功改變自我、婚姻、親情的真實故事	380 元	
T18	榮格自傳──回憶、夢、省思	400 元	

T19	家庭祕密——重返家園的新契機	280 元	
T20	跨越前世今生——陳勝英醫師的催眠治療報告	200 元	
T21	脆弱的關係——從玫瑰戰爭到親密永久的婚姻	320 元	
T22	家庭舞蹈 I ——從家庭治療剖析婚姻關係	220 元	
T23	家庭舞蹈 II ——從家庭治療探討家人互動	220 元	
T24	穿越迷幻森林	320 元	
T25	回家——結構派大師說家庭治療的故事	400 元	
T26	絕非虛構——心理醫師的驚悚之愛	350 元	
T27	當尼采哭泣：心理治療小說	420 元	
T28	診療椅上的謊言：心理治療小說	420 元	
T29	愛上警察——警察家庭心理手冊	360 元	
T30	聖徒與瘋子——打破心理治療與靈性的藩籬	330 元	
T31	前世今生之回到當下	280 元	
T32	我的家缺角了	210 元	
T33	祕密，說還是不說	360 元	
T34	靠窗的那張床——心理成長小說	420 元	
T35	請聽我心——心理醫生的自我分析	300 元	
	心靈拓展系列	**定價**	**備註**
D24	找尋空間的女人	180 元	
D25	變——問題的形成與解決	220 元	
D26	鐵約翰—— 一本關於男性啓蒙的書	300 元	
D27	西藏生死書	350 元	
D28	巫士唐望的世界	320 元	
D31	完全算命手册	180 元	
D34	性・演化・達爾文——人是道德的動物？	400 元	
D36	生命史學	200 元	
D37	生死無盡	200 元	
D38	西藏生死書（精裝本）	450 元	
D39	巫士唐望的教誨	300 元	
D40	心靈神醫	220 元	
D41	打開情緒 Window	220 元	
D42	憂鬱的醫生，想飛	200 元	
D43	照見清淨心	180 元	
D44	恩寵與勇氣	380 元	
D45	解離的眞實——與巫士唐望的對話	300 元	
D46	杜鵑窩的春天——精神疾病照顧手册	320 元	
D47	超越心靈地圖	300 元	
D48	眞誠共識——等待重生的新契機	380 元	
D49	邪惡心理學——眞實面對謊言的本質	300 元	
D50	生命教育——與孩子一同迎向人生挑戰	240 元	
D51	四十女兒心	180 元	

D52	鮮活信仰——卡特的心靈回憶錄	250 元	
D53	空，大自在的微笑——空性禪修次第	200 元	
D54	誰來下手？	220 元	
D55	假如我死時，你不在我身旁	280 元	
D56	不知道我不知道	180 元	
D57	如何好好生氣——憤怒模式工作手册	250 元	
D58	因爲，你聽見了我	220 元	
D59	當醫生遇見 Siki	240 元	
D60	戰士旅行者——巫士唐望的最終指引	300 元	
D61	靈性復興——科學與宗教的整合道路	320 元	
D62	我的生命成長樹——內外和好的練習本	270 元	
D63	Erikson老年研究報告——人生八大階段	400 元	
D64	難以置信——科學家探尋神祕訊息場	240 元	
D65	重畫生命線—創傷治療工作手册	400 元	
D66	家屋，自我的一面鏡子	380 元	
D67	你可以更靠近我—教孩子怎樣看待生命與死亡	280 元	
D68	快樂的十日課—從憂鬱到快樂的十個步驟(上)	250 元	
D69	快樂的十日課—從憂鬱到快樂的十個步驟(下)	250 元	
D70	不無聊啓事錄—十件要做事，讓你快樂一輩子。	200 元	
D71	一分鐘心理醫生	250 元	
D72	你可以自由—讓受虐婦女不再暗夜哭泣	200 元	
D73	這就是男人	340 元	
D74	非零年代——人類命運的邏輯	450 元	
D75	打破沈默——幫助孩子走出悲傷	270 元	
D76	天空不藍，仍然可以歡笑——練習幽默	270 元	
D77	我們並未互道再見——關於安樂死	260 元	
D78	巫婆一定得死——童話如何形塑我們的性格	320 元	
D79	用心去活——生命的十五堂必修課	260 元	
D80	艾瑞克森——自我認同的建構者	370 元	
D81	放心，陪他一段——照顧者十二守則	260 元	
	心靈清流系列	**定價**	**備註**
R4	回首生機	140 元	
R5	但願無悔	140 元	
R6	感應之情	140 元	
R8	一畦青草地	140 元	
R9	貼近每一顆溫柔的心	140 元	
R11	二更山寺木魚聲	140 元	
R12	離家爲了一個夢	130 元	
R13	眼前都是有緣人	130 元	
R14	溫馨故事	140 元	
R15	每天的新太陽	140 元	

R_{16}	開悟心燈	140 元	
R_{17}	我不能死，因爲我還沒有找到遺囑	200 元	
R_{18}	天天好心情	200 元	
R_{19}	最後一季的蟬音	200 元	
R_{20}	時時樂清貧——我的清貧生活	160 元	
R_{21}	處處簡樸心——名人談清貧	160 元	
R_{22}	找回快樂的心	200 元	
R_{23}	心靈眞情書	180 元	
R_{24}	印地安之歌	180 元	
R_{25}	不小心，我撿到了天堂	250 元	
R_{26}	我在雪地上跳舞	230 元	
R_{27}	辦公室智慧 200	220 元	
	人與自然系列	**定價**	**備註**
NB_1	傾聽自然	200 元	
NB_2	看！岩石在說話	200 元	
NB_3	共享自然的喜悅	180 元	
NB_4	與孩子分享自然	180 元	
NB_5	探索大地之心	180 元	
NB_6	細說生命華采——愛默森的自然文選	160 元	
NB_7	學做自然的孩子——國家公園之父繆爾如何觀察自然	180 元	
NB_8	國家公園之父：蠻荒的繆爾	250 元	
	文化顯影系列	**定價**	**備註**
K_1	台灣田野影像	240 元	
K_2	台灣綠色傳奇	240 元	
K_3	燃燒憂鬱	240 元	
K_4	久久酒一次	240 元	
K_5	天堂樂園——電影・文學・人生	180 元	
K_{11}	棒球新樂園	180 元	
K_{13}	性與死	220 元	
K_{14}	異議筆記——台灣文化情境	180 元	
	心靈美學系列	**定價**	**備註**
Y_5	心情國度	140 元	
Y_6	人生是福	140 元	
Y_7	讓我擁抱你	140 元	
Y_9	阿保的童話	110 元	

Y_{10}	小鎭人家	110 元	
Y_{11}	十月的笛	110 元	
Y_{12}	森林小語	110 元	
Y_{13}	蘋果樹	110 元	
Y_{14}	疼惜自己	100 元	
Y_{15}	玩得寫意	100 元	
Y_{16}	彼此疼惜	100 元	
Y_{17}	老神在哉	100 元	
Y_{18}	和上蒼說話	100 元	
Y_{19}	心中的精靈	100 元	
Y_{23}	與人接觸	110 元	
Y_{24}	心的面貌	110 元	
Y_{25}	沈思靈想	100 元	
Y_{26}	尊重自己	100 元	
Y_{27}	寬恕樂陶陶	100 元	
Y_{28}	簡樸活得好	100 元	
Y_{29}	善待此一身	100 元	
Y_{30}	自在女人心	100 元	
Y_{31}	接納心歡喜	100 元	
Y_{32}	喜樂好心情	100 元	
Y_{35}	樹香——人與自然的對話	140 元	
Y_{36}	舞蝶——人與自然的對話	140 元	
Y_{37}	享受寧靜——雅肯靜坐心理學	160 元	
Y_{38}	噗噗熊的無爲自在	160 元	
Y_{39}	小小豬的謙弱哲學	200 元	
Y_{40}	噗噗熊的減肥秘笈	160 元	
Y_{41}	噗噗熊的逍遙遊	160 元	
Y_{42}	老灰驢的幽默自處	160 元	
Y_{44}	當下最美好	150 元	
Y_{46}	祝你聖誕快樂	180 元	
Y_{47}	祝你生日快樂	150 元	
Y_{48}	祝你天天快樂	150 元	
Y_{49}	給我親愛朋友	150 元	
Y_{50}	當所愛遠逝	150 元	
Y_{51}	讓憤怒野一回	150 元	
Y_{52}	給壓力一個出口	150 元	
Y_{53}	勇敢向前行	150 元	
Y_{54}	好好過日子	150 元	
Y_{55}	活出眞性情	150 元	
Y_{56}	寶貝你的學生	150 元	
Y_{57}	給工作中的你	150 元	

Y_{58}	想我親愛家人	150 元	
Y_{59}	給獨一無二的你	150 元	
Y_{60}	記得照顧自己	150 元	
Y_{61}	祝你早日康復	150 元	
Y_{62}	親親我的寶貝	150 元	
Y_{63}	親親我的媽咪	150 元	
Y_{64}	阿保的童話（修訂版）	140 元	
Y_{65}	小鎮人家（修訂版）	140 元	
Y_{66}	十月的笛（修訂版）	140 元	
Y_{67}	森林小語（修訂版）	140 元	
Y_{68}	蘋果樹（修訂版）	140 元	
Y_{69}	森林的童話	160 元	
Y_{70}	會哭的男人很可愛	150 元	
Y_{71}	跟沮喪說 bye bye	150 元	
Y_{72}	葛葉的訊息	160 元	
Y_{73}	夏日的魔法	160 元	
Y_{74}	幸福的滋味	200 元	
Y_{75}	別讓自己白白受苦	150 元	
Y_{76}	平安在我心	150 元	
Y_{77}	時時心感恩	150 元	
Y_{78}	離開祕密花園	150 元	
Y_{79}	走進萬花筒	150 元	
Y_{80}	因爲愛，我和你	180 元	
Y_{81}	因爲愛，我和自己	180 元	
	智慧文選系列	**定價**	**備註**
X_1	飛躍青春——邁向 21 世紀	50 元	
X_2	疼惜的心——做個有溫度的人	50 元	
X_3	生命視野——十個生涯故事	50 元	
X_4	飛躍青春——學習・成長・奉獻	50 元	
X_5	前瞻・創意・務實	50 元	
X_6	迎接人生挑戰・開創智慧新機	50 元	
X_7	尊重生命・關懷大地	50 元	
X_8	發揮生命潛能・開拓活動空間	50 元	
X_9	追求卓越・共創未來	50 元	
X_{10}	終身學習・持續成長・無私奉獻	50 元	
X_{11}	攜手同心建家園・超越精進跨世紀	50 元	
X_{12}	21 世紀最炫的選擇	50 元	

五、有聲專輯（演講卡帶）

	愛心與智慧系列	**定價**	**主講者**
F_{13}	生命的微笑——禪與人生	180 元	鄭石岩
F_{14}	清心與隨緣——談如何活得更自在	180 元	傅佩榮
F_{15}	緣與命——談自我實現的人生	180 元	黃光國
F_{16}	擁抱生命——談快樂人生	180 元	鄭武俊
F_{17}	前世今生的對話	180 元	林治平 楊惠南
F_{18}	生命輪迴的奧祕	180 元	高天恩 陸達誠
F_{19}	不死的生命——我如何走上前世治療這條路	180 元	陳勝英
F_{20}	催眠與潛意識——從精神分析到前世催眠	180 元	陳勝英
	性，愛趨勢系列	**定價**	**主講者**
F_{21}	21 世紀性愛大趨勢——現代人必備的性知識	180 元	馮榕等
F_{22}	談心談性話愛情——夫妻必備的性知識	180 元	簡春安
F_{23}	單身貴族雙人床——未婚男女必備的性知識	180 元	李 昂
F_{24}	你儂我儂化做愛——年輕人必備的性知識	180 元	施寄青
F_{25}	尊重愛性——談性教育的意義	180 元	晏涵文
F_{26}	身體情語——談兩性必備的性知識	180 元	江漢聲
F_{27}	性愛迷思——談如何跨越性障礙	180 元	馮 榕
F_{28}	永遠浪漫——談愛情的悲歡辯證	180 元	曾昭旭
F_{29}	情色對話——談女人的性愛發展史	180 元	何春蕤
F_{30}	兩性解析——談工業社會的婚姻	180 元	邱 彰
F_{31}	獻身神話——談「以身相許」的愛情迷思	180 元	馬健君
F_{32}	愛情私語——談女人的性覺醒	180 元	李元貞
F_{33}	婚姻終結——談旗鼓相當的婚姻伴侶	180 元	施寄青
F_{34}	男人的性革命——男人氣概的新定義	180 元	余德慧
F_{35}	女人的性革命——女性主義的性解放	180 元	何春蕤
F_{36}	君子好逑——談一場成功的戀愛	180 元	曾昭旭
F_{37}	自在女人心——單身女人也逍遙	180 元	馬健君
F_{38}	傾聽性語——性觀念與自我成長	180 元	馮 榕 鄭玉英
F_{39}	性愛風情——現代女性的性觀念	180 元	江漢聲 林蕙瑛
F_{40}	性愛革命——當代性文化與性治療	180 元	文榮光 王瑞琪
	世紀家變系列	**定價**	**主講者**
F_{41}	家在變動——重新認識我們的家	180 元	吳就君
F_{42}	家在求救——照亮家庭的黑暗角落	180 元	陳若璋
F_{43}	家會傷人——自我重生的新契機	180 元	鄭玉英
F_{44}	家有可爲一幸福家庭與良好的溝通習慣	180 元	柯永河

	耕一畝溫柔的心田系列	定價	主講者
F_{51}	點一盞溫柔的心燈	180 元	曾昭旭
F_{52}	給一份溫馨的祝福	180 元	何進財
F_{53}	換一劑溫柔的藥方	180 元	鄭石岩
F_{54}	給一世溫情的對待	180 元	阮大年
F_{55}	耕一畝溫柔的心田	180 元	傅佩榮
F_{56}	彈一曲和諧的樂音	180 元	蔡培村

	OK 父母系列	定價	主講者
F_{61}	做孩子的學習良伴	180 元	小 野
F_{62}	建立孩子正常的學習態度	180 元	洪有義
F_{63}	讓孩子成爲學習贏家	180 元	廖清碧

	有聲閱讀系列	定價	主講者
FA_{1}	催眠之旅	150 元	陳勝英
FA_{2}	西藏生死書有聲書	450 元	丁乃竺 孔維勤主述
FA_{3}	時間管理贏家——有效的時間管理	250 元	李鍾桂
FA_{4}	快樂生活贏家——快樂生活之道	250 元	鄭武俊
FA_{5}	心靈眞情書之眞情念歌	250 元	莊胡新浩
FA_{6}	人際關係贏家——新人際關係論	250 元	邱 彰
FA_{7}	親子溝通贏家——如何做好親子溝通	250 元	鍾思嘉
FA_{8}	創造卓越的 EQ——情緒管理與調適	250 元	王浩威
FA_{9}	閱讀的美好經驗——找回智慧的心	250 元	詹宏志
FA_{10}	生命觀照	250 元	索甲仁 波切
FA_{11}	臨終關懷	250 元	索甲仁 波切
FA_{12}	打開家庭祕密的黑盒子	250 元	鄭玉英
FA_{13}	如何激發孩子的潛能	250 元	游乾桂

	錄影帶系列	定價	拍攝
VT_{1}	西藏生死書 49 天生死之旅（上） 前往清淨的國度（下）	1600 元	日本 NHK

	掌握生命契機，發揚生命光輝	定價	主講者
F_{101}	彩繪生命的藍圖——談生涯規劃	180 元	李鍾桂
F_{102}	突破生命的限制——談自我成長與自我發展	180 元	鄭武俊
F_{103}	拓展生命的互動——談人際溝通	180 元	洪有義
F_{104}	迎接生命的戀曲——談兩性交往的藝術	180 元	曾昭旭
F_{105}	永結生命的情緣——談夫妻相處之道	180 元	簡春安
F_{106}	享受生命的親密——談成熟的性愛觀念	180 元	洪小喬
F_{107}	孕育生命的幼苗——談有效的親子溝通	180 元	曾漢榮
F_{108}	珍惜生命的時光——談有效的時間管理	180 元	黃英忠
F_{109}	發揮生命的潛能——談工作意義與工作適應	180 元	莊聰正
F_{110}	輕彈生命的旋律——談壓力管理	180 元	藍三印
F_{111}	共創生命的秩序——談民主社會的正確觀念	180 元	林洋港

	把心找回來系列	定價	主講者
F_{112}	找回喜悅的心——快樂簡樸的祕訣	180 元	周神助
F_{113}	找回簡樸的心——單純簡樸的喜樂	180 元	鄭石岩
F_{114}	找回自然的心——社區與學校的自然觀察	180 元	劉克襄
F_{115}	找回自省的心——與心對話	180 元	龔鵬程
F_{116}	找回坦誠的心——坦誠少欲心自清	180 元	李鍾桂
F_{117}	找回平凡的心——平凡中創意無限	180 元	吳伯雄
F_{118}	找回快樂的心——留個位子給快樂	180 元	陳月霞 陳玉峰
F_{119}	找回美感的心——琉璃美術裡的人生	180 元	張 毅
F_{120}	找回眞實的心——從禪定修持中找回眞實心	180 元	心定法師
F_{121}	找回智慧的心——讀書的心與方向	180 元	詹宏志
F_{122}	找回無欲的心——人到無求品自高	180 元	曾昭旭
F_{123}	找回成長的心——生命處處是綠洲	180 元	陶曉清
F_{124}	找回領悟的心——覺醒的智慧	180 元	陳履安
F_{125}	找回珍惜的心——運用時間的藝術	180 元	柴松林
F_{126}	找回清貧的心——生活簡單・生命自然	180 元	鄧志浩
F_{127}	找回舞動的心——生命故事・心靈之舞	180 元	林秀偉

國家圖書館出版品預行編目資料

艾瑞克森：自我認同的建構者 / 倫羅斯・佛萊德曼（Lawrence J. Friedman）著：廣梅芳譯.
-- 初版. -- 臺北市：張老師, 2001 [民 90]
面； 公分. --（心靈拓展系列；D80）
參考書目：面
譯自：Identity's Architect: a biography of Erik H. Erikson
ISBN 957-693-493-1（平裝）

1. 艾瑞克森（Erikson, Erik H.（Erki Homburger），1902-1994）- 傳記

785.28 90013688

心靈拓展系列 D80

艾瑞克森——自我認同的建構者

Identity's Architect: a biography of Erik H. Erikson

作　　者➡倫羅斯・佛萊德曼（Lawrence J. Friedman）
譯　　者➡廣梅芳
責任編輯➡賴慧明
封面設計➡莊士展
發 行 人➡李鍾桂
總 經 理➡張春居
出 版 者➡張老師文化事業股份有限公司 Living Psychology Publishers
郵撥帳號：18395080
106 台北市大安區羅斯福路三段 325 號地下一樓
電話：(02) 2369-7959　傳真：(02) 2363-7110
E-mail：service@ lppc.com.tw
業務部
116 台北市文山區景華街 128 巷 8 號
電話：(02) 2930-0620　傳真：(02) 2930-0627
E-mail：sales@lppc.com.tw
網　　址：http:// www.lppc.com.tw（讀家心聞）
登 記 證➡局版台業字第 1514 號
初版 1 刷➡2001 年 9 月
ISBN／957-693-493-1
定　　價➡370 元

法律顧問➡林廷隆律師
排　　版➡龍虎排版股份有限公司
印　　刷➡鴻展彩色印製股份有限公司